JN089041

WHEN THEY CALL YOU A TERRORIST A BLACK LIVES MATTER MEMOIR

ブラック・ライヴズ・マター回想録
テロリストと呼ばれて

著　パトリース・カーン＝カラーズ＋アーシャ・バンデリ
序文　アンジェラ・デイヴィス
訳　ワゴナー理恵子　解説　新田啓子

青土社

先祖代々の皆、母シェリース・シンプソン、実父ガブリエル・ブリグナック、養父アルトン・カラーズ、兄弟姉妹の皆、新しい家族の皆、ジャヤナ・カーン、シャイン・カーン＝カラーズ。この本はあなたたちから生まれ出て、あなたたちのために存在する。私をこの地に繋ぎ止めてくれることに、そしてなぜ自分に自分を癒す力があるか信じさせてくれることに深く感謝の念を込めて

——パトリース

ニサとアンドレと子供たちの皆、生き延びる者も、そうでない者もみんな。

そしてビクトリア、陽も月も星もコニーアイランドもみんなあなたのもの。最初にそしてずっと信じてくれたあなたに。

——アーシャ

私たちに希望を与えてくれたこの運動に、その名の下に私たちのすべてを捧げる家族のみなに。すべての子供たちを平和の中で尊厳を保って育て上げることができるような世界のために、私たちは努力をやまない。

——パトリースとアーシャ

ブラック・ライヴズ・マター回想録　目次

ブラック・ライヴズ・マター回想録——テロリストと呼ばれて

凡例

・訳者による補足は〔　〕に附した。
・原文のイタリックは傍点ならびにゴシック体で示している。
・訳注は★1のかたちで示す。
・原文に差別用語がある場合、原文のニュアンスを保ち訳出している。当該用語を隠蔽することによって、かえって現在にまで残る差別をうやむやにすることを避けるためであり、差別を助長するためではない。

自分たちの自由のために戦うことは義務だ
その戦いに勝つことは義務だ
お互いを愛し合い、お互いを助け合わなくてはいけない
そこに、失うものはない
私たちを縛り付ける鎖以外は

アサタ・シャクール

序文　アンジェラ・デイヴィス

初めてパトリース・カーン゠カラーズに会った時、彼女がアリシア・ガーザおよびオパル・トメティと共に「ブラック・ライヴズ・マター」という旗のもとで、みるみるうちに世界中に多大な反響を及ぼす黒人人権運動の代表者になるとは、全く予想もしなかった。そうはいっても、パトリースとその同朋たちが、黒人、左翼活動家、フェミニストやクィアなどの活動グループの孕む問題を、それまで何世代にもわたって反目しあう派閥にわずらわされてきた状態から、新たな、より耳目を引くレベルへ持ち上げようと真摯に取り組んでいることはすぐに感じとれた。

この回想録で、パトリースはアメリカ黒人として自分の人生に起きた様々な出来事、恋愛、自由を獲得すべく絶えず努力を重ねた体験について、惜しむことなく物語っている。彼女がアーシャ・バンデリと共に記したこの回想録を読むことで、私たち読者はパトリースらの運動の成果やその手法を知り、彼女たちの行動がどうしてこのように多くの人々の関心や希望感を捉えたのか、脈々と感じ取ることができる。回想録全体を通して、個人的体験と政治的な抵抗運動との交錯点から、より高いレベルの社会的洞察が生まれ出る。例えば、彼女の人生経験の中で非常に重要な影響を及ぼした兄と警察との関わり合いの話だが、何かと暴力を行使する警察の描写は、有色人種や障害者に対する差別意識が体制側の暴力をどのように習慣化させてしまったかをさらけ出す。パトリースの兄モンティは〔それ以前に診断されたことはなかったが実は双極性障害を患っていた〕躁状態のさなかパトロール中の警官にゴム弾で撃たれ、テロ罪という名目で逮捕された。白人至上主義の組織の中で、いかに簡単にテロ罪が科されるかの一例である。しかしこの例は体制側の暴力がどれほど日常茶飯に起こるものであるかを認識させるばかりではない。それと同時に、その体制側暴力の習慣に対抗するものとして、芸術や人権運動がそのような悲劇的な対立をいかにより大きな集団的意識に広げていき、より効果的な抵抗運動へ導く触媒となるかを示している。

この著『テロリストと呼ばれて』〔原題〕は、このように著者の人生を人種、社会階級、ジェンダー、セクシュアリティ、障害、また宗教などの観点から緻密に描写している。かつまた、その生き方が芸術や詩を、そして当然ながら様々な葛藤を生み出す道程を辿る。テロリストと呼ばれたのは、もちろん彼女の兄モンティだけではない。パトリース自身、そして彼女の同朋たち、アリシア、オパルも含めたBLMのネットワークを構築し運動を進めたリーダーたち、活動家たちは皆テロリストと見なされた。人種差別を排除しようという彼らの決意、その努力のたまものにテロリズムというレッテルを貼る反対勢力があった。私の知る限りでは白人至上主義の暴力団体の中で国家にテロリストと見なされたものは一つもない。エメット・ティルをリンチで殺した者たちも、キャロール・ロバートソン、シンシア・ウェスリー、デニース・マクネアーとアディ＝メイ・コリンズの四人の少女たちの命を吹き消したクー・クラックス・クラン（KKK）の爆弾仕掛け人たちも、テロリズム罪を科されたり、公にテロリストだと呼ばれたりなど一切していない。しかし、一九七〇年代にリチャード・ニクソン大統領は、そのレッテルを私に貼りつけた。また二〇一三年、黒人人権運動活動家アサタ・シャクールはＦＢＩによる世界で最も危険なテロリストの一〇人の中に入れられている。

政治的な論議以外に、いやそれ以上に、パトリースの回想録から得られるものは多大である。本書のタイトル〔原題〕『テロリストと呼ばれて』そのものが、テロリストという概念を批判的に理解するよう請うてやまない。まずは昨今テロリストという言葉が、イスラム教徒に結びついて世界中に巻き起こったいわゆるイスラモフォビア〔イスラム恐怖症〕を正当化し、パレスチナ暫定自治区の継続をめぐる前向きな会話を妨げることになった現象について公平な見解を持つこと、それは然るべきである。が、同時にこのテロリストというレトリックがどのようにしてアメリカ国内での人種差別反対運動の正当性を傷つけることになるか、読者は考えさせられるだろう。人種差別主義者、女性蔑視者、トランスフォビアによって起こされる暴力は、当たり前のことと見なされ続けている。Black Lives Matter（ブラック・ライヴズ・マター）という表現は、文としてはたった三つの単語からなる実にシンプルなものでありながら、アメリカ合衆国で、そして世界中で天賦の権利と見なされる「平等、正義、自由」の理念を再評価する必要性を提唱する。この理念、それはもちろん西洋社会で生み出された理念なのであるが、その包括する範囲が果たして正当であるのかどうか疑問を投げかけ、歴史――特にその植民地主義と奴隷制度を展開させた歴史――が蓄積してきた重積を打ち崩すよう、心ある者たちを鼓舞するであろう。この理念は現代社会の理念上の確信性〔つまり、これこれはこういう理由でこうあるべきだと信じて疑わない公の態度〕やイデオロギーの基盤、そしてアメリカの法組織〔判決を下す法廷や法律に従って違法行為を監視する警察組織など〕の隅々に見いだすことができる。とはいうものの、その法組織だけを取っても、黒人、グローバルサウスからの移民、また第一か第二世代の移民の受刑者は人口比をはるかに上回る率で服役しており、法的に課されている審理課程やその他の保証されている平等性が守られていない現状は、組織的人種差別の表れとしか言いようがない。

パトリース・カーン゠カラーズとその同朋が運営するBLM、そこにはブラック・ユース・プロジェクト100やフロリダのドリームディフェンダーズなど幾多の地元組織も含まるが、彼らはこの世界の将来のためにもっとも望ましい可能性を求めて、前進的な人権運動のアプローチを打ちたてようと努力している。社会を構成している個々のグループのユニークな特性を損なうことなく、同時に誰もが平等に生活できる世界を求めている。普遍的自由を望む者たちは、その具現化がすでに人種やジェンダーや社会的ヒエラルキーの頂点に立っているエリートたちではなく、自由が与えられず常に政治的・経済的逆境にあってそこから逃れ出ようとしている者たちによって成されることが理想であるという認識のもとで、活動を繰り広げている。この認識、そして底知れぬ人間愛の力こそが、パトリースの回想録の中核をなして、読む者の胸を深く打って止まない。

第1部　見つけられる骨のすべてを集めて

はじめに　私たちはスターダスト

私がものを書くのは、先祖との接点を維持し、人々に真実を広めるためだ
ソーニャ・サンチェズ★1

二〇一六年の大統領選の何日か後に、友人のアーシャが天文物理学者ニール・デグラース＝タイソンの講演のリンクを送ってきた。彼女はニューヨークのブルックリン、私はロサンジェルス。その三〇〇〇マイルの距離を越えて彼女は「希望を持たなきゃ！」と伝えてきた。二人で一緒にそのビデオを見る。デグラース＝タイソン博士は次のような話をしていた。「我々人間の身体を作っている原子だの分子だのは、ずっとずっと昔宇宙のどこかにあった恒星がその誕生から死までを経る過程にあって、長い間その中核で核融合を進ませた結果ドロドロと存在していた物質に元を辿ることができます。その恒星はしまいにものすごい圧力と温度に達して大爆発を起こし気体の星雲となりますが、その星雲はいずれまた別の恒星を形成し、その恒星は各々それ相当のプロセスを経てその周りに惑星――私たちが住んでいるこの地球もそうですが――を作り出します。その過程に必要な物質、それは神が与えたもうた物質とでも言いましょうか、それは元々の恒星の中核にあったも

のです。でもそれだけじゃないんです。その同じ物質は実は人間を、私たちを、つまり私やこの司会者の女性をも形成しているのです」彼の説明では、私たちは宇宙の中に存在しているだけでなく、私たちの中に宇宙が存在している、私たち人間は文字通り星くずでできているのだ、と言っていることになる。

デグラース＝タイソン博士の言っていることは本当だ。私は子供の頃からその奇跡を目の当たりにして育った。私を産み育てた人々の毎日の営みの中で。母の働きづくめの生活の中にそれを見た。子供時代、私たちはロサンジェルス市内のヴァンナイズ地区に住んでいた。毎日母が朝から晩まで仕事し続ける姿を見て育った。自分の子供だけでなく人の子供の面倒も見ながら、仕事を二つ、時には三つ、やれることは何でも引き受けて一日に一六時間は働き通した。しなやかでココア色の肌をした母。エホバの証人の信仰者である母。若くて未婚のまま子供ができてしまったために、親から家を放り出された。三つの職をこなしても、生活に必要なだけの収入を稼ぎ出すなんてことは人生一度たりとなかった。それでも母は諦めることなく頑張り通した。

父の茶色い細面の顔の中にもそれを見た。ケイジャンの国〔ルイジアナ州ニューオリンズ地域〕出身の少年だった。傷ついた癒しの者。彼の薬物依存は、彼を愛することのなかった世界、そして自分は愛されていないという自覚、それも一度や二度の出来事ではなく、繰り返し、繰り返し疑う余

★1　Sonia Sanchez（一九三四―）：アメリカ黒人女性。詩人、作家、教育者。ブラックアート運動の指導者で、また公民権運動にも関与する。アメリカ黒人に関する歴史、社会学、文学、文化史などを総括する黒人研究（ブラックスタディーズ）を創設し、アメリカの大学教育カリキュラムに初めて導入した。

地なく彼の心に刷り込んだその環境がもたらしたものだ。それでも彼は必ず戻ってきた。自分をより良い人間にしようという努力を投げ出すことはなかった。その姿を映し出す鏡は最後までなかったけれど。

そして私自身。奴隷船の船底で何ヶ月も鎖や鞭に脅され自分の糞尿にまみれて生き残った人々の一三世代目の子孫。彼らは法的に非人間と見なされ、自分の名前が、言語が、神々や女神たちが、踊りの跳躍が、音楽のリズムが、限りない夢が、そして家族たちが取り上げられ、盗まれ、あちこちに連れ去られ、捨てられても、抵抗のすべを持たなかった。それにもかかわらず、新しい言語を作り上げ、神を讃え、運動を起こし、愛を捧げた。これが星くずの奇跡でなったら、一体何であろうか。死ぬことを拒否し、自分たちの生命に、その人生に価値はないという考え方に挑み、自分の子供たちの生命が、その人生が生きるに値するものだと信じる人々、彼らは一人一人が宇宙なのだ。

私たちの先祖は私たちが布のようだと考えた。その一本一本の縦糸、横糸が組み合わさって全体を構成している。それが人間の絆であり未来への広がりだ。自分の子孫の一人一人がそのように繋がって伸びていくことを想像したに違いない。私が生まれてくることを見通していたに違いない。だからこそ、今ここに私がいるのだ。母として、妻として、コミュニティ・オーガナイザーとして、クィアとして、アーティストとして、夢見る者として。先祖がその苦しみにも負けずに、未来への繋がり、そして発展を思い巡らしたからこそ、地獄の暗闇の中を手探りで進みながら希望を見つけようと努力しているこの私が、存在し得るのだ。

私の育った環境では、私たち黒人の子供がまともに育って生き延びるかどうかなど誰も考えも期待もしなかった。兄たちも妹も、私の生まれ属した家族も、私が新たに得た家族も、いずれ危機を乗り越え生活を維持していけるだろうなどという楽観的な将来観とは縁なしに生き延びてきた。私たちは貧困という綱の上でいつ足を踏み外してもおかしくない綱渡り生活を送ってきた。その綱の下には、黒人牧師が、そして後には歴史初の黒人大統領が唱導した「個人の責任」という考えがぶら下がっていた。彼らの話は社会が負う責任についてよりも個人の責任についての訓戒の方がずっと多かった。つまり綱から踏み落ちたら、それは自分の努力が足りなかったからという論議。

しかし自己責任については説教しても、世界で一番裕福な国にあって、失業率が驚くほど高いことや低賃金の仕事ではとても暮らしていけないことや経済的自立の機会が信じられないほど限られていることについては、何も語らない。個人の責任についてとうとうと弁じても、アメリカの人口は世界で五％ほどなのに受刑者人口――そこには私の障害を持つ兄と人を傷つけたりなど考えられもしないもの柔らかな父も含まれている――が二五％にものぼるということは、話題にもならない。受刑者といえば、そこにはスキドルキャンディーの袋とアイスティーのボトルを持ってうちへ帰る途中の一七歳の少年を射殺した男は含まれていない。延々と続いた審議の果てに刑務所送りを免れている。

時は二〇一六年。とある意見書が回されて、遂にはホワイトハウスまで到達した。その書面によると、私たちはテロリストということになっている。私たちとはつまりその一七歳のトレイヴォン・マーティン[★2]の殺害事件への応対として「ブラック・ライヴズ・マター」と声をあげた私たち三人のことだ。この意見書は二〇一六年の七月の最初の週に人々の関心を引き始めた。立て続けに起きた警官による黒人男性の射殺事件にＢＬＭの反対デモが一週間ほど続いた後のことだ。まず七月五日、ルイジアナ州バトンルージュでアルトン・スターリングが殺された。翌日七月六日ミネソタ州ミネアポリスでフィランド・キャスティルが殺された。そしてその次の日七月七日、テキサス州ダラスでBLMのデモの最中に、一人のガンマンによって銃弾が放たれた。そのデモには「我々〔黒人〕には生きる権利がある」というメッセージを宣言するべく数多くの母親、父親たちが子供たちを連れて参加していた。

狙撃者は二五歳のマイカ・ジョンソン〔黒人〕。アフガニスタンでの兵役から帰国していた予備兵で、警察暴力への報復の目的で警官五人を殺傷、九人に怪我を負わせ、また一般市民二人も負傷した。狙撃直後、ジョンソンはデモが行われていたエルセントロ大学のキャンパスの建物に立てこもったが、翌日七月八日の明け方、地元の警察によって文字通り吹っ飛ばされた。戦争で使用されるレベルの強力な爆弾がロボットによって彼の元へ届けられ、リモート操作で爆発を起こした結果だ。警察が容疑者を爆破したこともロボットが使われたことも、歴史上初の対応だ。陪審員も裁判も何もない。サウスキャロライナ州チャールストンで九人の信者たちをなぎ倒した殺人犯〔白人〕や、コロラド州オーロラの映画館で銃を撃ちまくった犯人〔白人〕が受けた正当な法的過程に要する一貫性は、一体どうなったのか。

もちろん、何がジョンソンをこういう行為に走らせたのか、彼が精神的に不安定であったのかどうか、今となっては誰にもわからない。ただわかっていることは、彼が生涯を通して所属した唯一の組織はアメリカ陸軍のみであるということだ。オーロラとチャールストンの集団殺害事件の犯人である白人男性らは生きたまま捉えられ、一人は刑務所に連れていかれる途中でファーストフードの差し入れを受けている。この国で職務中に殺される警官のほとんどは、生きたまま捕らえられた白人の容疑者の抵抗中に起きる。なぜそうなるのか、考えてみてほしい。

マイカ・ジョンソンの亡霊はＢＬＭを糾弾するための武器として使われることになる。私個人を攻撃する道具になる。白人至上主義に挑戦する者たちに応戦するための長い間使われてきた常套手段だ。ネルソン・マンデラ[3]が二〇〇八年までＦＢＩのテロリスト名簿に載っていたのをご存知だろうか。ともかく、テロリスト呼ばわりされたことはこたえた。ダラスの悲劇の三日後の日曜日の朝、顔を真っ赤にしてある事ない事でっち上げて私たちを攻撃するルーディ・ジュリアニ[4]のテレビ画面を見ながら、私はベッドで声をあげずに泣いた。

私たちの活動に参加している人々の多くがそうであるように、私は貧困と警察という二股の恐怖の狭間で育った。最初はロナルド・レーガン、そして後半はビル・クリントンが次々に強化していった麻薬戦争のさなかに成長した。ＢＬＭのメンバーたちが育った町の多くが、そして私が育ち、愛しむ故郷の町も麻薬戦争の戦場と見なされ、その〝敵〟はすなわち私たちだった。黒人や褐色人種の私たちよりも、実は白人の方がずっと多く麻薬を常用し売り買いしているにもかかわらず、薬物の使用や売買人を思い浮かべるとするとそこには黒人、褐色人の顔がある。どうしてそうなるのか、それは彼らが何もしていなくても警官に手荒に扱われる理由と同じだ。黒人であったら、息を

★2　Trayvon Benjamin Martin（一九九五―二〇一二）：アメリカ黒人少年。二〇一二年フロリダ州サンフォードで、コンビニから帰宅中に、自警団員と称するジョージ・ジマーマンに不審者と見なされ射殺される。後日ジマーマンが陪審員裁判で無罪となったことで全国を挙げての大規模な抗議活動が起き、ＢＬＭも含めて様々な社会運動へと発展する。

★3　Nelson Mandela（一九一八―二〇一三）：元南アフリカ共和国大統領（一九九四―九九年在任）。

★4　Rudy Giuliani（一九四四―）：元ニューヨーク市長（一九九四―二〇〇一年在任）。二〇一八年からはトランプ前大統領の顧問弁護士を務めた。

しているだけで逮捕される、またはもっとひどい待遇を受けるかもしれないのだ。


それなのに、私はテロリストと呼ばれた。

活動のメンバーたちもテロリストと呼ばれた。

私たち、パトリース・カーン＝カラーズ、アリシア・ガーザ、オパル・トメティ、ブラック・ライヴズ・マターを創設した三人の女たちは、テロリストと呼ばれた。

私たちは人間だ。

私たちはテロリストではない。

私はテロリストではない。

私はパトリース・マリー・カーン＝カラーズ＝ブリグナック。

私は生き延びる。

私はスターダスト、宇宙の始まり。

第1章　町は攪乱された

……黒人であることを違法にはできないのはわかっている。だが一般国民に［…］黒人はヘロイン使用につながるというイメージを持たせることで、黒人の犯罪性のイメージを定着させ、彼らのコミュニティを弱体化させることができるだろう。嘘をついている意識があったかって?、もちろん、それは承知の上だった。

ジョン・アーリックマン（リチャード・ニクソンの国内政策補佐官）

「ニクソン政権の黒人政策の方針について」

母シェリースはほぼ一人で子供四人を育て上げた。兄のポール、モンティ、妹のジャズミンと私。カリフォルニア州ロサンジェルス市内のヴァンナイズという、大半がメキシコ系住民のゲットーの真ん中で。セクション8[★5]アパートと呼ばれるアパートが一〇棟ほど並んでいて、その中の一棟、二階建てで薄茶色の建物に住んでいた。ペンキははげ、門戸がちゃんと閉まることはなく、ドアの外

★5　アメリカ連邦政府の住宅都市開発省の管轄下にある低所得者を対象とした家賃援助のプログラムの名称。

に呼び出し電話が付いているのは付いているが、一度たりと機能した試しがない。安普請のアパートだ。

母と私二人だけが、家族の中で背が低い。母は一六〇センチ、私は一五五センチで止まってしまった。でもジャズミンとポールとモンティは揃って長身だ。妹は一八〇センチまで伸びた。兄たちはそれ以上だ。父、アルトン・カラーズの家系なのだ。父は機械工だった。その太くてこげ茶色の手でヴァンナイズにあるGM〔ジェネラルモーターズ〕工場の作業ラインで働いていた。そして私を抱き上げ、抱きしめ、ここは安全だと信じさせてくれる大きい手だった。父はそういう仕事だったから、いつもガソリンだとか車の匂いがした。だからその匂いは私にとって三〇年経った今でも愛情と抱擁と安心感とを思い起こさせる。アルトンはこの家庭に出たり入ったりを続けた。夫婦仲の良し悪しでそういうことになったのだ。私が六歳になった時、彼は家を出てそれきり戻ってくることはなかった。けれどもだからといって姿を消したわけではない。時折会いに来てくれた。実際、彼の愛情は私の生活から決して消えることはなかった。彼がそこにいなくても、あの父アルトンの温かな愛情は私の中に、私と一緒に存在し続けている。今でも、それに変わりはない。

私たちが住んでいたあたりはいろいろな人種の混じり合ったところだ。もちろん大半はメキシコ系だったが、韓国人もいたし黒人もいたし、中には一人、白人の女性もいた。彼女は明らかに病的に肥満していて、アパートについているバスタブでお風呂に入ることができないという話だった。実際、彼女がアパートの外にある崩れかけたような水泳用のプールにこっそり忍んで行くのを見たことがある。石鹸やタオル、シャンプーなどを持って水に入り身体を洗っていた。私がそれを見ていたことを、彼女は知らない。私も誰にも言ったことがない。それは彼女が大人で私が子供だったからではない。彼女が白人で、私たち黒人を黒人であると定めるその理由の一部分であったから。

その白人の女性は貧乏で、一人で娘を育てていた。言いたいことは遠慮なく口にするタイプで、何かと決まり文句でパシパシ即答する黒人の女性、母や叔母などと全く違わない。いつもムウムウ★6を着ていて、この環境にしっくり溶け込んでいた。彼女たちはあとで引っ越してしまうのだが、私も近所のみなも彼女がいなくなって何とも物寂しい思いをしたものだ。私たちが住んでいたアパート群は仮の住まいでしかない。人々が根を下ろして何十年も住み着くようなところではなかった。その辺りで食料が買えるところは、セブン-イレブンが一軒あるだけだ。それ以外には、ジョージの酒屋、ファーストフードの小さなメキシコ料理の店と、中華料理の店が一軒ずつ。それとタコベル。食べたり飲んだりしたいと思ったら、この五軒しかないのだ。

ところが、ヴァンナイズから一マイルも離れていないところに、シャーマンオークスの一画がある。金持ちの白人居住地帯だ。そこには車二台用のガレージ付きの古くて立派な家が立ち並び、手入れの行き届いた芝生の庭や青々と水をたたえたプールがある。アパートの裏にある猫の額のような小さいほったらかされた水たまりのようなものとは大違い。シャーマンオークスには見てくれの悪いものや手入れを怠ったものなど一切存在しない。賃貸しアパートの建物自体、一つもない。そんな広々とした家と高価な車ばかり。親たちはその高価な車で子供たちを毎朝学校に送り届ける。そんなものを見たこともなく思い浮かべたこともなかった私は、初めてその風景を見た時ほんとにおったま

★6　ハワイの伝統的な女性用ドレス。肩から足までの長さで、ウエストを閉めずゆったりしている。花模様や鮮やかな色合いが多い。夏の暑さをしのぐ家着。

げたものだ。ヴァンナイズの子供たちは、小学校一年生の時から市バスで通うか、学校まで歩くのが当たり前だった。親たちは子供が起きる頃にはもうすでに仕事に出て行った後だ。春先に姿を表す色とりどりのカエルたちのように、茶色い顔の子供たちは自分で外の世界に足を踏み出す。自分たちが作ったのではない世界。自分たちにそれを作り変えることができる力があるなどとは夢にも思うことなく。

前述のように、母は一日に一六時間働いた。何か特に手に技能があったわけではない。なんとか食べていけるだけを稼ぐために、ひたすら額に汗して働いた。テレマーケター、オフィスの受付、ハウスキーパー、清掃人などなど。子供四人を育てるためには、彼女が働くことは不可欠だった。特にヴァンナイズのGM工場が閉鎖して父の収入が途絶えてしまってからは。アルトンはGMを解雇されてからあれこれ職を渡り歩いたが、それはみなパートで、低賃金で、医療保険もなければ仕事が続く保障もなく、家族を養っていく力がなくなってしまった。今になって思うに、父が家を出て行ったのはそのせいじゃないかと思う。もちろん、私たちに会うためによく訪ねて来てくれたし、私たちのことを気にかけてくれているのは明らかだったけれど、家族の関係は前とはまるで違ってしまった。この一九八〇年代、黒人の失業率は白人のほぼ三倍に達し、私たちが住んでいる南カリフォルニアを含む特定の地域では、二〇〇八―〇九年の不景気の時期よりももっと深刻だった。

時折、食事ができなくて空腹でたまらない時は、残りカスのチェリオシリアルに水をかけて食べた。なにせその一年ほどは家の冷蔵庫が壊れてしまって、ミルクが買えたとしても置いておくところがなかったし。母はよく一人バスルームに閉じこもって、当てにならない夫の名を呼んでは息巻いていた。**子供に食べさせるのを手伝ってよ、アルトン。あんたも親じゃないか。いったいどの面下**

げて親のつもりでいるんだい。親の独り言に耳を立てたりなどしてはいけないとは思ったのだが、六歳の私はバスルームのドアの外に座り込んで、自分のおなかがグーグー鳴るのを抑えながら、母の罵る言葉を聞いた。というより、彼女が直面している問題の数々を聞かされたとも言える。自分の経験から言えるが、空腹ほど堪え難いものはない。だからこそ、未だに私はブラックパンサー党★7に感謝している。学校で子供たちのために朝食をタダで支給するプログラムは、彼らのおかげで導入されたのだから。どんなに母や父が働いたとしても、この介入策がなかったら私たちは子供時代を生き延びられなかったんじゃないかと思う。

私たち兄弟姉妹はお互いを力一杯愛し合って育った。お互いを助け合い支え合うことは呼吸をするのと同じようなもので、最初から疑う余地もないことだった。もちろんジャズミンは末っ子で赤ん坊だったから、みんながネコ可愛がりしたのは当然だ。ポールは長兄で年も上だから、父アルトンが家を出た後すんなり私たちのリーダーとなった。毎朝、ポールの声で起こされる。母はずっと早くに仕事に出て行っているからいない。ポールは**起きて、顔を洗って、歯を磨いて、学校に行く支度をして、**と私たちを急かす。家に食料がある時は、ポールが母に教わったやり方でグリルドチーズサンドイッチを夕飯に作ってくれる。そして夜、寝る時間になるとポールが皆を追い立てて

★7　一九六六年にカリフォルニア州オークランドで結成された黒人自衛のための政治的団体。元々はオークランド警察の暴力を抑制することを目的としたが、米全国またイギリスなどの海外にも支部を広げ、また子供たちのための無料朝食や医療クリニックの充実などの地域活動にも力を注いだ。政府の弾圧や治安組織との絶え間ない闘争を通してその存在は社会で賛否を問われ、七〇年代後半には力を失う。

寝かせる。母は二つめか三つ目の仕事で、みんなが寝てしまってからしか帰ってこない。

私といつも一緒に遊ぶのは次兄のモンティだ。何と言っても彼はめちゃくちゃ心が広い。彼は家にある食べ物がどんなに少ない時でも、野良犬だの野良猫だのを見ると食べ物を与えずにはいられない。一度は巣から落ちてしまった鳥のヒナを拾い上げて、巣に戻してやったりもした。今でも目をつぶっただけで、その場に舞い戻ることができる。彼の隣に立って、彼がその小さい体——何という鳥だったか全く記憶にないが——をそれはそれは優しく両手で掬い上げ、巣に戻してやっているその姿がありありと浮かんでくる。時には、その巣そのものが崩れ落ちてくることもあったが。

モンティは二番目の子供だからか、ポールとは違って兄弟全員の責任を取る立場にはいない。何事も大目に見てくれる。夜、本当なら寝ていなくてはいけない時間に、私とモンティは二人でソファに座ってテレビを見る。『ビバリーヒルズ高校白書』は私たちの一番好きな番組だ。白人の金持ちの若者たちの話。彼らが出くわす様々な問題、そこには私たちの世界、私たちの問題は存在しない。ビバリーヒルズの街や登場人物たちの周りをパトカーが徘徊することはない。ヴァンナイズでは毎日朝から晩まで、まるで獲物を探すハイエナのようにパトカーがぐるぐる回って監視の目を光らせている。警官は車に乗っていつもそこにいるが、顔見知りになるなんてことはない。何のためにそこにいるのかも知らない。私たちに話しかけることもなければ、道を渡るのに手助けしてくれるわけでもない。親切だったためしはない。私たちの味方ではないということは歴然としているが、それだけではなく、私たちのことを忌み嫌っているのが見え見えだ。なるべく関わりを持たないように心がけるが、いつもそうできるとは限らない。何といっても町中あちこちにいるわけだし。

ある時、彼らが私たちのアパートのそばに来て車を停め、アパートの裏の通り道を塞いだ。この通り道は、モンティやポールたちが友達とたむろしてなんだかんだ気炎をあげるところだ。多分女子についてやったことだの やったことがないことだのを話したり冷やかしたりするのだろう。モンティが一一歳、ポールが一三歳の時のことだ。近所に木が植わっているところもなく、もちろんバスケットボールができるようなコートのある公民館だとかハンドボールをして遊べる公園だとかお城を作れる砂場とかそんなものが一切ない環境で、少年たちは自分たちだけで集まれる秘密の場所としてその通り道を使っていた。もちろん私は九歳の女の子だから入れてはもらえない。古ぼけた錬鉄製のゲートの外に追いやられる。本来ならば外の世界から子供たちを守るための、その実その役目を一切果たしていないゲート。そのゲートの外から、私は警官が少年たちに迫る場面を目撃する。一四歳に満たない子供ばかり。疑わしそうなことなど何もしていない、ただ喋ったり笑ったりしているだけの子供たち。警官は乱暴に彼らの肩を掴んで壁際に投げるように追いやると、全員にシャツをめくりあげるよう命令する。ポケットの中身を掻き出させる。荒々しく身体検査をし、股の間にも手を通す。ゲートの外で私は凍りついたまま、その場面を見つめる。泣きも叫びもできない。息もできなければ耳も聞こえない。パトカーには赤いライトが点滅しているが、ライトに同行するべき甲高いサイレンの音は聞こえない。警官らが大声で**ガキども、壁に並べ**！と怒鳴りつける声も聞こえていない。後になってからやっと自分の行為に怒りが満ちてくる。なぜ助けようとしなかったのか。

ポールもモンティもその出来事について一言も語ろうとしない。泣いたり罵ったりもしない。どんなに大声で警官の行為を罵っても何の助けにもならないと思っているのか。目撃者である私にも話してくれない。ましてやその場にいなかった母に何を告げるでもない。酷い取り扱いを受けたと、憤懣を漏らしたりしない。その年齢に達するまでに、彼らはこれが当たり前のことだと思い込まされているからだ。黒人でも白人でも同じように丁寧に、親切に扱うべきだなんて妄想は存在しないのだ。

彼らの沈黙は、レイプ被害者が保つ沈黙につながるものがある。多分言っても誰も信じてくれないだろうという危惧もあろうし、この状況を改善すべき手段がないという諦めもあるかもしれない。公共の場で半ば裸にされ、無邪気な子供時代を一挙にコンクリートの壁に叩きつけられ、彼らが心の中でどう感じているか、兄たちと私とでこの事件について語り合うことはなかった。この後ヴァンナイズが麻薬戦争やギャング戦争のグラウンドゼロ〔震源地〕になって、すでにその住民たちをどう取り扱っても非難されることはないと奢りきっている警察は、ますます権力を増していった。私たちを敵となし、私たちを消し去るための手段が次々に増やされていく。その流れの中で起きた数々の悲惨な出来事について、私たちに語り合うような余裕はなかった。

実際、この出来事について思い起こしたのは何年も後になってからだ。それはミズーリ州ファーガソンからマイケル・ブラウンという黒人の少年についてのニュースが流れ始めた時のことだ。マイケル・ブラウンは普通の一八歳の少年だった。その秋には大学に行くことになっていた。武器は何も携帯していなかった。人気者の普通の一八歳が、警察とメディアの手にかかってみるみる変身しキングコングみたいな巨大で危険な、銃で撃ち殺すしか対応のすべのないような怪物に仕立て上げられた。地面に膝をつき両手をあげているところに、警官の弾丸が彼の頭を貫いた。

その次にあのアパートの通り道の情景が思い浮かんだのは、フレディー・グレイの写真を見た時だ。二五歳。彼は自転車に乗っているところを警官に止められた。そのまま警察の輸送バンの後ろにまるでゴミの袋か何かのように放り込まれ、ボルティモアの悪名高き〝危険ドライブ〟と渾名される扱いを受ける。それはこの事件を引き起こした警官六人を〝心なき殺人罪〟[★8]──実際、法律上で使われている名称だ──として訴え出ることを可能にするほど、致命的な暴力行為だった。黒人を殺した罪に問われる警官のほとんどがそうなるのだが、この警官たちも無罪放免となる。ビデオテープにその罪がありありと映されているにもかかわらず。

兄たちがアパートの通り道で警官に咎められた日から、新しいパターンが定着する。しょっちゅう逮捕されるようになったのだ。あまり頻繁にそうなるものだから、母は家族を抱えてヴァンナイズの別の地域へ引っ越すことにする。引っ越しても、黒人の若い男が安全でいられるところはない。仕事も見つけられない。どの町でも、どの区画でも、自分たちの生活を真っ当に過ごせて、人並みの生活権を認められる場所が見つからない。家族みんなで兄たちは大事な存在で、心から愛しているんだと言って聞かせ、自分たち自身でもそう信じ込もうと努力するけれど、現実の障壁を消すことはできないし、事あるたびに私たちの危なっかしい生活は脅かされた。

数年後、私は隣町の裕福で美しいシャーマンオークスにあるミリカンという白人の中学校に送られることになる。とある白人の少女と仲良くなるが、なんとその子の兄が地元の麻薬販売人であることを知る。彼は大きなゴミ袋いっぱいにマリファナを詰め込んで隠し持っている。何袋も。食べ物を入れておくようなジッパー付きのビニール袋どころのサイズじゃない。子供一人が入れるくら

★8 Depraved-heart murder：殺人に関する起訴罪状の一つで、殺人の意図を伴わないが他人の命に対する尊意の欠如故に相手を危険に晒し、死に至らしめる行為を指す。過失致死罪、または第二級殺人罪に当たる。

いの大きさのゴミ袋だ。

でもそれ自体は驚くほどのことはない。驚くべきことは、まずその子は逮捕されたことが一度もないこと。それどころか、逮捕されるかもしれない、と思ったこともないという事実だ。彼がそう言った時、私は彼の言葉が頭の中でぐるぐる回ってその意味合いが次第に明らかになるまで考え込んでしまった。警察に対する恐怖感のない生活。それはどんなもの？　いくら考えても、その感覚は実感として掴みようがなかった。

第2章　12

人種差別のもっともおぞましい危害の一つは、それが若い人々にどういう影響を及ぼすかということだ。

アルヴィン・エイリー★9

初めて逮捕されたのは一二歳の時だった。自分で書いたこの文の、その字づらを見ただけで、私はその場、その時に振り戻される。あの少女が感じた恐ろしさと恥ずかしさは私の体内の細胞の一つ一つに染み込んでいる。

七年生〔中学一年〕と八年生の間の夏休みのことだった〔アメリカの学校は大半八月末に始まる〕。数学と科学の成績が悪かったために夏期講習に出なくてはいけない羽目になって、私は内心ムカついていた。ミリカン中学の学生で、ヴァンナイズで行われる補習授業に来る者など一人もなかった、

★9　Alvin Ailey（一九三一―一九八九）：アメリカ黒人のダンサー、監督、振付師、活動家。アルヴィン・エイリー舞踏グループおよびダンススクールを設立し、黒人の歴史的体験を踊りを通して表現する。当時ニューヨーク市長であったマイケル・ブルームバーグによってニューヨーク市では一二月四日はアルヴィン・エイリーの日とされた。

私一人を除いては。夏期講習にいるのはみんなヴァンナイズの中学生ばかりだ。この学校には校庭と呼べるようなものはもちろんなく、あるのは金属探知機の設置されたゲートと警官の監視の目だ。どちらもミリカンでは見られないもの。迂闊にも、私はミリカンからヴァンナイズに移るのに絶対必要である心構えについてチェックすることを怠ったまま、補習授業に赴いた。自分がすっかりミリカンに属している気分でいたのだ。この夏の期間にはミリカンでの常識は通用しないということを考え損ねていた。後悔先に立たず。ある日、ミリカンではリラックスするために皆が普通にやっていることをやってしまった。マリファナを吸ったのだ。ミリカンではたいてい誰もがマリファナでハイになって授業に出席したり、休み時間にトイレで吸ったり、放課後にキャンパスで回し吸いしたり、日常茶飯にやっていた。それで捕まる学生はいなかった。学校に警官はいないし、ミリカンは優秀な子供の行く学校なのだから。

でもヴァンナイズではそうはいかない。誰かが私のことを通報したに違いない。ある時トイレで一服している時、誰かが部屋に入ってきたことがあった。あれに違いない。二日後に、警官が教室にやってきた。ジェットコースターが下り始める時みたいに、胃がキューっと締めつけられるのを感じた。直感で私を呼び出しにきたのだとわかった。まさにその通りとなる。警官は私に教室の前に来るよう指示した。みんなの前で私は手錠をかけられ、副校長の部屋へ連れていかれる。そこでカバンの中を調べられた。身体検査もされる。ポケットも裏返しにして見られ、靴も脱がされて調べられた。ちょうど九歳の時に兄たちがそうされたように。その時運良く私はマリファナを所持していなかったが、母の仕事先に電話をして何が起きたか説明するよう強いられた。泣きながら電話した。「お母さん、私は何にも悪いことなんかしてない」嘘をつきながらも、涙は正真正銘の涙だった。ただ、それは罪悪感とか悔しさではなく、恐怖の涙だった。母は私の言うことを信じてくれた。娘はいい子だと肩を持ってくれた。

その晩、うちで母はその日のことについて何も聞かなかったし、憤慨してくれもしなかった。手錠で擦れて傷ついた手首を撫でたり私を抱きしめたり、愛していると言ってくれたりもしなかった。母を非難しているのではない。彼女の責任はどうやって自分と四人の子どもをみな一日一日生き延びさせていくかということにあった。この逮捕事件が起きたにもかかわらず、その晩子供四人が揃って、一応安全にうちにいること、彼女にしてみれば、それはその日を勝ち通したということ、それだけで十分だったのだ。子供時代はずっとこんな風だった。

ミリカン中学校で人種と階級の明らかな違いよりももっとショックだったのは、小学校ではあんなに優等生で先生たちに可愛がってもらった自分がここではたいして先生に注意を払ってもらえるような学生じゃないと認識させられたことだ。小学校の時は、成績が良くて知的将来性が高い、有望な子と言われてきた。四年生の時、公民権運動についてクラスで発表させてくれなどと大それたことを願い出た私のおこがましさを、担任のゴールドバーグ先生は快く許可してくれた。その一週間ほど前に、彼女は『ゴールド・キャデラック』(*The Gold Cadillac*)★10という本を貸してくれた。ミルドレッド・タイラーの著作で、オハイオ州の家からジム・クロウ法下のミシシッピに親戚を訪ねて父と二人で恐怖に満ちた旅行をする女の子の話だった。その恐怖感は真に迫っていた。ページをめくるごとに、ここで二人は殺されるのではないかと怖くてたまらなかった。

話は前後するが、九歳の時警察が家宅捜索のためにこの小さなアパートに押し入ってくる騒ぎがあった。私の大好きな叔父を捕まえる目的で。彼は父アルトンの兄弟で、マリファナを吸っていたし、また売人でもあった。だがその時の私にとっては、大声で笑い、いつも私を抱き上げては賢いいい子だと言ってくれる優しい叔父だった。一緒に住んではいなかったし、どこに住んでいるかも知らなかった。暴動鎮圧のための猛々しい装備を纏った警官たちが、ドアを蹴倒す勢いで入ってきた。ジャズミンは五歳になったかならないかの頃で、その幼い子供までも怒鳴りつけられて、私と二人でソファに座って動かないよう命じられた。彼らが、犯罪もののテレビ番組で出てくるシーンのように家中をひっくり返して探し回るのを、震えながら見ていた。『LAW&ORDER――性犯罪特捜班』という番組でオリビア・ベンソン刑事は子供たちをいつも優しく扱う。これは全くテレビの虚像でしかない。兄も私も妹もまだ子供であったにもかかわらず、容疑者のように扱われた。ソファの上でジャズミンと私は硬く身を寄せたまま微動だにせず、警官が部屋から部屋へ物を投げたり破いたりしながら踏み荒らして回るのを見つめていた。ちょうど九歳の時に、兄たちの身体が乱暴に扱われるのを凍てついたかのように凝視した時のように。彼らはタンスの引き出しも全部引き抜いて床に投げ散らかした。叔父が引き出しの中に隠れているとでも思ったのだろうか。この事件も、兄たちが警官に嫌がらせを受けた時と同じく、一旦嵐が去ってしまうと、誰も何もそのことについて話そうとはしなかった。

ともかく、この家宅捜索の体験が原因だったのだろう。『ゴールド・キャデラック』は違う時代の違う場所の話だったにもかかわらず、その話にすっかりのめり込んでしまったのは。何十年もたった今ですら、生々しく思い出される。話の展開は全然違っていても、最初から最後まで彼らが持っていた恐怖感は私の体験と同一のものだった。読み終わってすぐ、もっと読みたくなった。今思うに、誰もが口を閉ざして表沙汰にしないこのトラウマが、自分で勝手に想像したり思い込んだりしたことなのではなく本当に起きたことだ、と子供心に確認したかったからだと思う。それで、私はゴールドバーグ先生に、もっと本を貸してくださいと頼んだのだった。先生は喜んで、自由と正義のための闘いについての本——子供用に書かれたものだったが——を次々に貸してくれた。私は貪るように読みまくった。そしてクラスのみんなに自分が学んだことを分かち合いたいと、先生に話す機会をお願いしたというわけだ。**もちろんよ。**先生は快く受け入れてくれた。彼女はそういう先生だった。茶色の髪をカッコよくフェザーカットにして、いつも映画の『フラッシュダンス』の女主人公が着ていたダンス用の衣装のような装いでクラスに現れた。

その発表は一五分ほどのもので、本を読んで自分が学んだことをクラスメートに話したり質問したりする形式をとった。質問に答えてくれた生徒には、用意していたキャンディをあげた。この国での私たち自身の歴史、すなわち自分たちの存在が何から生じたのかを知っておいてほしかった。私が悟ったように、この恐怖に満ちた歴史について悟ってもらいたかった。それに名前をつけることはできないけれど、その恐怖は私たちの今の住んでいるこの町の、私たちの日常生活の真ん中にドデンと座り込んでいるそれに繋がっていると思った。

こんな風にゴールドバーグ先生と、もう一人ビラル先生——放課後プログラムを教えていて、小

★10　南北戦争の結果米国では一八六五年に奴隷制が廃止されたが、その反動として一八七六年から米国南部各州で解放された黒人に与えられた政治的や経済的進歩を抑制し、黒人白人を分離させる様々な条例が制定された。それらの条例を一括してジム・クロウ法と呼ぶ。一九六四年に公民権法が確立されたことで廃止される。

学校で唯一の肌の黒い先生で、クワンザ〔一九六六年にモーラナ・カレンガによって始められたアメリカ黒人のための文化的祭り。毎年一二月二六日から一月一日まで続く〕やアフロセントリシティ〔アフリカの視点から見た文化観や歴史観〕を活動に取り入れてくれた――には深く感謝している。それは彼女たちが私を褒めたり励ましたりしてくださったおかげだ。だからミリカン中学に進学する時も、地元の学校ではなくて全く違う環境にある学校であることはわかっていたけれど、同じような先生たちの支えがあるものと疑いもしていなかったわけだ。

ミリカン中学を最初に見つけ出したのは、大の親友であるリサの母親だ。もちろん裕福な町にある学校だからいい学校であるはずだが、彼女の興味を引いたのは芸術の才能に恵まれた子供たちのための特別プログラムだった。それでリサの入学願書を出すことにしたわけだが、**パトリースもトライしてみたら？　私が願書を出してあげるから。この子たちが一緒に進学できたらいいじゃない？** リサの母親がそう申し出たのを覚えている。

数ヶ月経って私はその特別プログラムのダンス専攻として入学許可の通知を受け取る。不運にもリサは蹴られてしまった。が、リサの母親は住所に小細工して普通のプログラムの学生として入学できるよう手続きをしたので、私たちは二人ともミリカン中学へ進むこととなった。残念なことには私たちの友情関係は続かなかった、少なくとも以前のようには。

ミリカン中学はうちから随分遠くにあるので、通うのには交通手段が必要だ。もちろんヴァンナイズの学校へも市バスで通っていたが、シャーマンオークスへはバス一本というわけにはいかなくて乗り継ぎを重ねなければいけない。うちには車がない。すると近所に住んでいるシンシアが助けの手を差し延べてくれた。車を貸してくれるというのだ。とはいっても現実はそう簡単ではない。シンシアは一九歳のシングルマザーだ。兄のモンティと引っ付いたり別れたりを繰り返し、後で兄の子供——私の甥のチェイス——を生むことになるのだが、私が小学六年生の時、どこかのパーティーで起きた銃撃戦に巻き込まれ流れ弾に当たった結果、下半身が不自由になってしまった。その彼女が自分の車を貸そうというのだ。中古で傷だらけの黄色っぽいステーションワゴンで、後ろの窓はすっかり取り外されて、代わりにビニールシートがテープで貼り付けてある。車内には尿の匂いがこもっていた。というのはシンシアは運転している時に時折尿を漏らすことがあるからだ。

　ともあれ、登校するための手段が与えられたのだから母も私も喜んだ。が、第一日目にして即作戦変更しなくてはいけないことに気づかされる。二日目からは、学校から数ブロック離れたところで降ろしてくれるよう、母に頼んだ。ミリカンの他の子たちが乗ってくる車はみんなピカピカで新しく、朝日の中で輝いていた。彼らはベンツだのレクサスだのの高級車から降りてくると、手を振っている親を後にして、絵の具の緑よりもっと緑々した芝生を越して校舎に向かう。それを見た瞬間にとある感情が私の胸の中に根付いてしまった。羞恥心。心の奥底まで貫き、体全体を包み込む、抗いようのない感情。それは自分が貧乏であることの恥ずかしさ。

　ずっと後になって、大人になってからのことだが、ある友達が慰めてくれた。**恥ずかしいと思ったのは自然なことよ。貧困の不自由さって恥ずかしいものだもの。**彼女は声を落としてそう言った。けれでも、中学に入ったばかりの年で、黒人対白人、金持ち対貧乏人という決定的な分割線を目の当たりにして、私は自分の中の恥意識をどう扱っていいのかわからなかった。私をこの世に生み出してくれて、養ってくれて、いろいろな可能性を与えてくれている人たちのことを恥ずかしがったりしていいのだろうか。

この新しい学校で私は、休み時間にトイレや校庭のかげでマリファナを吸っている白人の子たちや、大きくなってジャネット・ジャクソンだとかホイットニー・ヒューストンみたいになりたいと思っているような数少ない黒人の女の子たちとは性が合わなかった。私は私独特の黒人ブランドを纏ってミリカンの世界を闊歩した。それはヴァンナイズで培われたアイデンティティで、黒人文化だけでなくメキシカンの影響も深い。他の学生たちはMCハマー〔黒人ラッパー〕がはいているようなブカブカパンツをはいて歩き回る私のことを変人だと思っていたようだが、私は自分が変わっているなんて思っていなかった。これが自分の本性、詩や本を読むことが好きで、何よりも踊ることが大好きなヴァンナイズ出身の女の子。ダンス専攻だけれど、私のはアフリカン、ヒップホップ、マリアチがちょうど三分の一ずつ混ぜ合わさった踊りで、それは確かに変わっていた。

それでもそのうちに友達ができる。白人の男の子のマイキーだ。私の変人という評判にもMCハマーのパンツにも引いたりすることなく気軽に付き合ってくれる。私は母に乞い続ける。マイキーをうちに招待したいと言って。自分の部屋は居心地いいし、自分が自分となった環境を見てもらいたいと願ったからだ。自分の家がいかにみすぼらしいかとか、母自身がもつ恥の意識などには気がついていない。母は経済的に余裕のある家で生まれ育った。かれこれ二〇年ほど前に一五歳でポールを妊娠してしまった母を家から追い出した実家の両親は中流階級に属していた。母の実家と私の家には雲泥の差があると知っているのは母だけである。

ミリカンにいる時は自分の貧しさを恥ずかしく思ってしまうが、学校の外ではその感情がほぼ消えてしまう。この町この世界こそ、私が生まれ育って慣れ親しんだ環境で、警官の監視やなんか不都合なことはいろいろあっても、それが不都合なことだという自意識はなかった。それが当たり前で、周りのみんなが平等に対処しているものだったから。誰もがそこここで空腹に耐えなくてはいけないし、みんな同じ小さな賃貸しのアパートに住んでいたし、車を持っている者は稀だし、その他の贅沢品もそんなものが買える者はほとんどいなかった。

そのうちに母は折れた。ダメだと言い張る気力が続かなかったと言ってもいい。何年か後にマイキーはゲイ、私はクィアの宣言をするのだが、その前に私の最初のボーイフレンドとなる人物だ。ともあれ、ある日マイキーは親が運転する車に乗って、うちにやってきた。ノックの音で、ドアを開ける。そこに彼が立っているが、その向こうでは救急車のサイレンがけたたましく鳴っている。日常茶飯のことなので、私は気が付きもしない。マイキーにとっては異様な体験だった。そして彼の目はアパートの外壁のペンキが剥がれているところに向いている。**君がこんなところに住んでいるとは知らなかったよ。**意地悪さはなく全く感情を込めない口調で、彼はそう言った。私は何も答えない。私は彼を部屋に案内する。二人とも学校でと同じように振る舞う。

中学で生まれて初めて自分に自信が持てなくなった。誰も私のことを優秀とか将来性があるとか言ってくれないし、ダンスの先生はともかくも、励ましてくれたり、辛抱強く扱ってくれたりする先生は誰一人いない。中学に入って初めて成績が下がる。小学校の時に散々注がれた愛情や期待はすっかり枯渇してしまって、自我を支えてくれるものを使い果たしてしまったような気になる。一二歳で、自分のことは自分でやらなくちゃいけない、何かと周りに助けてもらえる無力な子供ではなくなってしまった、とそんな風に思うようになった。前に兄たちがそうやって突き放されてしまうのを見ていた。そしていま同じことが自分にも起きている。もう可愛いがってもらうとか優しく扱ってもらうとかができる年ではなくなってしまったのだ。つまり、その辺に捨てられても誰も驚いたり義憤に駆られたりなどしない存在に変わったということ。

兄たち、特にモンティについて言えることは、彼が自分たちはどうなっても構わない、使い捨てのような存在なのだという自覚を持ち始めたのは、友達とたむろしていた路上でのことだったと思う。そこで起きた警察による取り扱い方の結果だ。何もしていない、それこそ文字通り息をしていただけなのに、黒人であるという理由でとしか考えられない威嚇的で手荒な取り扱い方。黒人居住地域でのパトロールの異様なほどの徹底ぶりは、黒人に焦点をあてた国の麻薬政策の結果であるが、つまるところ黒人の子供たちに自分の人間としての尊厳や存在価値はないという確信を持たせるに至った。実際麻薬の使用や売買は、警官の監視がない白人の子供たちの方がずっと頻繁であるのに。私たち黒人にとっては、法の執行に安全を守るとか市民の援助をするなどのイメージは皆無で、それはただひたすら私たちの行動を監視し制御する機関でしかない。警察にとって黒人の子供たちは、実際に悪事を働いているからではなく、単にどの親から生まれたかどこで生まれたかという尺度だけで〝スーパープレデター〟即ち、将来最も犯罪を犯す可能性が高いグループの者たちと見なされているのだ。

私にとっては、自分は価値がないと確信させられた場、つまり学校は、最終的に私をより高い次元に持ち上げてくれ、自分自身の声を見つけることを可能とするところとなった。そこに到達したのは随分時間を経て大人になってからのことだったが、様々な紆余曲折の末に牧師の資格を取ろうと決意し、大学で宗教学専攻の道を選んだことによる。

大学を卒業して数年後に、教育学博士のモニーク・W・モリスが『プッシュアウト——学校内で黒人少女たちがいかに犯罪者として見られているか』（*Pushout: The Criminalization of Black Girls in Schools*）〔二〇一五年に出版〕というその分野の先駆となる本を出版した。その本の中で彼女は、黒人の少女たちが教育機関内でどのように振り落とされ、軽視され、ぞんざいに扱われているかを細かく描写している。黒人少女は一二％の割合で最低一度は停学処分になる。白人少女だとそれは二％に落ちる。ウィスコンシンでの調査によると、白人少女たちの停学率は二％で、黒人少女たちだとそれが二一％にも跳ね上がる。

白人少女と黒人少女の両方がいる学校に通った自分の経験で早々に学んだことは、同じルール違反を犯したとしても肌の色の違いによって与えられる処罰が異なるということだ。近所の友達――それは殆ど黒人だが――の学校での麻薬使用に比べて、学校の白人学生たちが消費する麻薬の量は比較にならないほど大量だ。なのに警官に監視されるのは前者のみ。私の知る限り近所の友達が行く学校で大量銃殺どころか一人も銃で撃たれるような事件はあったためしがない。それでもケブラー[★11]に身を包んだ警官たちが学校の廊下をパトロールする。麻薬を嗅ぎ出す訓練を受けた犬を連れて。南部の学校の人種分離廃止を要求してデモを繰り広げた若者たちに襲いかかった犬と同じ種類の訓練された動物たち。

ＢＬＭ運動を打ち立てるずっと以前に、黒人が、その実、使い捨て人口であることはデータを見るまでもなく自分たちの経験から十分認識していた。残念ながらそういう訴えに耳を傾ける者は少

★11　レースカーのタイヤなどに使われる高耐久性生地。防弾用着の材料にも応用され、警官や軍人の制服に使われる。

ない。黒人の女子学生たちが教室で携帯を取り出したという罪で、学校が雇っている警備官と呼ばれる男たちに乱暴に腕を掴まれ席から引きずられて床に投げつけられるおぞましい光景が、インターネットであっという間に拡散されたことでも証明されたと言えよう。モニーク・モリスの本にある一つのレポートでは、デトロイトのある一二歳の少女は自分のロッカーのドアにHi〔挨拶言葉でハローとか今日はという意味。麻薬でハイになることを意味していると疑われたのか？〕と書いたために退学および起訴処分になると脅された。またフロリダのオーランドーのある私立の学校に通う少女は、髪を自然に伸ばしたスタイルをやめなければ退学だと威嚇された〔自然に伸ばしたいわゆるアフロスタイルには政治的なニュアンスがあると思われたのか？〕。

一二歳。

私の場合も一二歳になった時だった。私という人間は、黒人で貧しいという要素で定義される。頭がいいとか将来性があるとかやる気があるとかはその定義には入らない。あの時の私は勉強したかった。知識を得ることに情熱を持っていた。

一二歳。それは成績とかチャレンジに取り組む姿勢とかより、いつ犯罪者になるのか、いつ逮捕されるのかの方がより優先権をもつことになる年なのだ。

一二歳。子供であることが終わる年。

一二歳。黒人であること、それは明らかに自分を定義する要素であるが、そうであることが命取りとなるかもしれない年。タミア・ライス★12にふりかかった運命だ。タミア・ライスは一二歳だった。タミアを撃った警官は、彼を殺す決意をするのに文字通り二秒しかかからなかった。

タミア・ライス、一二歳。

一二歳、すでに時間切れとなる。

★12　Tamir Rice（二〇〇二―二〇一四）：アメリカ黒人少年。オハイオ州クリーブランドで警官に射殺される。銃を出そうとした容疑だったが、後でその銃はおもちゃであったことがわかる。撃った警官は刑事裁判では実刑に至らなかったが、警察が賠償金を支払うことで終結する。

第3章　家系

生活を一新しなくてはいけないとか二度と罪を犯してはいけないなどと言わなかった。従順なる者や心の清らかな者はこの地の恩寵を賜るだろうなどとも言わなかった。彼女が言ったことは、お前たちが手に入れることのできる唯一の恩恵は自分で心に描き求めた夢を達成することだ、と。

トニ・モリスン

中学時代には環境の違いから絶え間なく起こるカルチャーショックや理系の授業で追いつけなくて苦労したことなど、様々な障壁があった。でも私の中学時代という時間を最も鋭く心に刻み込んだのは、全く学校とは関係のない次の出来事だ。それは警察に関わっていながら同時に警察とはまるで関係なく、貧困に起因しながらかつ貧困とは全く別の次元の問題で、黒人であることのせいでもあり同時に黒人であることとは無縁の出来事、という何ともやるかたなき経験だったと言えるだろう。

小学校六年生の終わり頃、それはミリカン中学とシャーマンオークスという今までとは全く異次元の世界に足を踏み入れる直前で、人生の新しい一章を自信満々で始めようとしている時のことだった。その日、私は母と二人で食料品の買い物に出かけた。買い物用のカート〔押し車〕にシリアルの箱を放り込んでミルクのある冷蔵庫のドアに手を伸ばす前のその合間に、前を歩いていた母が後ろでカートを押している私を振り返って、**うちに帰ってから話さなきゃいけないことがある、**と言った。**オッケー、**と軽く答えた。なんでその場で話さないのか、不思議に思ったのは記憶にある。うちに戻って食料品を片付けてから、母は私を自分の部屋へ招き入れた。ベッドの上に座ってその隣を手でパンパンと軽く叩き、そこに座るよう示した。母の隣に座る。母は深く息を吸いこむ。話しづらそうなのが見てわかる。でも彼女は思い切って、口を開いた。

「実はね、アルトンはあなたの父親じゃない。ポールとモンティとジャズミンの父だけど、モンティとジャズミンの間、私たちは別れていたの。その時ガブリエルという人に会って、恋をして、あなたが生まれたのよ」

「ガブリエル？　それって、この何ヶ月かうちに何度も電話してくる人のこと？」

「そう。あの人があなたの本当の父親なの」

藪から棒にそんなことを言われても、私には即座に理解のしようがなかった。

「会いたい？」

その問いに、私は我を失う。どう答えていいかわからない。なんの関わりも持ちたくない。頭の中がぐるぐる回っているそのとなりで、母はガブリエルと町のどこかでばったり出会って、電話番号を交換し、私のことを彼に告げた云々と説明している。気が動転しているのか、その声はどこか遠くに漂っているような気がする。知らぬ間に、心の中では必死で祈りをあげている。**神様、お願いです。何もかも今まで通りにしておいてください。お願いします。**

母の顔を見つめる。でもその祈りの言葉はおもてには出ない。話そうとしても、声にならない。胸の奥底深くから何か言葉にならないものを取り出そうともがく。突然、耳に自分の声が響く。

「わかった。その人に会ってみる」

母はこの告白の日から実父と会うまでの一ヶ月の間、ガブリエルについて何一つ話さない。どこでどんな風に会ったかとか、どう恋に落ちたかとか、一切説明も何もない。これが私の家系なのだ。この家系は皆サバイバーで行動派であるけれど、自分の心情について話したりするタイプではない。身に降りかかったことを分析したり消化したりその核心まで突き詰めたり、そんなことを考えつくような家系じゃない。ガブリエルは、その名前すら口の端に上ることもなく、あたかも想像上の人物であるかのような、夢の中に出てきた顔もはっきり思い出せない、知ろうとしても知ることのできない、そんな存在として、でも明らかな重みを持って、私の意識の中にしっかり居着いてしまう。

いや、実は例外となる事件が一つあった。それはアルトンと会っている時に起きたことだ。それまでの私のたった一人の大事な父。アルトンが家を出てから六年が経っていたが、その間彼は時折私たちを訪ねてきた。決まった日というわけではなく、いつ来るかはわからなかった。私は一二歳、彼が家からいなくなった理由について社会的な観点だの経済的なシステムの崩壊だのという広範な見方などしない。ただ私たち子供四人が何か至らぬことをして、このでっかい優しい父を追い払ってしまったんじゃないかと、言葉にならない罪悪感を抱えていた。父は家からだけでなく、社会の中の自分自身の居場所からも消されてしまった。二〇年勤めたヴァンナイズGM工場——それは彼の知っている唯一の世界だったのだが——を解雇され、そして何もないところに放り出されたその成り行きは、納得できるものではない。その後父は自動車修理工場などで自分の職能レベルよりずっと低いタイプの仕事につくが、二度と安定した職や生活を保てるだけの収入を得ることはなかった。それでも、私にとっては大好きな父、いつも一緒にひっついていたい父だった。そのバカでかい身体から大きな声を出して笑う、楽しい父。だから、その日父がドアに現れて誰に遠慮することなく大声で、**おーい、パトリース、おいで。何か食いに行くぞー**、と呼んだ時、即座に喜んで飛び跳ねながら彼の後ろに続いた。大きな影を追う小さな影。

　手を繋いで、町の通りを歩く。いつも食料品を買うセブン‐イレブンを通り越し、後になってから私がタバコを買うようになるジョージの酒屋を後にして、いつも二人で行く、でも誰もその店名を思い出せないメキシカンの店に入る。タコスを注文して座る。でも、食べ始める前にふとアルトンの顔を見上げる。ヴァンナイズの強い日差しの中を歩いて来て、すっかり汗だくになった顔。でもそれは汗だけじゃなかった。涙が溢れ出ている。一四歳の少年時代から一日として休むことなくウェイトリフティングを続けているこの頑強な大男には似合わぬ涙が、ボトボト流れ落ちていた。ジェリカール[★13]に、太ももから裾まで真ん中にくっきりとアイロンの筋をつけたリーバイス５０１ジーンズに、ステイシー・アダムスの靴を履いてカッコつけているアルトン。仕事中でなければ、シルクのシャツの胸を広げて筋骨隆々とした胸をちらりとひけらかす、そんなアルトンの、人気雑誌に出てくるようなイメージの男らしさはあっけなく引っ剥がされて、彼の涙は止まらない。**俺は**

★13　パーマで頭全体にクルクルとしたカールをかけたヘアスタイル。一九八〇―九〇年代、黒人男性に人気があった。マイケル・ジャクソンやプリンスなどが有名。

まだ父親でいられるんだろうか。彼が訊く。もちろんよ。そこで話が途絶える。

息をついで、アルトンが続ける。「最初からシェリースにはお前にそのことを話してほしくなかったんだ。お前が自分のことを半分これとか義理のあれとかって思ってしまうなんて耐えられない気がして。それじゃお前は一〇〇%俺の子供じゃなくなってしまうみたいだろ。お前はずうっと俺の娘だった。これからそうじゃなくなるなんて思ったりしないでくれ、お願いだ」

どう応えていいものか。こんな会話になるなんて想像もしてなくて、準備ができてなかった。ただただ彼を、私の父をがっかりさせたくない、それだけははっきり思った。一二歳の心が、その頭がその説明の言葉を見つけきれないでいる感情を、感じ取ってほしかった。その場で何百回、何千回も「愛している」とお互いに言い交わせばよかったのに。でもそうしなかった。そんな表現をするような家系ではなかったから。私たちは黙って食べ続けた。アルトンが泣いたことは本当だ。それには何らかの意味があるに違いない。私は父を泣かせた、その後ろめたさに包まれる。私のせいなんだ。

そうは言っても、ガブリエルに会う日は近づいてくる。

母のベッドルームでの会話から一ヶ月、アルトンのタコス涙事件の三週間後に、私はガブリエルに初めて会った。まるでデートに行くかのようにちゃんと予定が立てられ、彼が崩れかけた鉄門を通って私たちのアパートにたどり着くところを、私は窓から見張る。彼はドアベルを鳴らす。彼を迎え入れるのは私だ。ドアを開ける。目と目が合う。息を呑んで見つめる。私は彼に生き写しだ。母も出てきてガブリエルを迎えるが、ハグなんかしない。もともと彼女はそういうことをするタイプじゃないし。でもお互いに愛想よく言葉を交わしている。五分くらいで私は彼と一緒に家を後にする。市バスに乗って、映画館を目指す。といってもその時何の映画を見たか、全く記憶にはない。

ガブリエルには車がない。私に会いにくる時はバスで来るし、二人で出かけるのもバスを使ってだ。ガブリエルと二人きりではどうも落ち着かない。何を話していいかわからないし、どういう風に振る舞うのが適当かもわからない。けれど初対面であろうとなかろうと、彼にとってはまるで問題なさそうだ。その日一日中、私をハグしたりキスしたりし続ける、ちょうど生まれたばかりの赤ん坊にするように。それはまったく的外れな見方ではないかもしれない。特に彼にとっては。私は彼の愛情の表現を抵抗なしに受け入れる。が、自分から同じように振る舞うことはない。会ったばかりのこの新しい父とまだしっくりしないのは、致し方なかろう。

ガブリエルは真っ先に、自分はクラックコカイン[★14]依存症から回復するための成人用シェルターに住んでいると言う。コカインの使用はそれほど珍しいことではない。というより、私の周りでは誰でもやっているみたいだ。近所に遊び場も公園もなく、放課後の活動プログラムもなく、たむろできるところも、映画館も、仕事も、治療クリニックも精神病院もないところで、他に何ができようか。兄のモンティもその頃にはクラックを吸い始めていて、母の持ち物を盗んで麻薬を買う代金に充てたりしていた。いま振り返ってみればその頃にはすでに、後で診断される統合失調感情障害の

★14 コカの葉から抽出されるコカインに他の化学物質を加えて作る麻薬。脳内にドーパミンを放出する反応を起こすため、非合法的にレクリエーションの目的で使われることが多い。心拍数を上げたり呼吸困難に陥ったり、健康上の被害が多く認められる上に、中毒性が極めて高い。

影が現れていたと思う。けれども、ロサンジェルス郡南カリフォルニア大学病院〔以下ＵＳＣ病院〕でその診断を受けるまでは、モンティの健康状態がどうなっているのか私たちには知るすべもなかった。生活を空っぽにされてしまった人々の多くがその空間をクラックで埋めようとしているのは、どこにでも見られる情景だった。私たちの世代は、レーガン政権〔一九八一―八九〕以来の社会的セーフティーネットが削減された時期、福祉改革、それは改善ではなく改悪の進んだ時期を生きていた「泳ぐか溺れるか〔換言すれば、自分で泳ぐか、泳げない奴は溺れて死にやがれ〕」政策の世代だ。その泳ぐ側、つまりウォール街――そこではクラックがより大量に消費されているのだが――を闊歩するような連中には、社員のための麻薬中毒厚生プログラムが巨万の富をなしている雇い主によってしっかりお膳立てしてある。

夕方になってうちに戻る。兄弟たちは誰一人この外出について聞こうとしない。ガブリエルはどんな人だった？　気が合った？　何したの？　そんなことを誰も問わない。モンティ、ポール、ジャズミン。この三人とはそれまで全てを分かち合って生きてきた。他の人には秘密にしていることでも、怖くて話したくないようなことも、部屋も、嬉しいことも、がっかりしたことも何もかも。隠しておこうとしても、いずれはみんなにわかってしまう。でもこれだけは違った。この体験は私だけの世界に属すること。

それからしばらくして、ある時私は母と激しい口喧嘩をしてしまった。自分が何を言ったりしたりしたか思い出せないが、とにかく逆上した挙句母に怒鳴り返してしまった。次の瞬間、母は私の顔を平手打ちする。即座にポールが間に入って、私を自分の腕の中にくるみこむ。そのまま、私を静かに揺すってなだめる。一八四センチ、八〇何キロの巨身の中にくるまって何時間もそうしていたような気がする。**パトリースはいつまでも僕の妹だよ。いつまでも僕たちの一員だ。**彼は私の耳元で囁き続ける。

ガブリエルと映画を見に行ったその日からちょうど一週間後、彼の卒業式が行われる。父の卒業式。救世軍〔教会が運営する福祉団体〕の薬物・アルコール依存の治療プログラムから卒業するのだ。母は私を連れて出かける。バスの途上では何の会話もない。が、彼女の目が私を見回しているのを感じる。顔に何かついていないか、着ているものが乱れていないか、目が動いている。自分の娘が人前に出しても恥ずかしくないかどうか点検しているのだ。救世軍の建物に到着する。そこは教会で、また父ガブリエルが住んでいるシェルターもこの建物に付属している。式が行われる部屋に入る。ガブリエルに会うのはこれが二度目だ。この晴れがましい卒業式に向かうほぼ二〇人ほどの男たちの中に、彼が立っている。

ガブリエルの家族——それはいまでは私の家族と呼んでいいのだろうが——は、ほぼドタバタ喜劇の一団と言っていいかもしれない。父が私の姿を見つけて大喜びで駆け寄ってきて私を宙に抱き上げるや否や、残りの親族全員がやってきて次々に私を抱き上げたりキスしたりし始める。その時は叔父が二人、叔母が三人来ていた。父は一〇人兄弟の一人だ。**パトリース、これがお前のグランマ〔お祖母さん〕だよ、**とガブリエルが自分の母を私に紹介する。祖母は私みたいに背が低い。一五五センチほどだ。彼女の名前はヴィーナと綴られるが、誰もがヴィニーと呼んでいる。

グランマ・ヴィニーはルイジアナのユーニスの出身だ。父親は白人で母親はクレオール人〔白人と黒人の混血で通常カリブ海地帯の住民とその子孫を指す〕だった。私のできたての祖母はお尻に届くほど長い髪——それはすっかり銀色になっていたが——をまとめて頭の後ろで丸く結ってとめている。スウェットパンツにTシャツをまとい、スニーカーを履いていた。後で少しづつ聞き学んだことだが、彼女は蠍座生まれ。家族こそは自分が生きてきたことの証明であり、目的であると信じている。また彼女の日常会話は悪態いっぱいのがらっぱち口調で、小学四年生までしか学校に行っていない。ガブリエルは最初の息子であり、また自分で決めて産んだ最初の子供だ。ガブリエルの前に娘が二人生まれているが、自分では育てていない。その二人、リサ叔母とバーバラ叔母はヴィニーがレイプされた結果生まれた子供たちだった。彼女たちはなぜかいつも苛立っているように見えて、なぜそうなのか父ガブリエルに聞いたら、彼はそう説明した。グランマ・ヴィニーは白人の男に襲われたこと、子供ができても彼女はまだとても若くて、自分では育てられなかったこと、知っていることはそれだけだ、と言った。そのことについては、それでおしまい。誰もその話はしない。この手の家族の歴史は切れ切れになって、誰も話題にしたりしないけれど、その被害が嵩じた傷は治ることはなく、世代から世代に浸透する。

私はグランマ・ヴィニーが即座に好きになってしまう。私を見て、まるで太平洋みたいに大きな笑顔でこれ以上力強いハグはあり得ないと思うくらいしっかりと私を抱きしめ、「まあまあまあ、ここにうちの一族がいるじゃないか」と言ってくれたその瞬間に。その輪に父の一人息子であるダリウスが加わる。彼は二〇歳。彼にとってこの妹は忘れ物置き場で見つけられたみたいなものだ。目と目が合う。しばし見つめ合うと、私たちは腕を広げてハグをした。

父ガブリエルの家は現金収入の途絶えがちな貧困家庭だった。母シェリースの実家は中流階級だ。私たちが貧しい理由は、母が若くして妊娠し、実家の宗教――エホバの証人――の婚外交渉は罪悪という教えを破ったという理由で、家から追い出され関係を断ち切られたせいだ。一人で生計を立ていくための支えがどこにもないという弊害が蓄積されていったその結果だ。けれども母はその逆境にも負けずに子供を育て上げたばかりでなく、信心を重ねてエホバの証人の教会に戻れるよう努力を続ける。その教会、キングダムホールは母にとって愛の世界なのだ。何年もかけて最終的に彼女は再加入を許されることになる。だが、悲しいかな、貧困から中流階級の安全地帯に戻ることにはならなかった。

ともあれ、母方の家族、母が属する世界は、この救世軍の教会にはない。ここで、私はまるで新たなる惑星を見つけ出した宇宙飛行士であるかのような気分になる。その星にはポールがいない。モンティもジャズミンも母もアルトンもいない。彼らと手を取り合って生きる、戦う、愛し合う〝私〟も存在しない新世界の惑星。

この互いに相容れない二つの世界をどう心の中で整理していいのかわからない。他に対処のしようがないからだが、唯一できることはとりあえず放っておくこと。案の定、グランマ・ヴィニーやガブリエルやダリウスや叔父、叔母たちと一緒にいると、そのモヤモヤがかき消えてしまう。二人のパトリースがいる。母の娘であるパトリースと、父ガブリエルの娘であるパトリース。足し合わせても、一人の包括的な人間として成り立つことができない。けれども今日、この卒業式の日は、そういう心配事に悩まないことにしよう。代わりに、父が家族に戻ってくることについて話すそのスピーチにひたすら耳を傾ける。父は癒しについて話している。誰もが癒される権利があると言っている。

年を重ねるにつれて、私は12ステップ・プログラム[★15]を疑問視するようになってきた。その失敗例を多く見てきた。究極的にはこのトレーニングだけでは、麻薬を常習することで積もり積もった弊害を除去したり解決したりすることはできない。というのは、このプログラムは人がその場をやり過ごすための麻薬使用を個人の選択と見なして、その一時的な逃避行動を引き起こしている環境的な要因には一切目を向けていない。つまり抜本的解決にはなっていないのだ。逆境にあってアルコールやクラックだけしか対応手段を持たない人々と、手元にアルコールかクラックを持っているとしてもそれに加えて様々なサポートシステムがある人々——それは自分の生活に何らかの肯定的意義を見いだせることも含めるが——その二グループを比べると、言うまでもなく後者のほうが回復に向かう可能性はぐっと高い。しかしながら、この評価は当座のところ置いておいて、この12ステッププログラムがもたれ、その卒業式がいま催されているこの会場でふつふつと胸に込み上げてくることは、ここに集まった人々の前で公に自分の行為の責任を持つと宣言する父を目の当たりにすること、そのこと自体がまさに革新的で感動的で私の心持ちをすっかり変えてしまう出来事だということ。

父は、この日この時、正直で謙虚で純粋だった。父は皆の前で謝った。大人が謝るなんてそれまで見たことも聞いたこともなかった。アルトンは家を出て行った時、ごめんなんて言わなかったし、子供たちがお腹をすかしている時も、すまないなど言ったことはない。GMが工場閉鎖して社員とその家族たちの生活がすっかりひっくり返された時、会社の経営陣が一言でも詫びたか。社員を手助けするための救済策も彼らが人間の尊厳を維持したまま生き続けるための対処策も何もないままで。ここでガブリエルは公に謝った。その行為を正しく判断するような背景や脈絡について私は何も知らない。母は自分のことについて何も話さない人だ。私の育った家では大人の問題は大人だけで扱うものという暗黙の了解があった。ガブリエルはその正反対だ。恥の真ん中に居残っている時も、彼は真実を見つめありのままに話す。ここで、彼は座っている観衆に向かって話しているが、実のところ、私に向かってまた家族に向けて話しているのを感じる。彼は私たちに感謝する。家から追い出さないでいてくれたことに礼を言う。薬物使用で服役した時も支えていてくれたことに恩義を表する。一方で社会は刑務所送りが解決法だとしか見なさない。

ヴァンナイズのうちに戻る。また再び誰も何も訊こうとしない。どうだった？　どんなふうに式が進められたの？　誰が来ていた？　そういうことが一切話題にならない。ドアの外には全く異なる世界があるというのに、彼らは完全無視をする。私は自分の部屋に入って、寝て、朝起きて、学校へ行く。こちらの世界の日常を辿る。

しかし、その日を境にガブリエルは頻繁に訪れるようになる。毎週金曜日必ずやって来て、二人でグランマ・ヴィニーのうちへ行く。そこは親戚一門がごった返すように集まるところだ。この家系はスポーツ家系。特にアメフトは、プロであれ大学リーグであれ、まるで聖なる儀式みたいだ。でも別にアメフトじゃなきゃいけないというわけでもない。その他にも野球、バスケットボール、テニス、ホッケー、ゴルフに至るまでなんでもござれで、叔父たちは皆その試合結果だのいろんなスポーツデータを頭に詰め込んでいる。けれど、何と言っても一番重要なのは週末のプロのアメフ

★15　元々アルコール依存症に冒された人々をサポートする目的で一九三〇年代に設立されたプログラムだが、現在ではギャンブル依存、薬物依存、過食症、借金依存など様々な依存的強迫的行動をも含むようになり、それらの症状に苦しむ人々を更生させることに寄与している。一二の段階にわたって自分の行動様式を変える、もしくは変えようという自覚に至ることで最終的に依存を無くし精神的な浄化を図るプログラム。

トゲームと祖母のガンボスープ[★16]だ。値のはるシーフードガンボじゃなくて、チキンだけのガンボスープ。

グランマ・ヴィニーのうちを訪ねている時に、ポール、モンティ、ジャズミン、そしてアルトンのことを思い浮かべる瞬間もある。その家族生活の中ではこんな風にみんなが集まって騒いだりしない。もちろんアルトンの存在はすでに稀でしかなかったが。予想もしていなかった実の父親の許へと毎週出かけて行く私の姿を見て、みんなはどう思っていたのだろう、そうちらっと思い浮かべることもないではなかった。その答えも何らかのヒントすらも未だに知らない。けれども私は新しい家族に囲まれて喧騒好きな南部人文化の中にすっぽり浸かり、その醸しだすものを胸いっぱい吸い込む。彼らは私と同じ顔つきをし、私が踊る踊り方をする。少しずつ、少しずつ自分がこの中の一員である気分になっていく。ブリグナックの一人になりつつある。

それまでは全く縁のなかったこと、例えばクリスマスや感謝祭や誕生日パーティーなどが来るのが待ち遠しくなる。母の属するエホバの証人では、天国へ行くということはこういう祭り事をしてはいけないということだった。聖書に記されていないことだから。この宗教では聖書をまさに文字通りに解釈する。小学四年生の頃、私は何と聖書とエホバの証人が出す「ものみの塔」機関誌を持って登校していた。クラスメートに読んで聞かせたものだ。クリスマスを祝わないからといって、何か損しているみたいに思ったことはない。キングダムホールにいると自分が特別で神聖な者である気分になった。けれどもいま、私の半分は違う教会に属する。ガブリエルの家族はカトリック教徒だ。神を敬愛し、食べること、笑うこと、悪態を吐くことですら神の意匠と見なしている人たち。ただしクリスマスのプレゼント交換はしない。そんなことのできる経済的余裕がないからだ。それでも、私たちの心は愛で満ち満ちて、それは溢れ落ちてあたり一面に流れ出す。ガブリエルは給料は少ないにしてもなんとかうまいこと仕事を見つける。彼はいつでもそうだ。それでついに中古だけど自家用車を買うに至る。それも金色に塗られたリンカーンタウンカー。新車なら高級車だ。私たち二人の外出はずっとレベルアップする。仕事の上に仕事を重ねる母が、万が一やりたいと思ったとしても絶対にできないようなことを、ガブリエルはやる。彼には時間の余裕があるし、何といっても私とそのティーンエイジャーの友達を喜ばせたいという動機がある。一三歳の女の子たちが集まって父の車に乗り込む。映画館だのピザレストランだの、あちこちに連れて行ってくれる。静かにしろなんてことは絶対言わない。一三歳の少女たちが群れをなしたのだからさぞかし騒がしかったろうに。

でも映画や友達、家族にアメフト、これがガブリエルの全てではない。彼は癒しの技を身につけようと本気で頑張っている。ある時彼の車に乗り込むと、彼は「さあ行こう」と言ってサンフェルナンドバレーにあるパコイマに向かう。そこは黒人ゲットーのど真ん中だ。そこにある教会が目的地だとわかる。彼の後ろについて中に入ると、その部屋には何人かの男たちが集まってミーティングを開いていた。

子供の頃はいつも周りの人たちに年齢に似合わず物知りだとか大人みたいだとか言われて育った。

★16　アメリカ南部ルイジアナ州に発する料理。フランス料理、スペイン料理、黒人奴隷の料理、アメリカ原住インディアンの料理などいろいろな起源説がある。エビ、チキン、ソーセージ、カニなどに玉ねぎ、トマト、オクラ、ピーマンなどの野菜を加え、フィレーというスパイスミックスで味をつけ、赤唐辛子で辛さを加えることもある。

それで父ガブリエルは、私が12ステップ・プログラムに混じっても大丈夫だと思ったのかもしれない。そうじゃなければ、彼はいつもだれかに一緒にいてほしがるタイプだから、そのせいかもしれない。私も同じ性向があるから、想像に難くない。彼の意図はどうであれ、男たちが依存症で苦しんでいる間に家族に及ぼした被害、心の痛手、特に家族を放置したことで家族に味わせた辛酸の思いについてつらつら語るのを聞いて、私はひたすら胸が締めつけられる思いをした。父も家族に自分がハイになっている姿を見られたくなくて家族から隠れていたことを話していた。その後何年にもわたってこの集まりに参加したのだが、彼らの告白を聞き続けていつも感じたことは、人は自分に正直になって初めて本来の生を生きはじめるのだという悟りだ。このプログラム・ミーティングには何年間か父に同行した。また大人になってからは、依存症患者のカウンセラーとして働くことになる。その経験を通して、なぜ個人のみが自分の行動に責任を課されるのだろうか、患者たちは明らかにサポートを必要としているのにそれは一体どこにあるのか、考えずにはいられなかった。彼らは打ち砕かれた夢や、探しても探しても見つからない仕事や、自分が社会全体から忌み嫌われている気がしてならないことや、警官に殴り倒されたことなど、来る者来る者同じような体験談を繰り返す。

けれども最初の数年間で最も意義のあったことは、この週に一度の12ステップ・プログラム・ミーティングはガブリエルと私との関係をずっと近いものにしてくれたということだ。親子だという感覚を豊かに育ててくれた。一時間のミーティングに参加して、同じような境遇の大人たちが自分の感情を打ち明け、彼らが涙にくれ、そしてお互い抱き合って支え合うのを見る。会の後でいつも父は何か食べに連れて行ってくれる。フィリピン料理の店が彼のお気に入りだ。一緒に食べながら、彼は自分の人生を振り返る。それは私の人生を含むことになる。どのように二人の人間が関係を打ち立て、保ち続けていくかについて、話が進む。

お前を誰かから取り上げるなんてつもりは全然ないんだ。彼は幾度となく言った。**お前の人生に何かいいこと、何か役に立つようなことを付け加えたくて、お前に会っているんだ。**その言葉を信じる。そして彼に寄りかかる。少なくとも心情的には。子供の前で、その場しのぎの言葉ではないしっかりと地に足が着いた考えを、こんなにも率直に寛容さと確信に満ちて話す大人はそうそういない。その時は自分が何をしているのか十分わかってはいなかったけれど、父とのこういう会話が私に及ぼした影響のおかげで、少しずつ私は変わっていったと思う。知らないうちに自分も父のようになろうと思い始めたに違いない。

もちろん父との交流は12ステップ・プログラムや失敗談や人生観の話ばかりではなかった。週末には公園で皆が揃ってバーベキューしたりバスケットボールに興じたりした。バスケットボールのシーズンにはブリグナックの男たちは地元のリーグに登録して、ユニフォームから何から揃え、試合に参加した。私たちはみんなで応援に駆けつけ、もちろん試合後にはみんなでワイワイ食べたものだ。すごく楽しかった。兄弟間の僻みだの競争心だのが消え失せ、一緒に楽しく過ごすことだけが目的だった。父がそこにいて素面でいる限り、いつも必ずこうなるんだと誰かが教えてくれた。父がいなかったら、バスケの試合もキャンセルになると。父が来ることがわかっていると、父親は異なっているがその兄弟姉妹たちみんなが時間を融通して公園に行ったり、寄り集まったりする。最初に生まれた二人の娘たち、グランマ・ヴィニーがレイプされて生まれた娘たちは、ヴィニーに育てられはしなかったけれど、彼女たちですらやって来た。父はヴィニーの三番目の子供に当たるが、ヴィニーはその父親の妾で妻ではなかった。その後、彼女は結婚して何人も子供を生むことになるが、その夫については誰も口にしない。身体的虐待や心理的暴力を振るう男だったらしい。グランマ・ヴィニーは未だにしょっちゅう自分の子供たちを抱きしめる。すでに大人になっているにもかかわらず。父親に痛めつけられた傷を癒そうという心積もりなのだろうか。その光景を見て、バーバラとリサは気のせいか不服そうに見える。彼女らの父は白人だ。強姦犯だ［たとえ直接彼女らに暴力を振るわなかったとしても］。

ガブリエルの家族の中の誰かがいきり立ったり喧嘩腰になったりするような状況が起こると――残念ながら、それはかなり頻繁に起こることだったのだが――皆ガブリエルの許へやって来た。ガブリエルはまるで中立国スイスの人間版と言うか、国連の元々の設立理念を具現するような人だと言えるかもしれない。彼らの揉め事に耳を傾け、怒りをついには許しと愛へと持ち上げるように導く。身体は細身だが心は限りなく広く、彼のおおらかで温厚な人柄は、それだけでまるで軟膏だか薬だかのような効き目を果たす。ガブリエルにかかると、彼ら、いや私たちの誰でもが、怒りをおさめ心をほぐし寄り合うことになる。お前は自分にとって大事な人間だと彼は言う。緊張が解け、どうにかなるだろうという自信が湧いてくる。俺の目をしっかり見てくれと、その視線で相手を捕まえて離さずその注意力を集中させる。そして、愛こそが最後に勝ち残るのだと信じさせてくれる。カラーズのうちでは誰も自分の気持ちとか考えていることを話さないし、ましてや行動に表すなんてことは皆無と言ってもいい。そんな家庭で育ってきた私にとって、ガブリエルの振る舞いを間近に観察することは、全く自分を一変させる経験だ。〝自分を表現するということ〟の自由が、実は自分にとって掛け替えのないものであると、私は次第に自覚し始めた。自分の身体――皮膚、血、筋、骨、全てにわたって、自分が自分であるという実感が湧いてくる。父と私のこの素晴らしい関わり合いがこのまま続いてほしい。いつまでも、いつまでも。これが当たり前となってほしい。けれども、何事も永遠に続くなんてことはない。

そう、三年前に突然そう告げられたように、今回もまた母がメッセンジャーだった。一週間かそこら父と連絡がつかなかった。父はほとんど毎日のように電話して来ていたし、週末はいつも会っていたのに、突然音信不通になる。こちらからかけても、母が電話しても、呼び出し音のみ。しばらくしてある晩、母がベッドの隣に座るように指図する。**ガブリエルのことだけどね、また刑務所に戻るんだって。**私に知らない父がいたということを告げたこの部屋で、私はその父を失う。私はそこでへなへなと倒れてしまった。刑務所暮らしが父の人生の一部であったことは知っていたけれど、彼と私が共有しているこの人生の中ではあり得ないこと。私たちが一緒に過ごした時間は癒しの時間だったのに。父が捕まえられて、鎖をかけられているなんて、到底考えられもしなかった。心の中の父のイメージが突如かき消され、でもその輪郭は黒く虚ろに痛いほどくっきりと残っている、そんな気がして母の前でポロポロ泣いた。母はグランマ・ヴィニーに聞いて確認したという。その頃はまだ携帯が普及していなくて、いまのように誰かに立て続けに電話するなんてことは珍しい時代だったが、母はガブリエルの家に続けざまに何度も電話をしたらしい。そして数週間後にやっとヴィニーに繋がった。その頃――一九九〇年代後半――は活動家たちが刑事裁判システムを改正しようと行動を起こすずっと以前のことで、家族にとって受刑という概念には恥の意識しかなかった。サポートグループもなければ、司法や福祉の援助もなく、実際父がどういう罪状で捕まったのかすらも知らされなかった。もちろん麻薬と関係あることは想像に難くなかったが。誰もそのことについて説明しなかったし、尋ねもしなかった。そんなことを訊いていいとも思わなかった。

人権擁護活動家で学者でもあるデボラ・スモールに出会ったのはそれから一〇年以上も経ってからだ。彼女の説では、アメリカは薬物依存によって創建された国だ。ラム酒に始まり、いろいろなアルコール飲料、タバコ、砂糖。そして今では中毒に陥った人々は刑務所に送られる。だが薬物の使用が歴史的にいつも刑務所に繋がっていた訳ではないと、大人になって自分が愛する人の運命をより客観的に解することができるようになった私に、彼女は説明する。でもその時の私はティーンエイジャー、高校二年生になろうという時で、母のベッドルームに泣き崩れるしか対応の仕方を知らない子供だった。刑務所が社会をより安全に維持するためのものであるなら、なぜこんなに怖くて悲しくてたまらなくなってしまうんだろうか。

一九八六年、私が三歳だった時、ロナルド・レーガンはリチャード・ニクソンが一九七一年に始めたドラッグ戦争を再開した。まずは町の警察を軍隊化することで始まる。即座に黒人とラテン系の服役人数が急増する。一九八二年から二〇〇〇年までの間にカリフォルニアの獄囚数は五〇〇%膨れ上がった。州政府が新たな法令によって受刑者の数を減らすよう強制されるまでに、ほぼ四分の一世紀が経つことになる。望むらくは、これが「人権侵害の危機」と呼ばれる社会現象の終わりとなればいいのだが。この社会現象は、黒人女性、黒人男性、黒人の子供たち、私の父をそして後になって兄も含めて、この世代に生きる私たち黒人を、囚人となること以外にアメリカ社会で意義ある役割を果たさない人口だと見限った。

世間の目には明らかではないかもしれないが、実は囚人は囚人なりに社会に貢献する。人々が競って買い求めるブランド商品をタダ同然の賃金で作らされるだけじゃない。彼らの存在はそこに住んでいる人口――殆どが貧困白人だが――に、田舎から消えてしまった職に取って代わる新たな勤め口を供給する。例えば刑務所のガード。州の遠い片隅に設置された刑務所に片道一一時間かけて訪ねてくる受刑者たちの家族が泊まるモーテルも、誰かが経営しなくてはいけない。刑務所内にある自動販売機で売っている電子レンジで温めるような食べ物も、誰かが仕入れて詰め込まなければいけない。獄囚を労働力として使うのは、憲法で〝奴隷〟と呼ばれる待遇以外の何ものでもないのだが、一般の労働者はもちろんのこと、海外で八歳の子供に仕事をさせるよりも更に安くて済むのだ。ゆえにいろいろな製造会社は喜んで契約したがる。自動車のライセンスプレートやアメリカの国旗など、大半が刑務所で作られていることをご存知だろうか。驚くことはもっとある。八〇年代、九〇年代、そして二〇〇〇年代のはじめ頃、獄囚の労働力を使って多額な収益をあげたのはヴィクトリアズ・シークレット〔女性下着専門店〕、ホールフーズ〔自然食品チェーン〕、AT＆T〔電話通信会社〕にスターバックス。そのほかにも山ほどある。私営刑務所や刑務所に付随する産業への投資から見れば、監獄産業はアメリカの市場で最も成長しつつある一画なのだ。そして二一世紀に入って、その鉄条網〔監獄産業〕にはさらに企業の食指が伸びつつある。

親が服役させられることでその庇護を失う子供たちのための手引書などない。けれども私の父が刑務所に戻ったその年、アメリカ国内でその負の連鎖に巻き込まれた子供たちは何と一〇〇〇万人を超える。

どうやって対応するかという自己救済のための本もない。祈りもない。

ミシェル・アレキサンダーの『新ジム・クロウ法』[17]が世間の耳目を集めるまで、まだ当分の年月が必要。

バラク・オバマはまだ大統領〔任期二〇〇九―一七〕ではなく、彼の歴史的な受刑者削減政策は随分先のこと。

実際には人種差別手段としか言いようのないクラック使用と粉末状コカイン使用に与えられる刑罰の差についてまだ誰も言及していない〔クラック使用は黒人に多く、コカイン使用は白人に多い。前者に科される刑は後者に比べて過度に重い〕。

黒人の大量投獄を緩和するためにいろいろなNPOに何百万、何千万ドルと注ぎ込まれるのもずっと後のこと。

ビル・ケラー[18]はまだ『ニューヨークタイムズ』の編集長の座にあって、まだ犯罪法と政策に関するブログを発するマーシャル・プロジェクト〔二〇一四年発足〕を率いるに至らず、ジャスティス・ストラテジー[19]は親が服役している子供たちを取り上げるブログを始めていない。

アンジェラ・デイヴィスはまだ『監獄ビジネス――グローバリズムと産獄複合体』（*Are Prisons Obsolete?*）〔上杉忍訳、岩波書店、二〇〇八年。原著は二〇〇三年に出版〕と世に問いかけていないし、ルーシー・ギルモア[20]はカリフォルニアおよびその他の州の刑務所の実態について、社会の脚光を浴びた調査結果を発表していない。

でもヴァンナイズの貧困地区のこの小さな世界の片隅で、その時の私は全国の何百万人ものティーンエイジャーや子供たちが私の感じていることを感じ、経験していることを経験し、踏み場を失い、揺り動かされ、不安に包まれ、翌朝起きて周りに誰もいなくなっていたらどうしようと脅かされていることを知らない。


予測できることを知っているだけだ。

父は私の高校での生活ぶりを見ることはない。

父は私の卒業式に出られない。

父は私の誕生日を逃してしまう、一八歳の誕生日を。

グランマの家で感謝祭もやらなくなるし、クリスマスもやらなくなる。

最初は恥ずかしくてたまらなかった、でも後になって自分に自信をつけてくれたハグもキスもなくなってしまう。

★17 *The New Jim Crow: Mass Incarceration in the Age of Colorblindness*（＝『新ジム・クロウ法――カラーブラインド時代の大量投獄』二〇一〇年出版〔未訳〕）。一八三〇年の人種分離を目的としたジム・クロウ法が一九六五年に違法となったのち、アメリカ黒人人口は市民権運動を通して様々の権利を勝ち取ることになるが、新たに黒人を標的とする刑事司法システムを導入し、彼らを犯罪者とし刑務所に送ることでその進展を崩し逆転させて彼らを再奴隷化している現状を暴露する内容。社会運動の必読書として高く評価されている。

★18 Bill Keller（一九四九―）：アメリカ人ジャーナリスト。『ニューヨークタイムズ』紙コラムニスト、編集長を任じたのち、二〇一四年に現行の犯罪法に関するニュースを扱うオンラインジャーナル、マーシャルプロジェクトを立ち上げ。現在に至る。

★19 黒人に集中する大量投獄現象および弾圧的移民政策に対抗して、様々な研究活動、政治活動、市民運動などを啓蒙し組織する団体。特に親が服役中である子供たちのための人道的政策を促進する。

★20 Ruthie Gilmore（一九五〇―）：アメリカ黒人。刑務所廃止主義者。経済地理学が専門で、ニューヨーク市立大学教授であり、また平和・文化・政治センター所長。特に人種と刑務所投獄の関係および社会正義のための様々な活動、団体、著作に従事する。

こんな思いを表す言葉が思いつけない。失ってしまったものが計り知れないから。この絶望感を表す言葉なんてものがあるのだろうか。黒人少女の粉々になってしまった心を映し出すようなそんなイメージがあるだろうか。


だから何も言わずにその打撃のインパクトを秘密のポケットにしまい込む。

だから大丈夫そうに振る舞う。

だから学校に行って、父の帰還という夢が叶わないのは数学の公式が意味をなさなくても自分にはどうしようもないと思うのと同じだ、と自分に言い聞かせる。

だから時折、息ができないと思ってしまう。

私は息ができない。

私は
息ができない。

第4章　無限大と結束

私はあなたの収穫であり、あなたは私の収穫である
私の生とあなたの生は相互に関わり合っている
私たちはお互いの無限大の世界であり
またお互いに結束するものである

グウェドリン・ブルックス★21

ブリグナック一族の一員となることで生じたいろいろな変化にだんだん慣れてきたかと思い始めたところで、また彼らを生活圏外に押しやらなくてはいけない羽目になる。もちろん彼らは皆私を愛してくれているに違いないけれども、何と言っても知り合ってまだ四年しか経っていないし、私が彼らの毎日の生活の中に溶け込んでいるわけでもない。つまるところ、父がそこにいないという

★21　Gwendolyn Brooks（一九一七―二〇〇〇）：アメリカ黒人の詩人、著作家、教師。自分の周りにいる普通の人々の日常の体験を直視し讃える作品を書いた。一九五〇年に黒人女性として初のピューリッツァー詩人賞を受賞する。

ことは私の存在も実態のない影のようなもので、彼が刑務所に入っている間はずっとその状態が続く。

訪ねて行くこともない。

電話で話すこともない。

お互いに、それぞれの過去の一部分となってしまう。お互いの関係がこの先どうなるか見当がつかない。この家族の中で父が果たした役割の意味合いが掴めてくる。それはまさに磁石の役目だった。

ガブリエルは周りの者たちを引き寄せた。彼がいるからこそ、家族の皆が集まって来たのだ。困った時も、そうじゃない時も、一緒に時を過ごすのだ。彼がいなくなって毎週末野球をやる叔父たちも集まらない、と従姉妹のナオミが教えてくれた。彼女は一時期私と同じ高校に通っていたから、ブリグナック家と疎遠になった私に時折ブリグナック親族の話をしてくれる。土曜日のアメフト鑑賞もなくなった。ということはワイワイ騒ぎながらのガンボ料理もなくなったわけだ。休祭日は巡ってくるが、部屋の雰囲気を楽しく和やかにしてくれるガブリエルの癒しの心がなければ、ブリグナック家の集まりが一体どんなものになり得るのか、見当もつかない。もちろん私を招いてくれるわけでもないし。

それでも、私はガブリエルを娘として慕うようになっていたし、彼も私に父親の愛情を注いでくれたし、私たちはなんとか連絡を取り合おうと努力する。大人の保護者の付き添いなしには刑務所を訪ねることはできなくて、もしできたとしても一人で行くのは気が進まない。なので手紙を交換することで、私たちは繋がっている。手紙と言ってもたいてい短いものだ。父はいつも同じ書き出しで始める。

最愛のパトリースへ、

元気でいてくれているかい？

そして必ず謝りの言葉。会いたいと言う。きっとまた幸せな時が訪れると約束する。返事には、私も早く会いたいと応える。再会の日が待ち切れないと言う。でも手紙の中で、私も彼も刑務所のことは一切触れない。中に閉じ込められて、どんなことがあるのかとか、何の罪を犯して捕まったのかとか、一切訊かない。もちろん、私の知っている範囲ではたいていの場合が麻薬にまつわる罪だから、父もそうなのだろうとは思っている。とにかく刑務所だの罪状だのについては何の会話もないわけで、その毎週の便りは、うちにいて書かれたとかどこか遠くの国から送られてきたとかと思えばそう思えるようなものだった。私は私で、自分の生活のこととか心の中で感じていることとか、とりわけ父が服役した直後に同じく監獄へ送られてしまった兄のモンティのことなど、何も語らない。

その頃私は高校のダンスクラスを取っていて、クラスがある日にはモンティが迎えに来ることになっていた。その日、なぜか彼は現れなかった。でも取り乱したりしない。それまでにもモンティが時折異様な行動を起こすことはよくあったから。例えばの話。ある時彼は愛に満ち満ちたような顔をして私の部屋に飛び込んで来ると、「これ、あげるよ、トリース〔パトリースの愛称〕」と手の切れるようなまっさらの一〇ドル札を手渡した。けれどその夜が更けないうちに彼はうちに戻って来て、死にそうな顔つきで「トリース、あの一〇ドル札返してくれないか」と懇願した。私を怒鳴りつけたりはしなかったけど、ウンと言うまで繰り返し乞い続ける。もちろんお札は渡したけれど、それと一緒に私の心の一片も失くした気がした。

モンティが迎えに来ないので困って母に電話すると、バスに乗って帰って来いと言う。そのバスのなかで私はモンティについていろいろ思いを巡らす。**きっと麻薬を使っているんだろう、だからハイになったり落ち込んだり気分が揺れるんだろう、何時間もバスルームにこもってすすり泣きしていたのもそのせいだろう。**

「モンティ」私はドアの外から声をかける。

「鍵を開けて、入れてちょうだい。お願いよ」

「ほっといてくれ」泣いているような声で応える。でもそれ以上何も言わない。

無言でいる時は全く一言も発しないが、そうじゃない時はまるで正反対だ。何日も続けて昼夜を問わず一睡もせずに、喋りまくることもある。これほど自信満々に自分の人生という商売を立ち上げた者はいないだろうと思えるほど、流暢にのべつまくなしに話し続ける。朝起きた時でも、夜遅くでも、どっちのモンティが現れるか、全く予想のしようがない。彼のこういう極端な気分の揺れはだんだん当たり前のことになって、誰も問題視したりしなくなる。他にどうしようもないし、モンティにだって自分の好きなように振るまう権利ってものがあってもいいじゃないか。彼の周りの世界が彼を取り扱うそのやり方だって全く予測できないのだから、お互い様というわけだ。

そのころは、兄が逮捕されるのをしょっちゅう見ていた。私が一二歳だった時のこと。二人で道を歩いているところに、よく見かける警官が寄ってきた。

「モンティ・カラーズか」彼は怒鳴る。

「そうです」兄が答える。

会話はそれだけだった。警官は私の目の前で兄を後ろ手にして手錠をかけ、しょっ引いて行った。何が理由だか、何も言わなかった。今ですらも、あれは何のための逮捕だったのかわからない。私にわかっているのは、これは日常茶飯に起きることという事実。しかもモンティに限ったことではない。うちの近所で少年院に入れられたことのない男の子なんて、私は一人も知らない。たいてい誰もが少なくとも一度は逮捕されている。

この逮捕事件が起きた時、それは母がいくつもの仕事をこなしながら最低限の生活費ですら稼げないでいる時期で、またアルトンはアルトンで代わりとなる仕事も何もないままその生涯を捧げた職業から締め出された時で、その上ガブリエルが治療ではなく実刑を下された時だった。どういう偶然の一致なのだろうか、その時アメリカ合衆国は、黒人白人の区別なく、南アフリカ共和国のアパルトヘイト廃止に向けて最後の一押しをしているその最中だった。南アフリカのリボニアでの公判の場で、ネルソン・マンデラはあの有名な「私は死ぬ覚悟ができている」スピーチを発する。

我々の戦いは架空ではなく現実に直面している問題、生活苦、貧困、人間としての尊厳の欠如に対抗するものだ。アフリカ人の経験するこの尊厳の欠如は、白人至上主義がもたらした政策の直接の結果である。白人至上主義とは黒人が白人より劣る人種であると見なすことに基盤を置いている。白人至上主義を保持するための法律は、この国全体に浸透している。

その法律は黒人たちが家族を持つ人間の集まりであると見ない。黒人に感情があることを認めな

い。白人と同じように恋に落ちたり、家族と一緒に過ごしたいと思ったり、家族を養うために、食べさせたり、服を着せたり、学校に送ったりするために必要なだけの収入を得たいと望むことを受け入れない。

彼は続ける。

貧困と家族の崩壊は二次的波及効果をもたらす。子供たちは昼夜貧民街の通りを歩き回る。通うための学校そのものがないし、あったとしてもその学校に行くための経済力もなく、また学校に行くよう気を配ってくれる親もいない。運よく両親、または片親であっても、親がいたとしたら、大人たちは家族が生き延びるために働きにいかなくてはいけない。こういう状態はついには暴威となって噴きこぼれる。それも政治的な意味合いに限られず、社会の全ての範囲にわたって。貧民街での生活は危険に満ちる。

アフリカ人は生活を保つのに必要なだけの給料を〔確保できるような社会を〕要求する。自分にこなすことのできるレベルの仕事に就くこと、そして職に就いた町で借家ではなく家を購入して自分のものとすること〔が可能な社会〕を求める。借りている限り決して自分のものではないのであるから。我々は黒人専用のゲットーに押し込められるのではなく、一般国民と同化されるべきである。我々アフリカ人は南アフリカという国を正当に共有する国民であるべきだ。その保護を受け、社会の動向を分かち合うことを必然とする。

何にもまして、同等な政治的権利を確保しなければいけない。それがなければ、我々の存在を脅

かす様々な障壁は永遠に続くことになるであろう。

一九六四年リボニアの法廷でマンデラが語ったこの言葉は、ほぼそっくりそのまま一九九二年のロサンジェルス暴動の際にその指導者が唱えたとしても、全く違和感がない。地域の学校に使われる経費は場所によって大きな格差があり、黒人居住地域では援助のためのプログラムが次々に削られた。親たちにしても最低賃金の仕事しか見つからない。家族はバラバラに引き離される。ミリカン中学に入ったことで格差の存在を目の当たりにして、このことが明らかになってくる。

ミリカンでは白人のティファニーと仲がよかった。彼女はほかの子たち同様、シャーマンオークスに住んでいる。ある時彼女は私を夕食に呼んでくれた。彼女の家に出向く。夕日が傾き始める頃、家族の皆と私はダイニングルーム——その目的のためだけにある部屋——に集う。そして親切そうで太めの父親は私たち二人にその日の出来事などを尋ねる。何を習ったかとか、どんなことに興味を持っているかとか、将来の夢は、など。**大きくなって何になりたいかなんて考えたことがある、パトリース？**

私はびっくり仰天する。大人が子供にこんな質問をするということ自体に。しかも料理の数々がきれいに並べられたテーブルの周りに家族全員が集まって和やかに会話をするという状況で。映画かテレビのシーン、そうあの『ビバリーヒルズ高校白書』で見たシーンそのものだ。それが今現実となり、私の目の前で繰り広げられている。

こんな情景が一度でも私自身のうちで起きたことがあっただろうか。母は毎日朝六時にはもう出かけていて、夜は一〇時前に帰ってくることはない。それが普通のパターン。それまでの生涯を通してずっとそうだった。もちろん私たち家族は一緒に生活し、愛し合い、笑い合う家族であるけれど、一見普通に見えるその表面のすぐ下には取り除くことのできない痛みの軌跡がある。いつもそうだったし、今も痛み続けている。こんなに苦しまなくても済むはずだと思わないこともなかったが、そうじゃなかったらどうなのかというのは想像したことすらなかった。

この夕食のシーンがそうなのだろうか。いや、その実そうではないことが後になって判明する。家族皆が揃ったこの和やかな夕飯の場で、この優しそうな父親、子供に、そして私にまで、その日何をしたかとか将来何になりたいかなど、親しげに聞いてくれるその人物が、その後何度かその家を訪れているうちに一体誰であるか、その正体が発覚する。彼にしてみれば他愛ない質問だったかもしれないが、ある時私がどこに住んでいるのか、聞かれた。ああだこうだとやりとりをしているうちに、彼も私もお互いにとある事実に気づき始める。

この柔和で私の生活や夢やなんかまで気にしてくれる人物は、実は私たち家族が住んでいる安アパートのスラムロード〔スラムアパートの持ち主。不人情、無関心で利益のみを優先するタイプの家主というニュアンスがある〕だったのだ。彼はヴァンナイズ地区に幾多の物件を所有していた。低所得者たちの住むスラム。有色人種のスラム。この人物こそが、一年近くも壊れた冷蔵庫を直そうとしないで★22私たちをほったらかしておいた家主だったわけだ。この偶然の一致はあまりにも予想外で、私はなんと言っていいかわからない。だから何も言わない。誰かに話したとしても、あまりに奇想天外なことで誰も信じてくれないと思う。美味しい料理をご馳走してくれている優しげな父親が、自分が食べるものですら十分ではなくましてや人に食事を振る舞うなどとてもできないアパートの借り手のことなどこれから先も考えないような大家であるなんて。私が嘘をついているか、話を劇的に誇張していると、誰もが思ってしまうに違いない。でもこれは嘘じゃない。大げさに虚飾してもいない。正真正銘、ほんとの話だ。

私たちの住んでいたヴァンナイズ地区は、富裕層の住むシャーマンオークス地区のすぐ隣にあって、それでいて麻薬戦争の、そしてギャング戦争のグラウンドゼロだった。そこから私たち――それは〝あいつら〟、つまり〝黒いあいつら〟のことだが――が外に広がっていくことは絶対に許されない。私たちの貧困も音楽も異なる料理も、隣の裕福な住人たちは私たちの犠牲のもとにその富を楽しむことができるのだという事実も、シャーマンオークスの白い世界に浸透していくわけにはいかないのだ。もちろん裕福な隣人たちが自らそう言ったのではない。彼らは、自分たちの富を維持していくための秘密をバラされたくはないなどと言いやしない。

一九九〇年代、黒人やメキシコ系として生まれた者はそれだけでギャングメンバー、つまり危険な麻薬犯罪に関わる者だと見なされても当然だと言われていた。もちろんそう触れ回った輩は慎重に言葉を選んではいたが。それがいかにでたらめなハッタリであるかを指摘するようなリーダーもいなかった。おそらくマクシーン・ウォーターズ[★23]を除いては。市の公共施設もなければ学校外のプログラムもない。あるのはただ通りや裏道のスペースだけという環境の中、そこで子供たちがたむろしていると、即ギャングの集まりと見なされてしまった。男の子たちがそうやって警察に捕捉

★22 賃貸しのアパートは通常冷蔵庫やレンジなどが付随しており、その維持は家主の責任であることが普通。

★23 Maxine Waters（一九三八―）：アメリカ黒人。カリフォルニア州議会議員を経て、一九九一年以来米国議会議員を務める。

されることは日常のこととなる。不必要に網を広げることで捕まってしまう、ギャング戦争・ドラッグ戦争の巻き添え被害者というわけだ。本当のところ、ギャング戦争・ドラッグ戦争という呼称は〝ニガーズ〔クロンボ〕をみんな捕まえてしまえ〟という本当の意図を隠す方便にすぎなかった。

教育の場でも何の助けもなかった。予算はズタズタに削られてしまうし、ケチャップは野菜だとのたまってフライドポテトとケチャップで給食を間に合わせるようなレーガン政権時の政策がその一〇年後にも継続していて、私たちはその類の食べ物をあてがわれた。学校での朝食と昼食しか食べるものがない子供たちのことをちょっとでも考えた指導者がいただろうか。当然子供たちのための教育目的もなく、ましてやその生活実態への考慮もなく、自分の将来を自分で決定できるような能力を育むとか、社会に貢献できる生産的な社会人を育成するなどという教育目的もなかった。もちろんその社会そのものが、ほんのわずかな人数のみが利益を蒙るような経済的構造になっているわけだし。そういう状況で、私たちに残された道は刑務所か死しかない。

もし死ななかったとしたら、刑務所行きになる。そこでカリフォルニア州の収益となるよう、自分ではとても買えないような高価なブランド商品の製造に従事することになる。刑務所で行われる製造作業の徒弟奉公は、鑑別所の段階から導入される。モンティたちはまだ若かった。そういう少年たちが少年鑑別所をしょっちゅう出入りして、機械的な仕事の訓練を受け、記録に記され、いずれもっと長い刑期にわたって仕事が続けられるよう慣らされる。たいてい殴られたり暴力を受けたりする。裸にされたり人前で排尿排便することを強いられて辱められる。彼らに敵意を持つ者たちに囲まれたところで自分のセクシュアリティを見出すよう仕向けられる。そして退所する段になったらば、刑務所を出たことは自分がいかにタフで頑強な人間であるかの証明であると、シャバにいる少年たちに誇示するに至る。**これがお前たちの将来だ。用意はいいか。**全く、なんてこった！

賛同しているわけではないのだが、問題を起こす者、泥棒だとか物騒な輩だとかを一人取り除くことでコミュニティをより安全にできるという主張には、それなりの意義があるとは思う。けれども、私たち黒人にとって最初に父親たち、次に母親たちが大量投獄されたことは子供たちの生活からその安全性が失われる結果をもたらす。子供たちをみる大人がいない。世話をして、愛を注いで、心を豊かにさせて、守ってくれる大人たちがいなくなる。私たちの夢や生活や希望は大切なものなのだと言ってくれる大人たちが消えてしまう。子供たちはそれを自分でやらなくてはいけなくなる。いかに、か弱く未熟であったとしても。

つまるところ、これがヴァンナイズのギャング団の発生譚である。体制側がギャングという名前で呼んだ子供たちのグループは、単に友達同士の集まりだった。私の仲間たちだ。私たちは、徒歩であれパトカーであれこっちに向かって不気味に前進してくる軍隊としか見えない、そうとしか感じられない力に対して、自己防衛の構えをとった。その力とは、私たちをコントロールするためにこの国が年々予算を増やしていった結果、軍事化された警察組織だ。パトカーよりも何よりも、最も恐ろしく感じたのは頭上のヘリコプターだ。昼だろうと夜だろうとお構いなく、けたたましく飛び交うヘリコプターの群れ。夜には貫くような探照灯を当てて、ぐるぐるまわり監視の目を光らせる。獲物を狙う猛禽のように。

そしてモンティはそこにいた。私のモンティ。私の兄。

彼と彼の仲間たち、それは結局近所に住んでいる子供たちみんなと言ってもいいが、彼らは自分たちを守ろうと懸命だった。まるでベトナム戦争中の兵隊がジャングルの中のどこを見ても敵が潜んでいるように思い込んでしまうのと同じで、視野の中で黒や茶色の肌の人間が動くと即時に敵だとみなす輩の攻撃から身を守るために。モンティたちが捕まえられただけじゃなく、施設に送られたことの理由は次のようなものだった。

1 どこかの壁にスプレーペイントで落書きをしていた
2 未成年飲酒をした
3 刃渡り五センチほどのナイフを所持していた
4 クラスをサボった
5 子供じみたこと〔いたずらなど〕をしていた
6 悪態をついた
7 何か言われて、〔警官に〕口答えした
8 そこの誰かとお揃いのTシャツを着ていた——これは冗談じゃない。ほんとの理由だ〔ギャングのユニフォームだとでも思われたのか?〕。

ギャングに関する法規はあまりにも大雑把で、米国議会の議員であってもその定義に当てはまって逮捕されても仕方ないくらいのいい加減なものだった。ACLU〔アメリカ自由人権協会〕★24が発したステートメントによると、ギャング行為禁止令では一旦標的となった人物は、日常の合法的活動——例えば、知り合いと一緒にバスに乗るとか、夜遅く夫なり妻なりを仕事場に迎えに行くとか

――であっても、することなすことなんでも違法と見なされてしまう。
更に、彼らが正当に論じていることは、以下のようなものだ。

最も危惧すべきことは、警察には証拠がなくても誰かにギャングメンバーだというレッテルを貼ったり、罪状を課したりすらもできる過度に広範な判断権が与えられているということだ。誰それの見てくれだとか、どこに住んでいるかとか、誰の知り合いであるかなどといういい加減な要因に基づいて判断を下すことが許される。これは結果として、人種に基づいたプロファイリングが行われる可能性を高め、そしてそのことは有色人種の若者たちに不利な状況をもたらすことになる。白人ギャング団が存在していることは証明されているにもかかわらず、カリフォルニアで白人ギャング団が名指しで禁止令を発せられた試しはない。

私たちという〝敵〟に対して宣戦布告が出され、この地区に住んでいる子供たちはそこにいるというだけで捕まえられ、どこかに送り出された。私たち世代の黒人は〝スーパープレデター〟と呼ばれた。それは〝相手の弱みや何かのきっかけを利用して盗みを働いたり暴力を振るったりする可能性が高い集団〟と解釈できるだろう。その集団がいかに壊滅されなければならないかと説くプロ

★24　American Civil Liberties Union：一九二〇年にアメリカ合衆国憲法および法令によって保証される個人の権利と自由を守り、推し進め、維持するために発足した非営利団体。発言の自由、信仰の自由、差別の摘発、法的過程の公平さ、投票権や人権侵害に関わる社会問題などを取り上げ、被害者援助の活動を提供する。

パガンダは、共和党であろうが民主党であろうが、押し並べて当時の指導者たちによって提唱された。少数の例外を除いては、黒人も白人と並んで提唱した。実際、都合のいい理屈だろう。一三から一六歳の若い少年たち――まだ投票権もなく、あるいは再三逮捕を繰り返すことで投票権を失ってしまうことになる――その小さな肩の上に責任を負わせることで、大人たちは自分の責任から放免されるわけだから。麻薬だ、ギャングだという罪状を貼り付けさえすれば、もともと少年たちを置き去りにしているこの社会について省みる必要がなくなってしまう。何の財源もなく、エネルギーを発散させるところもなく、芸術のクラスもなく、お手本だとか相談相手だとかになってくれるような大人もなく、彼らを愛してくれる家族も彼ら自身が連日差別や貧困のせいで苦しまされていて子供たちを支えてやることが意のままにならない、というようなその社会環境については、誰も責任を取ろうとしない。

そして、ギャングに関する法令がどんなにいい加減な思いつきでどんなに手抜きで執行されたか、問題視する者さえもいなかった。子供が社会に出て成功するために必要なもの、それは常識的な親だとか大人なら誰でもが思いつくであろう――レベルの高い学校、創造的活動の支援、芸術やスポーツのためのプログラム、そして子供たちが集うことのできる場所など――そういう資源を確保する代わりに、何百万、何千万ドルもの公共資金が警察予算に注ぎ込まれた。それだけ資源を集中させても、その法令が成功したとは誰にも言えない。一九九〇年から二〇一〇年の間、私のホームタウンであるロサンジェルスではそれまでにないほど多くのギャング活動に関する禁止令が発せられたにもかかわらず、ギャング活動が収まる結果にはならなかった。その二〇年の間には一万人に上る若者たちがギャング闘争で殺された。少年たちを守ってくれる味方がいなかったから、彼らは自分で対抗するしかなかったわけだ。彼らは他に一体何ができたと言えようか。

ある友人が私に尋ねたことがある。**ポールの場合はどうなんだ？　なんで彼はそういう危険な状況に巻き込まれることなく、刑務所にも送られずに済んだのか？**　私は応える。**ポールはね、彼は子供だったことがないからよ。**アルトンがいなくなってからは、御飯の支度から何から、私たち兄弟の世話を一人でしたのはポールだ。一二歳の時にはすでに大人の役割を果たしていたのだ。子供たちが普通にすること、友達とたむろしたり道で騒いだり、麻薬やアルコールや盗みなど、それが大人っぽくてクールな行動だと考えて愚かで危険な行動をとったりするような〝子供時代〟が、彼にはなかった。彼は一四歳になる前に四〇歳になってしまったのだ。それが「ポールはどうなんだ」という問いに対する答え。

モンティの場合は違った。彼は強盗未遂の罪で逮捕される。それは刑務所送りになることを意味していた。私たちは怯え上がる。少年鑑別所だったら今までの経験から見当がつく。が、モンティは一九歳だから、刑務所に入れられる。そこは少年院とは別世界だ。どの刑務所に入っているかを突き止めるだけで二ヶ月という長い苦しい期間がすぎる。母は電話をかけまくり、あちこちに問い合わせる。けれども、刑務所の管理局の壁は刑務所の壁と同じように厚くて、突き破るのは至難の技だ。やっとのことで情報が漏れてくる。何度も何度も管理局へ足を運んだ挙句、やっと母に対面許可が下りる。なぜそういうことになったのか、理由はない。でも喜ぶのは危険だ。刑務所の規則は、たとえ許可書を手にしていたとしても、平気でコロッと変更されたりする。ともかく、母はロサンジェルス郡にあるあまたの刑務所の一つであるツインタワーズ拘置所へ息子に面会するため出かける。

母がその時のモンティの姿を描写するだけの気力を持つに至るまで、実は何年もが経たなければならなかった。私は大人になってから初めて、彼女のその話を聞くことになる。腹を痛めて産んだ息子、動物好きで、笑い上戸で、一八五センチにも達した愛する息子が、たったの二ヶ月で二〇キロ近くもやせ細りいかに弱々しく見えたか。モンティの体はあざだらけ。殴られた痕が痛々しい。誰が殴ったのか。母は問いただす。けれどモンティは答えない。怖くて本当のことが言えない。刑務所に送られた時、彼は躁の頂点にあったということを何年ものちに教えられた。幻聴が襲い、心が閉ざされ、激しく振り回されていたということ。刑務所付きの精神科医はそこで初めてモンティの極端な気分の変化だとか予想できない行動だとかの謎を解く診断を下した。統合失調感情障害。けれど、刑務所の管理局は私たちにそんなことを伝えたりなどしない。

その診断は、ずっと後になって、モンティが刑務所を出た後で知らされた。ちょうど病気のモンティを殴ったのはLA郡保安局刑務所の保安官[★25]たちだったと判明するのにかかった時間と同じだ。彼らは躁状態のモンティを押さえつけるために彼を殴り倒した。殴っただけじゃない。水を与えず、四肢を縛り付けたまま、放っておいた。そしてほぼ致死量の薬を投入した。精神異常状態の患者に処方する薬がある。それを飲むと、患者は普通か普通でなくても均衡のとれる状態に戻ることができる。保安官たちがやったのはそうじゃない。彼らはモンティが動けなくなるよう、人間として知覚行為が取れなくなるように、彼を薬漬けにした。彼の人間としての尊厳を剥ぎ取って、そこにうち転がしておいたのだ。

母がやっとの事でモンティの居場所を探し当て、間におかれたガラス板越しに彼と再会した時、モンティは椅子に座って身を保つことだけでも苦しげだった。

口からよだれが垂れ落ちている。

彼が言うことは文にならず、意味が通じない。

けれども、彼は片腕を上げることができた。腕を上げてガラスに手のひらを広げる。そしてガラスの反対側で震えを抑えながら母は同じく腕を上げ、彼の手のひらに自分の手を重ね合わせる。

お前は最愛の息子。私の何より大事な子。愛している。深く、深く。


モンティは誰かの家の窓から侵入しようとしている時に捕まった。強盗未遂の罪が課される。服役期間六年が課される。あとでモンティがうちに電話する機会を与えられた時、この事件の成り行きは自分のコントロールの及ばないものだったと説明した。

「やれって言われたんだ」モンティは電話の受話器に口を寄せて囁く。「あいつらにやらされたんだ」あいつらというのはモンティにしか聞こえない、見えない奴らのことだ。

モンティは刑務所に入った途端に、メキシコ系ギャングの一員に刺される。ヴァンナイズでは近所のメキシコ系の子供たちと混じって育って十分に仲間意識が培われていたというのに、刑務所の中ではそうはいかないことを学ぶ。黒人は黒人だけ、メキシコ系はメキシコ系だけ、白人は白人だけでかたまる。留置されている白人の少年たちはそのほとんどが自分の人種観に関係なく無理やり

★25　アメリカの法執行組織については、連邦警察や国境警備隊などの他、州や個々の地方自治体、市、郡などから大学、病院、空港なども含め、概ねが末端レベルで独自の治安・警備の機能を与えられている。一般には police（警察）と呼ばれるが、公安職としての sheriff（保安局）が警察機能を果たしている場合も多くある。ここで言及されている保安官は正式には deputy（保安官補）で、郡刑務所の管理に当たる職である。

アーリアンギャング〔アーリア人、つまり白人種〕に入れられる。そうしないと生存できないから。でなければ精神病棟行きだ。モンティはそうなった例。叩き込まれた刑務所の精神病棟で刑期をおくることになる。「ここだったら安全だから」と、彼は母にそう言った。刑務所の精神病棟が安全地帯だなんて考えがたいことだが、モンティは間違っていないようだ。少なくとも刺傷事件は繰り返されない。

現在のアメリカでは精神病院に入院している患者の数より刑務所にいる精神疾患の患者の方がずっと多い。二〇一五年、『ワシントンポスト』紙が次のようなレポートを載せた。

アメリカの留置場や刑務所に拘束されている人口の中で重度の精神疾患を患っている者は三五万六二六八人に上る。これは州立の精神病院に入っている患者数、三万五〇〇〇人、の一〇倍以上である（二〇一二年。信頼できる総計数値としては一番新しいもの）。

モンティはほぼ毎週私宛に手紙を書いてくれる。ほとんど意味をなさないことばかりで、どれも暗い内容だ。いつも自分が泣いてばかりいることについて書いてくる。それも隠したり仄めかしたりではなく、丸出しだ。そしてよくエホバの名前を書き連ねるが、おかしなことに全部大文字で綴ってある。時には、「自由になる！」などと書いてくることもある。

私は一六歳になる。兄は刑務所、新たに見つけた実の父も刑務所。家族が受刑中のティーンエイジャーのための支援プログラムなど一切なし。学校にも自分が経験している感情の渦を理解し乗り越えるのを助けてくれるようなカウンセラーなどいない。唯一、親しい友達に寄り掛かる。

私が入学したクリーブランド高校は、社会活動と芸術のプログラムを重要視するチャータースクール[★26]で、そこにはミリカンから来た子は誰もいないし、うちの近所の子たちもいない。最初は知り合いが一人もいなくて、内心心細かった。でもそこに入学してすぐロサに会い、意気投合する。高校で初めての友達だ。彼女は肌が黒くて、メキシコ系で、押し付けがましいことなく私に優しく接してくれる。最初に目があった時、彼女は気軽に自己紹介すると「素敵なボブ・マーリーのTシャツね！」と言った。それですっかり警戒心が溶けて、友達になったという次第。それからは毎朝、彼女が家から持参する朝ごはんを一緒に分け合う。放課後は〝親友ノート〟を書き綴っては交換し合う。私たちは心の繋がる友人として九年生、一〇年生と一緒に年月を経る。一一年生の年に別の親友シャイエンヌを通してカーラという友達もできる。シャイエンヌと私はこれ以上近しくなることは不可能というくらい心の通じた関係になるが、カーラにはすっかり憧れる。彼女はクラスの外ではいつも大声で話し、およそ横柄とも言えるほど押しの強いところがたまらなくかっこいいし、その上クィアだ。自分がどういう人間であるかを表現するその大胆さが故に、彼女は私のシーローになる〔hero ではなく shero〕。この敬愛は未だに変わらず続いている。

彼女たちこそが私の真の支援グループとなってくれる。最初は〝親友ノート〟の誌面を通して、

★26　公立校だが、市の教育委員会とは別個に独自の運営組織と予算をもって活動する。履修内容も市や州のガイドライン通りではなく各学校内で設定できるため、特定な分野——科学系、芸術系、ビジネス系など——に焦点を当てたカリキュラムを提供する。その特異性をもとに学区に関係なく近隣地域全体から志願者を応募する。町の中心地に建てられることが多いため、普通校に比べてマイノリティの学生の率がより高いことも特徴。

兄のことについて自分の中でこれ以上隠し通すことができなくなった時に自分の感情を吐露した。その後、ロサとカーラにお願いしてみる。モンティに手紙を書いてくれないかと。彼女たちは快く受け入れてくれる。モンティは彼女たちの兄ともなる。私宛の手紙とは違って、モンティが彼女らに書く手紙はちゃんと筋が通っている。その時はこの現象の意味がわからなくて戸惑った。彼が病気であることも知らなかったし、ちゃんと治療を受けているかどうかの違いも読めていなかったから。でも彼女たちが友達であってくれることは本当にありがたかった。こうして私の家族は増えて行く。

高校を卒業してから二年後、二〇〇三年にモンティは出獄する。その時カーラが車を運転して、町のグレイハウンド・バスターミナルへ彼を迎えに行くのに同行してくれた。カリフォルニア州の遠くの田舎町にある刑務所から、刑務所の所員が彼をグレイハウンドバスに乗せた。そして、ついに、モンティは何時間ものバス旅行を経てこちらの終点地にたどり着く。私は嬉しくて踊り出しそう。バスが着いて、モンティが降りてくる。一九九九年に彼が逮捕されて以来初めて見る姿だ。彼であることはわかった。けれどもその風貌に、私は息を呑む。

兄は背を丸めて降りてくる。処方薬のせいで体が浮腫んでいる。刑務所から供給された服、薄いタンクトップにボクサーショーツ姿。これが刑務所のあてがった旅行着なのだ。ズボンなしの下着姿。**お前は人間じゃないゲス野郎だからこれで十分。**それが刑務所からの最後のメッセージというわけか。私が生涯を通して愛し続けているこの人間に。もし私とカーラが迎えにきていなかったら、下着姿であるだけでモンティは警官に捕まって牢獄に送り戻されたに違いない。

足にはシャワー用のゴムスリッパ、顔には映画のギャングスタのようなロックスのサングラスをかけていた。手には退所手続きの書類の入った薄っぺらいマニラ封筒とさしあたり必要な処方薬。でもモンティはその薬をすり潰したらしく粉末状になっていた。刑務所の〝医者〟がモンティの病状を安定に保つ意図などなかったことは明らかだ。バスに乗る前に飲ませるべきだったのに、精神が安定しない患者に薬を手渡してそれでお役御免にしたというわけ。実際、彼はまさに躁のピークに達しようとしている。

といっても、その時の私にそういうことが見通せるわけではなかったが。

その時私にわかっていることは、モンティがそこにいるということ、私が彼を家に連れて帰るところであるということ、彼が釈放されて自由であるということ。そう心を落ち着かせて、モンティ!と大声で呼ぶ。抱きしめようと近寄るが、彼はそれに応じずカーラの車の助手席に座り込む。何も言わない。

「どう？　元気？」私は諦めない。

「OK」即座に素っ気ない返事が戻る。

「いなくて、本当に寂しかったよ」

「OK」

家族が待つうちにたどり着く。〝モンティの帰還を祝して〟パーティーが始まろうとしている。ポールはビデオカメラを構える。甥のチェイス、つまりモンティが刑務所に送られる前に生まれた息子、は初めて会った父親に飛びつこうとする。モンティはその全てを無視するかのように、テーブルに向かいゾンビみたいに座り込む。あの我慢強い母の表情が一瞬苦しくゆがむのを私は見逃さなかった。今にもそこで崩れ落ちそう。でも彼女は崩れない。**モンティは帰ってきた、お母さん。**

それが大事なこと。彼はここにいるんだから。私は母に伝える。

　そして次の数日間、私たちは皆その事実にしがみつく。失くしたもの壊れたものについては考えない。モンティは一睡もしない。何も食べない。歯磨きクリームを壁になすりつける。グラスの飲み物にティッシュの紙をちぎって混ぜる。さもなければ、外に走って出て、大声で叫ぶ。**ほら、ちゃんとまっすぐ歩けるぞ、ちゃんと歩いているぞ。**彼は靴の上にもう一足違う靴を重ねて履く。

　帰宅して四日目、モンティは訳のわからないいろんなものを乗せたスーパーのカートを持って帰ってきて、リビングルームに停める。なぜだか推し量れないけれど、これが決め手となって、母は打ち砕かれる。涙がほとばしる。まるでハリケーンカトリーナで決壊したポンチャートレイン湖の堤防のように。私たちはどうしていいかわからなくて、ベッドルームに逃げ籠る。どう考えていいのか、どう対処していいのかわからない。その上、母は泣き崩れている。それまでの生涯を通して、私は母が泣くのを見たことがなかった。これは初めての出来事だ。

　モンティは日に日に奇行を重ねる。話すことがあるとしても、言っていることは全く意味をなさないし、こちらが何を言っても彼の意識にたどり着くことができない。彼がぐるぐると渦を巻くように落ちていくのを見ながら、私たちはどうしていいかわからなくてオロオロするばかりだ。ジャズミンはついに耐えられなくなって、友達のうちに泊まることにする。彼女は一番年若だからだろう、一番参っていた。

　友達に電話する。この友達は以前私の先生だったヴィタリーという人で、いまはセラピストをしている。彼にモンティの状況を説明する。**それは躁鬱の躁状態そのものだよ、**と彼は告げる。私たちみんなで病院へ行こうとモンティを説き伏せるべく言葉を尽くすが、彼は反応しない。そうこうしているうちに、やっと解決へのドアが開く。モンティは、ゆくゆく母が恋愛して結婚に至るバーナードという男性に口を開いたのだ。モンティはそれまでにバーナードに会ったことはないのだが、この場では彼の言うことだけに注意を払っているようだ。多分刑務所では大人の男としか話さなかったからか。私は救急車に来てもらうために電話する。彼らはモンティの状態についていろいろと質問をするが、そこでモンティの刑務所歴が判明する。**犯罪人を受け入れることはできない。警察を呼べ**、と言う。私は必死でお願いする。**助けてください。これは警察沙汰の事件じゃないんです。**相手はきっぱり拒絶して、電話を切る。母と二人、どうしたものか押し問答をするが、結局他に手段がないので地元の警察に電話をして、状況を説明する。慎重に取り扱うよう拝み倒す。モンティが以前刑務所の保安官たちに殴られたり痛めつけられたりしたことがある旨を伝える。

二人の新米警官が現れる。見ただけでゾッとするほどの若手だ。玄関先で彼らを迎える。「兄が暴れ出したらどうしますか」と私は問う。モンティが暴力を振るったことはない。でも万が一に備えて彼らに心積もりをしておいてほしいのだ。これは私にとって、私たちみんなにとって、前例のない領域だ。

「スタンガンがあります」一人が答える。

何だって? 冗談じゃない。そんなことしたら元も子もなくなるじゃないか。

彼らが兄に腕力を使わないよう同意するまで、私はドアに立ちはだかる。彼らが合意して初めてアパートに導き入れる。**モンティ、大丈夫だからね、この人たちが手助けしに来てくれたからね**、と声をかけながら。

モンティ、私の大きくて愛に満ちていて病気で心の優しい兄、いつも小鳥や犬猫を助ける兄、誰一人他人を傷つけたりしたことのないその兄は、警官の姿を見てその場に倒れるように膝をついて、声を出して泣き始める。両手を宙に上げたまま〔無抵抗を表すジェスチャー〕。

「お願いだ。連れ戻さないで。あそこに連れ戻さないでくれ」

私はその場に立ちすくんでしまう。警官に帰ってくれと頼み、彼らはその言葉に従う。私はモンティの隣にひざまづき、彼が抵抗しない範囲で兄を抱きしめる。

「ごめんね、モンティ」私の声はかすれ、顔は涙で濡れている。「ごめん。ほんとにごめんなさい」

そのうちにバーナードが静かな声でモンティを何とかなだめつけ、散歩に出ようと説き伏せる。二人は近所のスーパーまで出かける。モンティはそこで積んである商品を投げ散らしたらしい。二人はまた映画にも出かける。モンティはそこで席を剥ぎ取って壊す。けれど、バーナードはついに病院へ行くことに彼が合意するところまで持っていく。モンティは入院する。三週間のうちの最初の二週間は彼の情動を安定させるためのいろいろな処方薬を試すことで費やされ、その間家族が訪れることは許されない。

どうやってその苦しい試練の期間を乗り越えたか、どうやって耐えたのかという質問に、私はすべて母のおかげだと答える。私たちが起きる前に出かけて寝てから帰ってくる母。自分は親から勘当され切り捨てられたにもかかわらず、誰をも切り捨てたりしない母。彼女は私たちみんなを一つの布に織り込んだ。四人の子供たちを頑丈で複雑できっちりと目の詰まった厚手のキルトカバーのように織り合わせ、それを〝家族〟と名付けた。私たちのことだった。そして今も。家族は私たちそれぞれを束ね合わせ、結びつけ、一人ではなくみんなの持つ可能性へと広がるもの。

それは「無限大」と「結束」を意味する。

第5章　証人

教育が内包しているパラドックスは、〔教育によって〕個人が物事を意識するようになるにつれ、その個人は教育を施しているその社会を考察するようになるということだ。

ジェームズ・ボールドウィン

人生の中である期間は疑問を投げかける時であり、またある期間はそれに答える時であるとゾラ・ニール・ハーストン★27は書いた。私の高校時代はそのどちらもが一挙に、しかも途切れることなく起こった時期だと言えよう。私が通ったクリーブランド高校はヴァンナイズの西隣、レセダにある。そこは、ヴァンナイズに似たりよったりの町で、ロサンジェルスのサンフェルナンドバレー地域に位置している。強いていうなら、レセダの方がもう少し店の数が多くて繁華街的と言えるだろうか。レセダは通りに沿って次々に商店街が続き、ファーストフードのレストランがごまんとある。

★27　Zora Neale Hurston（一八九一―一九六〇）：アメリカ黒人の著作家、人類学者、映画監督。二〇世紀初め頃のアメリカ南部における人種差別による苦闘の様子を描いた。

住民の大半がラティーノ〔ラテン系民族、中南米から来た人々〕で労働者階級だ。ミリカン中学からこの学校に進学する者はいない。ゆえに、高校時代はある意味で私にとって終わりでもあれば始まりでもある。

この学校はチャータースクールだから、マグネットプログラムと呼ばれるカリキュラムを推し進める。[★28]ここのプログラムは人文系の教科を重視し、特に社会正義の概念や活動に焦点を当てている。[★29]そこで私たち学生はアパルトヘイトや中国の共産主義などについて勉強する。エマ・ゴールドマンについて学び、ベル・フックス[★30]やオードリー・ロード[★31]の本を読む。世界三大宗教について自分たちでリサーチをする。また、それほど知られていないが世界で信仰されている異なる宗教に関心があれば、もっと深くまで自分で調べてみることも奨励される。人種差別、性差別、階級差別、ヘテロノーマティヴィティ〔異性愛規範〕などを批判的に見るように挑戦される。「問いただせ」というのがモットーだ。自分が知っていると思っていることが本当に正しい知識なのかどうかを問いただせ、という信念だ。

そういう環境にあって、自分が生まれた時から慣れ親しんで来たエホバの証人の世界に疑問を持つようになるのは避けようがない。まずは私が教会の長老たちに向けた仔細な質問が始まりだった。長老たちは教会の全てを運営し、聖書の内容を定義し、礼拝の儀式を司る年配の男たちだ。私にとって絶対知りたいという疑問点が浮かんでくる。彼らにその質問を向ける。

・地球がたったの二〇〇〇年前に始まったなんて、どうしてそんなことが言えるのか。
・一四万四〇〇〇人の人々のみが選ばれて天国に行くというのはどういうわけか。残りの人々の身には何が起こるのか。
・どうやって、その人々は選ばれるのか。一四万四〇〇〇人だけだったら、天国は人影まばらな過疎地みたいなところになるんじゃないか。
・なんで聖書には恐竜について何も書かれていないのか（その頃、私は恐竜にすっかりハマっていた）。
・エホバの証人たちは恐竜がいたと信じるか（イエス。これははっきりと肯定された数少ない回答の一つだった）。

私は更に推し進める。

・なぜこの信仰の長老は男性ばかりなのか。
・女性は参加できないのか。

★28　八七頁、★26参照。
★29　Emma Goldman（一八六九―一九四〇）：ユダヤ系ロシア人。無政府主義者。政治活動家。著作家。一八八五年にアメリカへ移住し、二〇世紀初頭の欧米での無政府主義政治思想に大きく影響を与える。
★30　bell hooks（一九五二―）：アメリカ黒人。著作家、英文学教授、フェミニスト、社会活動家。ベル・フックスはペンネームで、小文字で書かれる。
★31　Audre Lorde（一九三四―九二）：アメリカ黒人。著作家、フェミニスト、図書館員、市民権運動活動家。自分ではそれにレズビアン、母、戦士、詩人という肩書きを加えている。人種差別を深く考慮しないフェミニズムに対抗して、黒人女性の観点を重視するウーマニズムに参加する。

・どうして家族同士で会話を交わすことが望ましくないのか。

こういう質問を連発したせいだろう。私に悪魔が取り憑いたと言われ始めたのは。しかし、そういう警告が発せられたからといって、そんな言葉で私の今までの人生の中で起きた事実が変わってしまうわけではない。母にとってエホバの証人の教会はおそらく唯一の〔経済的〕救済の道であり得たはずなのに、そこから追い出された家族の辛酸の道を消しはしない。

母がティーンエイジャーで妊娠してしまった時、彼女は即座に教会から爪弾きの身となる。彼女の家族もその定めに従う。母がその時もっとも必要としたに違いない自分の母親、父親からの愛と援助の手よりも宗教が定めた規範の方が大事だったというわけだ。母は家から放り出され、両親や兄弟とも口を聞くべからずという命令を受ける。恐怖に慄いている一六歳の少女よりも、またその子供たち、しょっちゅうお腹を空かしてひもじさを耐え忍んでいる年端のいかない子供たちよりも、宗教の教えの方が優先された。母の両親は決して裕福ではなかったが、困窮しているわけでもなかった。けれども、実家の両親に助けを求めることは教会によって禁じられたというわけだ。私たちは教会へ行き祈りを捧げてもよろしいという許可を与えられるが、信徒たちの活動に参加することはもちろん、挨拶することさえも許されなかった。私たちが会話を持ってもいいのは長老たちだけだった。

私たち子供が成長していく間、母は馬車馬のように働き続けた。でもそれだけじゃない。自分が改心し心の清い、信仰の篤い人間であることを長老たちに証明するために、子供たちを率いて教会に通い続けた。そして私が九年生だった時、彼女は教会に正式メンバーとして復帰できるよう嘆願書を書いて送る。その手紙の中で、彼女はなぜ自分がその特赦に値するか説明する。男ばかりの長老会議で審議が行われ、二〇年の長きに及ぶ追放措置の後、彼女の嘆願には認められるべき功績があるという結論に達する。それはつまり禁令を解除し、彼女は晴れて教会の信徒として復帰できるという意味だ。

この展開は喜ぶべき出来事であろう。だが長い年月除外された〝証人〟がいま教会に戻ることを許されると言っても、それまでの誰にも話しかけてはいけない、自分の両親にも話してはいけないという除外中の規則は、「教会に来て祈っても構わないが、お前は穢れてしまい、それゆえにお前の子供たちも穢れているわけで、であるから他のメンバーを汚さないために話しかけることは禁じる、たとえ血のつながりがあったとしても」という教会の旧態然とした構えを示していて、それは除外を取り消すと言ったからといって、今更書き直されるものではない。私は失望や憤りしか感じられなかった。

父ガブリエルと過ごした四年の間、私は神を信じることのみを信仰の証とする教団で、父が間違った選択をしたにもかかわらず、周りに迎え入れられ愛されているのを実際に目撃した。そしてそこでは、恥の意識を超えたところから自分の人生の真実を語り、他人の行為を裁く価値観を超えたところから自分の告白を聞いてもらえることで、周りにいる教会の信徒たちと一体となる。その体験は単に父を変えただけではない。父の告白を聞いた私たち、証人たち全部をも変える。私も変わってしまう。

母がエホバの証人の教会に復帰してから、私の心にはある思いが浮かんで来る。父に与えられたような慈悲の行いが、母に授けられたのはいつのことだったろう。そんなことが一度でもあっただろうか。一六歳で追い払われて以来、どんなに小さな世界の片隅であったとしてもいい、裁かれたり責められたりせずにそういう裁決から解放された存在を味わうことができた時があっただろうか。今エホバの教会に迎え入れられたことで、それが叶うだろうか。私ら子供たちもそういう恩寵を得ることができるのだろうか。

その時私は一四歳。まだ世の中で知らないことはいっぱいあったけれど、知っていることだって多少はあった。自分に正直でいられると感じることのできる信仰の場を求めていた。男たちのみが皆の上に立ち、聖書の言葉を文字通りにしか受け入れないエホバの教会は、自分が正直でいられる場だとは思えなかった。裁きを下すその男たちに母を責める権力があると信じることができなかった。人間の歴史の流れを通して、たったの一四万何千人だけが生き延びて他の者たちは皆火の池に投げ込まれるだなんて、信じられるわけがない。

私は私を導いてくれる大人が必要で、彼らの裁断や懲罰は要らない。それはすでに経験済みだ。母に下された懲罰はことさら女性、その身体、そのセクシュアリティを標的としているように思われた。未成年だった母は誰かを愛したことで、そしてその愛の証明である子供を産んだことで、教会を追放されてしまう。けれどもアルトンは母を愛して子をなしたばかりでなく、ガブリエルの子供である私をも受け入れてくれる。その愛の代償として母が抱えて生きてこなければならなかった重荷は、教会が課したものだ。二〇年もの間！

心の救済を求めて生きなければいけないとは承知している。が、エホバの証人が私たちに課したこの行路は心を解放したり何らかの目的を持っていたりするようには感じられない。私たちを恥ずかしめ怖がらせるためのものにしか思えない。その頃は常時持ち歩いていたオードリー・ロードの本を読んで感じる何かに繋がる連帯感とか精神の高揚などとは程遠かった。オードリーの『シスター・アウトサイダー』（*Sister Outsider*）〔一九八四年に出版〕にあるエッセイを読んで感じる自分の中核をなすと思えるもの、それは聖書が物語る逸話の数々には見いだすことができない思想だ。何と言ってもまず第一に女性蔑視的な人類の起源説からして、そのいい例だ。私は変わりつつある。私の人生は新しい起点を迎えている。それは心を慄かせ身を震わせるものであると同時に、信じがたいほどの意欲を漲らせ新しい可能性への夢を膨らませる。嘘やごまかしのない最も純粋な真の自分になるという可能性。

教会へ公式に復帰するというその日、母は普段と変わらない様相だ。私たち家族はそれまで毎週末やってきた通りに、朝ごはんを食べ、他愛ない言葉をかわし、教会用の晴れ着をまとい、うちを出る。公式に復帰するといっても、実際に何が起こるのか、全く見当もつかない。毎日の出来事、それがいいことであっても悪いことであっても、母は全ての浮き沈みをほぼ無視することでこなして来たのだと実感する。特に沈む方。そうやって彼女は様々なトラウマを処理して来たのだ。私たちはいつもと同じように無言で、教会に足を踏み入れた。ここは話してはいけないところ、囁き声すらも許されないところだったから。

席に着いてから、母はペンと紙片を取り出すと、何かを書き込み、私たち兄弟に渡す。そこには、**今日私は復帰される**、と書いてあった。礼拝が始まる。私は気分が悪くなる。身体的にではなく、感情的に。バカにしている。何をこうぬけぬけと。二〇年もの間、明日がどうなるかもわからず空腹に悩まされる家族に何一つ支援を与えることもなかったこの組織。ただ一人子供たちを支えて来たのは母だ。その母の信仰を裁決するなど、全く何という傲慢さだ。

私は席を立つ。礼拝が終わるまでトイレの個室に座って過ごす。教会のおぞましき偽善行為の証人となるつもりはない。長老たちがこの勤勉で搾取されている女性の身体と魂に判定を下すという恥知らずな行為。その時その場で、エホバの証人との関係は私の過去に属するものとなった。私は教会のドアを出ると、神を求めて、自分の魂の救済を求めて、自分という人間が誰であるかを求めて、足を踏み出す。

第6章　世界に踏み出す

若くて黒人でゲイで一人きりであった時の自分がどういう気持ちでいたか、覚えている。そのほとんどの部分はさして問題ではなかった。自分が真実を知り、光を目指していて、鍵を手にしていたから。でも残りの部分は、正真正銘の地獄だった。

オードリー・ロード

自分がヘテロセクシュアル〔異性愛者〕じゃないということは自覚していた。といっても、もちろん子供の頃からそのことに執着していたわけじゃない。子供の時はそんなこと、問題じゃなかったし、女の子の友達がみなそうだったように私も男の子にのぼせたりしていた。でも、心から惹かれるという体験はなかった。中学の時のボーイフレンドだった子は、後になってゲイとしてカミングアウトするに至った。

性に関しては間違いなく抑圧的な環境で思春期を迎えた。エホバの証人の教会で何時間も性行為の罪について教えを受けた。自慰行為についての説教も随分聞かされたものだ。自慰行為が〔避妊という意味で〕道徳的なレベルに持ち上げられていた、という意味じゃない。もちろんその反対で、この自然な、健康的な性の表現は道徳に反するものという教えだった。その分野だけでなくいろいろな面で、私を救ってくれたのは学校だ。クリーブランド高校。

もちろんクリーブランド高が全てにわたって文句のつけようがないというわけじゃないが、クィアである私たちが自分のアイデンティティを達成させるための道を開いてくれたところと言えるだろう。ともあれ、エレン・デジェネレス★[32]がテレビのライブショーでカミングアウトしたことはしっかり私の記憶に残っている。その頃はゲイ・ストレート・アライアンスもなければＬＧＢＴＱグループもなく、それぞれに悩み苦しんでいるクィアの若者たちを手助けできるような訓練を受けたカウンセラーなどもいなかった。クィアの若者たちは往々にして家から追い出されていたのにもかかわらず。

高校で、「インパクト」という名称の学生グループがあった。元々鬱病系の子のサポートグループとして結成されたのだが、ＬＧＢＴＱの子の多くもそこに参加していた。自分の人間性を否定するよう強いられている人々にとって鬱症状というのはおよそ当然の結果であったから、驚くには値しない。私に限って言えば、私にはある一人の素晴らしい道案内となる人物が現れて、まるで北極星のようにその旅路を導いてくれた。ナオミ。私の従姉妹にあたる、試金石の役を果たす人。中学時代の友達から離れ一人でクリーブランド高に来たのは、ある意味でナオミがいたからだ。そして彼女のおかげでクリーブランド高に来ることはあたかも故郷に戻って来たかのような思いをもたらす。ミリカンもクリーブランドも公立校で人文系のマグネットプログラムを提供する学校だが、クリーブランドの方は父ガブリエル側の親戚一門が住んでいる地区にあり、ブリグナック側の従兄弟たちが何人もそこに通っていた。従兄弟たちはほとんどが男子で、スポーツチームに入っていて、私とはあまり共通点がなかった。ナオミは父の従兄弟であるジェームスの娘だ。ジェームスはガブリエルと同じくルイジアナのユーニス出身で九歳の時にカリフォルニアにやって来て、父たちは即座に大の親友となる。二匹の田舎ネズミが大都会の世慣れた町ネズミたちの中で助け合った。いま、ナオミと私も、父親たちの友愛を反映する同じような親愛の情を発展させる。彼女にとってそれまで経験したこともないような難関が立ちはだかった時ですら、彼女は私の相談相手をしてくれる。

私たちは同じ学年で高校生活を始めた。彼女はみんなに信頼され敬愛されている。もちろん彼女らが同じ中学から上がって来たからもあるが、それだけの理由ではない。彼女は積極的で美人だ。陸上部のスターだし、喧嘩だって負けたりしない。相手がギャングスタ志向の荒くれタイプだろうが、エモ・ファッションタイプ〔感情的で反体制的なファッションを好み特定の詩や音楽に傾倒するグループ〕の白人の女子たちだろうが、上手にやり過ごす。もちろん黒人の女子たちは皆彼女の大ファンだ。その先頭が私。その上、ナオミは私たちが気が弱くてできないでいることをやってのけた。彼女はレズビアンであることをきっぱり公言したのだ。眩しいほどの大胆さ！　その上すごく素敵なガールフレンドがいる。それも年上の！

父ガブリエル方の家族はクィアを受け入れる雰囲気が元々あった。レズビアンであることを隠さない叔母が何人かいた。けれども、父の従兄弟ジェームスが結婚した相手はひどいホモフォビアで

★32　Ellen DeGeneres（一九五八―）：アメリカ人。テレビショーホスト、コメディアン、女優、著作家、テレビ番組のプロデューサー。一九九七年人気番組のオプラ・ウィンフリーショーでレズビアンであることを公言。以来様々なLGBTQの問題を取り上げている。

あるということが明らかになる。ナオミは、その当時使われていた言葉でスタッドと呼ばれる男っぽいタイプのレズビアンで、彼女がカミングアウトした時、そのことを聞き及んだナオミの母マーシャは怒り狂って、彼女を虐待することに走る。

高校に入った年の春先のことだった。ナオミは陸上部の早朝トレーニングで、女性コーチや他のランナーたちとトラックで練習をしていた。マーシャが突然そこに現れる。私はそこにいなかったのだが、そのニュースはまるでカリフォルニアの山火事の火のように、あっという間に学校中に広まる。マーシャはその場で娘を掴まえ、居合わせたみんなの前で拳や足を使って殴ったり蹴ったりの暴行を振るう。みんなはやっとのことで、マーシャを引き離す。そこで彼女はコーチに向かって、**お前が娘を弄んだんだろう**、と怒鳴り散らす。最後には、**ナオミに高校をやめさせる、友達づきあいだろうが学校の活動だろうがみんな禁止してやる、何もかも踏み潰してやる、みんなお前のせいだ。**と脅しつける。

友達が私を探し出して、この出来事を知らせてくれる。私は学校中を駆け巡り、やっと階段のところで泣いているナオミを見つける。悲しいからじゃない。ナオミは怒った時に泣く。**クリーブランド高のみんなは私の家族だ、私の一族だ、それを失ったりなんてできない**、と涙ながらに言う。私はナオミに宣言する。

「ナオミをやめさせたりしないって言ってやるよ」

「ナオミはこの高校のスターなんだからって」

私たち二人は、涙に暮れながらも、**私たち絶対一緒だからね**、と誓い合う。

私たちは誓いを守る。学期が終わるまで、そしてサマースクールを通して。だが、秋が来て新学期が始まろうとしている時、マーシャの脅しが事実となる。ナオミは違う町の違う高校に転校させられる。友達から引き離され、陸上コーチを失い、一〇歳の時からずっと彼女を支え愛し続けたこの環境から連れ去られてしまう。私たち、ナオミを愛する者たち、そして——公言したかしていないかにかかわらず——クィアである私たち高校生は、心の痛みに耐えながら社会の非情さを学ぶことになる。若くてクィアであることがどういう意味を成すか、ということ。何も悪いことなどしていない。ただ生きていて、自分を全うしている、それだけで生活の全てを打ち壊され、はき捨て去られるのだ。そして私たちにできることは、ただ見ているだけ。

高校の四年間で、二〇人の有色人の女子がカミングアウトをした。私もその一人だ。クリーブランド高に来る学生は、その社会正義運動中心のカリキュラムに惹かれて来るんだろうと思う。知的でかっこいいし、コロンバイン高校銃乱射事件★33がまだ起きる前で、金属探知機だとか窓の鉄柵だとかまだこの高校にはなかった。金属探知機や窓の鉄柵は、実のところ、町の住民のほとんどが白人で高校に通う学生のほとんども白人であるところでおぞましい学校銃乱射事件が起きて初めて、取り付けられるようになる。それに対して、アメリカ全国で黒人や褐色人の子供たちが行く学校では金属探知機や窓の鉄柵はもちろんのこと麻薬を嗅ぎ分ける犬を連れた警官まで徘徊していた。ずっ

★33　一九九九年四月二〇日にコロラド州コロンバインのコロンバイン高校で起きた大量銃乱射事件。卒業間近のエリック・ハリスとディラン・クレボルドが自分の高校に銃を携えて乱入し、一二人の学生と一人の教師を銃殺し、その直後自殺する。それまでの歴史上最悪の学校内での乱射事件で、銃の販売、所持についての法令改革が進められるが、反対勢力や法の抜け穴も多々残る。

と後になって、私はロサンジェルスを拠点とするストラテジー・センター〔社会政策研究センター〕という団体のメンバーとして、いまで言うところの〝学校から刑務所への輸送ライン〟を断とうというキャンペーンで働くことになる。有色人種の若者たちにとってこの現実の脅威は、服役実態調査会[★34](States of Incarceration)というグループによって下記のように指摘されている。

〝安全な学校〟を創り上げる目的のために、学生たちは士気を挫かれ犯罪者扱いを受けることになった。金属探知機や監視カメラ、麻薬探知犬、次々に重い罰則を下す学校当局の構え、そして刑務所を連想させるような建築デザインなどは、この社会環境特有の世代の学生たち——それは往々にして貧困層出身の有色人種の学生たちだが——を生み出すこととなる。彼らは常に監視され、疑いの眼差しで見られる。学校内のスペースと人員〔学生たち〕をこういう方法で管理をすることは、学生たちがいずれ犯罪を犯すに違いないという予測を当然のことと見なし、また日常茶飯に起こる学校での規則違反は校内処罰、停学処置、悪くすると鑑別所送り、そしてしまいには少年院という過程を経ることになる。つまり犯罪法へと繋がる輸送ラインに乗ってしまうわけだ。[…]実際、学校によっては刑務所と区別できないような建物で授業を行っている。校内をパトロールする警官の数は増え続ける。学生の大半が黒人やラテン系で、貧困層の町にある学校に及ぼされる影響は甚大である。これはロサンジェルスのみの現象ではなく他にも何カ所かそういうところがあるのだが、ロサンジェルス連合教育区にはその管轄下の教育施設のみを担当する独自の警察部門があって、その予算は年間五二〇〇万ドルを上回る。

白人の学校は開放的で芝生は青々している。実はクリーブランド高も比較的開放されていて、私の卒業前にゲイ・ストレート・アライアンスが発足する。一〇年生の時だったが、放課後私はナオミのうちに出向く。機会を捉えて、私は彼女の目をじっと見つめたまま、**ねえ、ナオミ。私バイなのと**告げる。バイというのはその頃ホモセクシュアルという意味で使われていた言葉だ。彼女はショックを受ける。そして怯えたように私を見返す。自分の母親が憎しみのあまり我を失い彼女に向かって飛びかかってきた時、彼女はこんな顔をしたのだろうか。そして彼女は、私が言ったことばを繰り返すよう要求する。**いま何て言った？　何だって？**　私は繰り返す。しばしの沈黙。そして彼女は言う。**私たち二人ともがそうだなんて、そんなことはあり得ない！**　ほぼ叫んでいる。**けれど、ナオミ、私たちは二人ともがそうなのよ。**私は彼女の目の中にその影をみる。愛する者のことを思って恐れることの影。**警察に憎まれるし、学校が味方してくれたりなんかしないし。家族ですらも死んでしまえと怒鳴るくらいなんだから。自分はゲイだっていい気になったりするなよ。**カミングアウトすることで起こる悲劇的な体験を、私のために恐れてくれているのだ。緊張の時がたつ。ドキドキしている。何を言っていいかわからない。だから私に唯一はっきりわかっていることについて話す。それは愛。

ルマークパーク地区から来ている身長が一七二センチもある美人の子、シャイエンヌのことだ。バスケが上手で、いつもバスケのボールを抱えて歩き回っている。クリスタルのことだとか霊のこ

★34　ヒューマニティ・アクションラボというニュージャージー州立ラトガーズ大学を起点として立ち上げられた人種差別問題を取り扱う民間団体で、服役実態調査会はその下部組織として存在する。

ととかについて話したり、バーンズ&ノーブルの本屋に一緒に行くのが楽しい。学校の授業で共に人種とかジェンダーとかについていろんな本を読んだり、二人で詩について語り合ったりする。作文に才たけている。二つに分けたアフロパフ〔アフロヘアを頭の上で二つに分けて、ミッキーマウスの耳みたいに結ぶ〕の髪型をしている。私は彼女にすっかり参っていて、私は彼女の全世界、彼女は私の全世界なのだ、と語り続ける。

すっかり話し込んで、ずいぶん長居してしまう。話したことの内容を全部覚えているわけではないが、暇乞いするまでの間にナオミはすっかり了解してくれている。彼女の望むところは、私の幸せ――それと安全――だということが強く伝わってくる。この敵意に満ちた世界で心の安全を確保するには、揺るぎない愛を注いでくれる仲間を持つことだ。自分の中に力を感じる。強さを味わう。

それからは、遠慮なしに二人で一緒に時を過ごすためにシャイエンヌをうちに連れてくるようになる。その頃私たち家族は自分たちのアパートに住んでいなかった。もちろん自分の個室もない。その狭っ苦しいスペースではプライバシーも何もなく、周りの家族も居づらい思いをせざるを得ない。私たちは何ヶ月か前に以前住んでいたアパートから追い出されてしまった。そこはその前に住んでいたアパートよりちょっと格が上で、母は私たちを少しでもマシな環境に住まわせようとして移ったところだったのだが、その家主が突然アパートを売りに出すことに決めて三〇日以内に出て行けと宣告したのだ。母と三人の子供は、まるでゴミのように外に放り投げられた。私たちはゴミじゃない。人間なのに。

助けの手を伸べてくれたのは、その時母の婚約者であったバーナードだ。**心配しなくていいさ、シェリース。君の家族は引き受けた、**と彼は私たちを自分の母親の1LDKのアパートに移す。彼の母は糖尿病を病んでいて車椅子生活をしている。彼女はもちろん寝室で寝る。私たち、つまり私とジャズミン、母とバーナードの四人はリビングルームに居座ることになる。ポールはこれを機会に自立して別のところに移り、モンティは刑務所。四人はそれぞれ床に寝袋を敷いて寝る。ティーンエイジャーの娘二人が育つのに最適な環境とは言い難い。特にその一人は父親が服役中のクィアだし。まあ、そうは言っても仕方ないものは仕方ない。機会があるごとに私はシャイエンヌをうちに連れてくる。普通のティーンエイジャーでいたかったのだろう。ガールフレンドと家でたむろするのがティーンエイジャーのすることのはずだから。私たち二人は周りのことなどどうでもいい。すっかり互いにベタ惚れだ。

しかしながら、ゲイカップルにとってこの社会が友好的でないことは明らかだった。私がカミングアウトする二〇世紀から二一世紀に入る変わり目の頃は、外の世界は毒に染まっていた。ただただ**ファックユー！　変態野郎！**と言う罵声が私たちに対する反応だった。猛々しい憎悪に満ちた眼差しが私たちを追い回し、見据える。唯一安心していられたのは高校のE―10教室だ。そこはクィアの学生が集まるための部屋で、そこに行けば周りの脅威から逃れることができた。性的マイノリティに対する敵愾心は今だに脈々と流れているが、高校以来この一五年ほどの間に達成されたクィアのための進展に目覚ましいものがあるということは否定できない。

シャイエンヌは後に高校を中退することになるのだが、それでも私たちは一緒のままだ。彼女の家はクリーブランド高からずいぶん遠いところにあって通学は一苦労、そうでなくても高校生活を全うするのに家族は何も手伝ってはくれなかった。彼女に知っておくべきことを説明したり誰彼と交渉したりしてくれるような保護者がいなかった。食事の確保すら当てにならないのに、宿題を見たり先生との関わり合いをスムーズに行うためのアドバイスをしたりなど、一切期待できなかった。私たちのほとんどがそういう環境にあったのだが、学校にはそういう厳しい状態にいる学生たちの親代わりになるような支援機構がなかった。誰もが、与えられているもの、もしくは手に入れることができるもの、それだけでは足りなかった。文具にしても、服や靴、生活用品、学校で必要なもの、などなど。なんたって、親たち自身が必要な資源——収入にしろ食べ物にしろ安全性にしろ生活の全てにわたって——を確保することができなかったのだから、子供の生活に欠乏するものがあって不思議はない。

ナオミはしばらくしてから、父親の家に移った。そうすることで、彼女の生活を惨めにしていたいろいろな問題がかなり緩和した。ジェームスは、物柔らかで許容性があって、鬱状態に陥っていたナオミは父親の愛情のおかげでずいぶん救われたと思う。カミングアウトして家族に拒絶された若者たちの中で、鬱病に悩む者の率は高い。全国的に見て、このグループの若者で自殺を試みる者の数値はそうじゃないグループの若者たちの八・四倍に当たるそうだ。ＬＧＢＴＱの若者たちに力を貸してくれる「Love is Love」〔愛は愛〕運動の発足はまだまだ先のことだった。そういう状況で、ちょうど警官の敵意に満ちた先入観と暴力の標的となったヴァンナイズの少年たちのように、私たちも自分たちを自分たちの力で助け合う手段を考え巡らすことになる。仲間同士で憎しみから自分たちを守るという意識は、私たちが一一年生だった年、友達のカーラが家から追い出された時に、私たち二人を極端な決断に駆り立てることとなる——二人して家を出たのだ。

その頃私はまだシャイエンヌとカップルだったが、カーラは私たちの仲間だった。仲間といっても、彼女とは特別な友情を交わすようになる。離れられないほど仲が良く、本当の親友と呼べる間柄で、それはいまでも続いているが、私たちはその時の堪え難い家庭状況からお互い逃げ出すしかないと思うようになる。私はよく知りもしない人物のアパートのリビングルームに四人かたまって住むことにうんざりしていたし、エホバの証人の家族に囲まれ、反論なんてできないし、クィアであることを非難するような眼差し、自慰行為は変質者のやることと見なすような保守的な雰囲気に息がつまる思いだった。父ガブリエルとモンティが恋しくてたまらない。というわけで、カーラと私は友達のうちをはしごして泊まり歩くようになる。運悪く友達のうちに泊まれない時は、二人してカーラの車で寝た。卒業の年までには、二人とも完全に放浪の生活を送る。友達のうちから、別の友達のうちへ、そこから車へ、また友達のうちへ、というパターンだ。ダッフルバッグに着替えと洗面用具を詰めて、どこぞへと移り歩く。

そこに幸運が舞い込んでくる。高校を卒業した時だ。美術史の先生で、私たち二人ともが敬愛しているダナ・ヒルを通して。彼女は当座のところ彼女のうちに住んでもよろしいと、招き入れてくれる。彼女としては、向こう数ヶ月くらいのつもりだったのかもしれないが、結局のところ私は二年間、カーラはほぼ三年にわたってダナのうちに居候することとなる。私たちはアルバイトを見つける。私はまずドラッグストアのライトエイドで、後にはダンス教師として働く。けれど、ダナは家賃も食費さえも要求したりしない。私たちはティーンエイジャーだから、ティーンエイジャーよろしく友達をよんでどんちゃん騒ぎしたりするけれど、ダナは決して怒鳴ったりしない。その代わりに私たちのしたことのどこがまずかったか、他人と同居する際の心構えとか思いやりの大切さなどについて、延々と長い手紙を書いて渡す。彼女は私たちにTM〔超越瞑想〕を教えてくれる。そして未だ成長の途にある若い者たちに対する尽きることのない忍耐心というものも。ダナ・ヒル。

簡素な独身の黒人女性。その心は宇宙を内包している。彼女こそは私の霊的な成長の上での最初の恩師だ。他のみんなと分け合うことでしか感謝のしようがないような贈り物をもらう。それがどういうことなのか、若い私が目にした最初のそして最も顕著なる実例である。

彼女にとって、私たちが誰であるか、どのように生き、どのように愛すかなどは大事ではなく、私たちにとって必要なものは〔批判や指図することなしに〕ただ支援してやることだけ、という信念で扱ってくれる。カーラと私が構築しつつある新しい考え方、〝意図的に集まったメンバーで成る家族〟という考えをわかってくれる。この構想は後日私たちの家族構成に関する進化論の基盤となる。

外部の者たち――ここではすなわち私の、または私のパートナーの家族という意味なのだが――からみると、私とパートナーとが保つ関係の形態は複雑だとか、奇妙だとか、または有害だとも見えるかもしれない。だが、この形態は私たちにとって一〇〇％意味をなすものだった。生きるのに不可欠な酸素のようなものだった。今でもそうだ。シャイエンヌと私はいずれ別れてしまうことになる。残念ながら、彼女とは音信不通になってしまうのだが、他は皆ずっと途切れることなく親密に関係が保たれている。そして年を経るにつれ、その人数も愛情も増していく。私の持つ人間関係の在り方やその愛についての考察をますます複雑なものとし、その発展の中核となった人物は、私の最初の夫となるマーク＝アンソニーという男性だった。

最初には、私にもわからなかった。何が起きているのか。異性愛者とかシスジェンダー〔生まれ持った身体的性別と性的自覚とが一致している人〕の男性に惹かれたことは一度もなかった。もちろん中学時代のマイキーがいたが、結局彼はゲイとしてカミングアウトした。けれども、一応大人になって、ゲイでもトランスでもクィアでもない、ストレートの男性と、私は一体何をしたがっているのか。

マーク゠アンソニーは私より一学年下だった。彼がクリーブランド高の一一年生だった時に出会う。彼の取っているコースの一つで、私はTA〔teaching assistant：先生の助手〕をしている。最初にそのクラスに出た時、即座に気がついた。すごく魅力的で、背が高くて、黒人としては肌の色が非常に白く、そして信じられないほど美しい緑色の瞳をしている。心がドキドキしていて、私はそのこと自体に慌てふためく。彼のイメージを心の中から押しやってしまおうと努力するが、数日後に帰宅するバスの中で出会ってしまう。詩や文学や音楽について話し合う。彼は、アース・ウインド&ファイアー[★35]の一メンバーの息子だ。私がバスの中で日記をつけているところを見て、後で、自分も日記をつけていると言う。興味が深まる。と同時に途方にくれてしまう。本当なんだろうか。ここまで来て、ヘテロセクシュアルでシスジェンダーの人物に惹かれるなんて？

マーク゠アンソニーと私の間に走る引力の力は、本物だ。私たち二人だけでなくその場に居合わせる他の人々ですら、そのエネルギーを手にとって見せることができそうなくらいだ。続く数年の間、実は今でも、その引力を深い深い友情の源泉に注ぎ込む。けれど、私たちはそれが友情に止まらないことを感じている。マーク゠アンソニーはダナの授業で、写真のプロジェクトに取りかかる。

★35　一九六九年にシカゴで結成され現在に続くR&B、ソウル、ファンク、ディスコ、ポップ、ロック、ジャズなど多面のジャンルにまたがる音楽バンド。メンバーは黒人が主で、レコードの売り上げが九億枚以上、様々な音楽関係の賞を受賞、芸術的にも商業的にも高い成功を収めている。

自分の進化、マスキュリニティの記録だ。手伝ってほしいと、彼は申し出る。私は彼の写真を撮りまくる。でも最後の一枚はカーラが撮った。彼と私が一緒にいる写真。片手は拳をあげ、もう一方の手は互いに握り合って、外に向かって開いているドアに顔を向けている。その先にある運命の全貌を見ることはできない。

第7章　見つけられる骨のすべてを集めて

私たちは見つけられる骨のすべてを拾い集めた。そして昨日、ナティヴィダッドは昔自分が編んだショールでそれを全部包み込んだ。そのショールは彼女の所有するものの中で最も美しいものだった。彼女がそれを渡そうとすると、「こんなものは生きている者のために役立たせなくちゃ」とバンコーレは言った。「あなたは生きているじゃないの」ナティヴィダッドは答えた。

オクタヴィア・バトラー★36
「種撒く者の寓話」

ガブリエルが帰ってくる。

私は二〇歳。もう四年間ほどオーガナイザーとして働いている。コミュニティ・オーガナイザーの仕事に手をつけたのはまだ高校生だったころだが、卒業してからはそれが私の専業となる。卒業後、ダナ・ヒルは住むところを提供してくれるばかりでなく、私が高校で得た知識や技術を発揮できる場を見つけてくれた。「ブラザーフッド・シスターフッド社会正義のためのキャンプ」という研修会を紹介してくれて、私は一週間パインリッジにあるキャンプ地に行くことになる。そこではアイスブレイキング〔初対面の人々の緊張感をほぐすためのゲーム〕や実験的対人法〔ロールプレーのような想定された場面で役割を演じて問題解決の手段を検討するような活動〕などを通して、抑圧的組織についてばかりでなく、それ以上にどのようにして人々と、それがどの人種であろうと、どういう階級の出身であろうと、どういう背景を持っていようと、勇気を持ってかつ思いやりに満ちた関係を保つことができるかなどについて学習する。そこに来ている参加者は私のような者が多い。貧しくて、クィアで黒人。

しかし、そうじゃない者もたくさん来ている。異性愛者。中流労働者階級の出身から随分裕福な家庭の子もいる。ラテン系もいれば、白人もいる。そういう目的のキャンプなのだ。異なるバックグラウンドの子たちが一緒に会話できるそういう世代を作り出すこと、お互いの違いや差別意識のいろいろな現れに真っ向から問いかけること、それが目的だ。自分が生まれた家族について、また自分で創り上げる家族についてなど、話し合う。人種差別、階級差別、性差別、ヘテロセクシズムなどなど、様々なトピックが論じられる。司会者の巧みな主導の元に、皆が無意識に持っている自分とは違う人種に対するステレオタイプのイメージについて、私たちは正直に話し合い始める。

ある日の午後、クィアだと自認している参加者三〇人ほどの集まりに出る。ホモフォビアだとか、その反応が引き起こす痛みや鬱状態などについて話していた。親に家から追い出されてしまうことが多くの若者にどういう結果をもたらすことになるか。そういう若者の中でいかにホームレスになる確率が高くて、飢えや孤立化の問題に繋がっていくか、そういうことについて語り合う。一人の参加者が声をあげた。「自分はもうあまり長いこと生きていないだろうと思うんだ」一八歳でＨＩＶ陽性なんだと。部屋の雰囲気が一転する。悲しみが溢れ出る。彼に対する哀れみの情、そしてそこまで考えていなかった自分たちは――少なくとも私はそうだった――これ以降そういう事実に関して無知ではいられないという自覚。この社会では私たちクィアに対する嫌悪の念があまりに強くて、この若者に死の宣告を手渡して平気でいる。私たちは何も悪いことをしていない。ただこの世界に生まれて来たというだけ。その新たな認識ゆえの哀惜。私たちはこの不当な状況に対して戦うことを決意する。

このキャンプでいろいろな広報活動をするために訪れた団体の一つにストラテジー・センターがあった。私は即座に興味を持つ。ビデオに出てくるそのオーガナイザー、キカンザ・ラムジーの強い印象のせいだろう。黒人女性で、アフロヘア姿で、英語同様にスペイン語が流暢。**あんなふうになりたい。彼女のように、私も組織的不平等性と戦いたい。身に力をつけたい**。このキャンプの場で私たちは成長する。私は成長する。変身する。そしてこのキャンプが終わってすぐ、私はストラテジー・センターに入り、一年間、オーガナイザーとしてのトレーニングを受ける。

本を読み漁る。学習する。毛沢東、マルクス、レーニンなどが、ベル・フックス、オードリー・ロード、アリス・ウォーカー〔アメリカ黒人女性の作家たち〕に加わる。若い人たちを対象に、肩肘の張らない普通の会話調で行われるイベントを催す。「バス乗客連合」というキャンペーンの一環として、戸別訪問に参加する。この運動は地球温暖化を食いとどめるために乗用車に依存する

★36　Octavia Butler（一九四七―二〇〇六）：アメリカ黒人。作家。女性のSF作家は珍しかった七〇年代中頃からSFを書き始め、八〇年代後半以降、精力的に出版を重ねる。数多くの文学賞を受賞。またSF作家としては初めて、社会的影響力があり将来性が非常に高い者に与えられるマッカーサー天才助成金を受賞。人種差別や不平等社会を深く意識した内容を追求することで、その社会的貢献を認められている。

ことを減らそうという目的と同時に、母のようなバスでの通勤が不可欠な人々のために、正当な値段で当てにできる公共交通機関を確保しようという運動である。

ストラテジー・センターの創始者であるエリック・マンに会う。彼は私に仕事を与えてくれるだけでなく、私の訓練のための手ほどきもしてくれる。エリックはずっと年が上で、白人で、頑強な人種差別反対者だ。それに、彼はGMの自動車工場の組み立てラインで働いたことがある。ちょうどアルトンみたいに。このストラテジー・センターは、私にとってまるで自分の家のような場となる。一〇年以上にわたって、私を育て支えてくれるところ。私は自分の友達ばかりでなく、出所した父をもセンターでの集まりに連れて来るようになる。そればかりではない。ガブリエルがセンターに参加するようになると、少しずつながら母も興味を示すようになる。それまで、自分の生活を向上させるための会合に出席したり活動に参加したりするような時間的余裕はまるでなかった母がだ。実に、このストラテジー・センターこそは、私に生涯初めて公共の場で両親揃って集う機会を与えてくれた。白人の友達が両親とともに公共の場に現れるのを異国の風景のように見続けていた、その経験がここで初めて自分のものとなったのだ。

年に一度の恒例の祝賀会——それは政治パーティーと名付けられていたが、〔〝政党〟という意味にもなるダジャレの命名〕——が催される。私の作品も含めてビデオ放映やスピーチの数々が終わって、気勢を上げる連呼のあとで、会場は一つの巨大なダンスパーティーに変貌する。私は父と踊り続け、母は前におかれた貴賓用テーブルに就いて、私たちを笑顔で見ている。彼女は踊るのは苦手だが、微笑むことには長けている。うちに帰ってから母はその晩のことについて話した。**昔のことを思い出すわわね。あなたの父親と私が若かった頃のこと。二人でよくクラブに行ったものよ。そこで**

も私は踊らなかった。ガブリエルは踊るのが上手で、それを見てるだけでハッピーだった。ちょうど今晩のようにね。

高校卒業の前後は母と折り合いが悪くなってうちを出たけれど、モンティが帰って来てからは彼の世話をするために私は母のところに戻った。カノガパーク地区に寝室が三部屋のアパートを見つけて、母とバーナード、ジャズミンと私、モンティの息子のチェイスの五人で住んでいた。モンティが戻って来てその世話が必要となるが、それは並大抵の苦労ではない。彼は薬を飲むのが嫌でたまらなくて、飲ませるのは大仕事となる。実際、彼は過剰に処方されていたのだが、その時私たちにそんなことはわかりようもない。モンティ自身も、そうだとわかっているわけじゃない。ずっと後になってから、何度も病院に通った後で、モンティは話してくれる。「薬は俺から俺自身を盗み取ってしまうんだ」と。薬を飲むと、ただ眠くなって頭がぼうっとなってしまう。考えることも何かを創造することも、この世界に意味のある存在であることもできなくなってしまうのだ、と。

父ガブリエルが長い刑務所生活を終えて出て来た時に迎えたのは、この私だ。まだ若いけれども、ちゃんとした大人となって。この世界を把握し、この世界に対して真の責任を負う大人の女性だ。できることかどうかわからないが、失われた時間の埋め合わせをしようと、私は決意している。週末に会って、時を過ごす習慣を再開する。時には平日にも。以前に増して、私たちは親密な関係を築く。それはガブリエルがセンターの集まりや展覧会に現れるからだけではない。

ガブリエルの家族とも再会する。叔父や叔母たち、従兄弟たち、そしてグランマ・ヴィニーのみんな。父方の家族を見ると、自分を形成しているその源が見えてくる。ただ外見が似てるというだけではない。笑い方が同じだ。皆大声で笑う。誰もが踊る。彼らが両手を広げて迎え入れてくれる中で、私は幸せでたまらない。その場に友達を連れて行く。マーク＝アンソニー、カーラ、そのほかにもたくさん。私の家族とともに、公園で野球のゲームを見ながら、バーベキューに舌鼓を打ち笑ったり騒いだりして、これこそが愛と仲間に囲まれて集うことの健全な幸福感なのだと誇らしく思わざるを得ない。

平日は仕事の合間に父と私は外のベンチに座って、家から持参したお昼ご飯のサンドイッチを食べながら語り合う。父との会話の内容も、以前よりずっと深く意義あるものとなる。子供の時にも父と一緒に12ステップのミーティングに行ったものだが、今になってもっと歳をとったからか、父はその時のことを以前よりさらに率直に話してくれる。彼が言うには、彼が中毒になっていたのはドラッグもそうだが、むしろ麻薬売買業のめまぐるしいスピードそのものだったと。麻薬売買に手を染めなかったら、父のような男がどうやって金を手にし、まともな服を着て、一人前の人間に見えただろうか。麻薬の世界にはまり込む前は、誰にも気づかれない存在だった。だが麻薬の売人をやっていれば、明らかに他人の目に映る、彼らに必要な存在となったような気がした。その生活のパターンそのものがそういう気分にさせた。南部出身の少年はいつもばかにされて育った。金や人がほしがるものを手にするまでは。

12ステップ・プログラムを変えたいと父は言う。これこそは自分の人生のゴールだと。麻薬中毒だけではない、ライフスタイルの中毒という視点を加えたい、と。父は再び、自分の行動に責任を持つべく、懸命に努力している。それを見ると、私は疑問に思わざるを得ない。一体誰が父の運命、黒人の運命、例えば、父が被った苦痛、被害、損失、不公平さなどを償ってくれるのか。社会はいつも父に限られた選択しか与えなかった。彼の通った学校は、他人の夢を叶え、他人の富を確保し、他人の将来を形成する、そういう権力に奉仕するための訓練をするところでしかなかった。両親に与えられた教育の機会は、個人の創造性や、夢を養い育てることや、希望のタネに水を与えるようなことをしなかった。ただ単に他人に〝奉仕〟できる人間を送り出すことを目的としていた。

父にとって、社会が都合よく想定した〝奉仕〟は軍に入隊することで現実となる。若くして徴兵に応じる。一時は大学へ行きたいとも思ったのだそうだ。だが、歳をとるにつれてその機会は現実味が薄まっていく。もちろん、兵役は実益のある選択だ。家族を養うための収入になる。**グランマ・ヴィニーがしょっていた重荷を軽くしたかったんだ。なんせあれだけ大勢子供がいて大変だったし。でもみんなを後にしてうちを出るのは辛かったよ。**父はちょっと声を落として続ける。**俺の後に生まれたやつらは、父親が違っていたとしても、やっぱり自分の兄弟としか思えなかったし。ま、でも軍隊が一番意味をなすと思って、入隊したってわけさ。**その時、父の声が詰まったように聞こえた。彼は肩を竦める。ほかに何ができたと言えようか。

ガブリエルは言わないけれど私にひしひしと感じられることは、彼がパナマと韓国への駐屯兵役義務から戻って来た後のことだ。町は攻囲の真っ最中だった。経済的な意味で、また別の意味でも。GIビル〔第二次世界大戦後にできた退役軍人のための援助プログラム〕は黒人退役軍人のためには、ほとんど無益であった。というよりむしろ、ジム・クロウ法[★37]を維持するように書かれたものと言える〔例えば、住宅ローンやビジネスローンなど地元の銀行や役所を通して行われたため暗黙裡の差別がまかり通り、黒人退役軍人はこの恩恵を公平に受けられなかった〕。差別的隔離が公民権運動の結果非合

★37　三七頁、★10を参照。

法となった後、ＧＩビルのおかげでなんらかの恩恵が得られることは得られたが、それでも父のような立場の人間にとっては、大して役に立つ道具ではなかった。というのは、ＧＩビルの恩恵の一つは学校教育の費用負担にあったのだが、学校へ戻ることはガブリエルの頭の中にはなかったからだ。彼のような境遇の者たちが皆そうしたように、彼もまた仕事を探しに町に出た。

ガブリエルが除隊した一九八四年、ロサンジェルス居住の黒人たちの失業率はアパルトヘイト下の南アフリカ黒人たちのそれに勝るとも劣らないほどひどかった。その後経済が上向きになってくると、テクノロジー革命の到来の影でアフリカ系アメリカ人口は必要とされない、無価値の、考慮に値しない人材となる。シリコンバレーが最初に形作られた頃、そこはまるで北欧国家と言ってもいいくらい白人一辺倒の世界を呈していた。今日でさえも、テクノロジー業界にダイヴァーシティが存在するとは言い難い。加えて、有給労働市場から法的に意図的に除外されている非白人のコミュニティから人材をリクルートしようという努力も、一向に見られない。

対して、麻薬を扱うヤミ市場はどこにでも身近に存在し、手軽に始められる商売を提供する。隠し罠は路上の売人たち、そして国々の大統領たち［アメリカであれ、コロンビアであれ］が、自分の領域を守ろうという闘争に駆られる時だ。父、ガブリエル・ブリグナックには、守るべき領域などなかった。あるのは、なんとか自力で抑えなければいけないトラウマと鬱、そして、私は死ぬまでそうだと信じてやまないが、兵役中に身につけてしまったと思われる麻薬の習慣の三つ。アメリカ国内で流行ることになる新たな麻薬は、この国が侵略する諸外国で一般に使われるものと一致するように思えるが、いかがなものだろう。

父には彼を代弁してくれる者も自分の身に降りかかった災難をちゃんと見極めてわかるように説

明してくれる者もなく、半ば当然の成り行きとして、生計を立てるための麻薬商売人、そしてその常用者となる。自分で自分の生活を立てなければいけない。彼の人生の中で起きた出来事の一つ一つをとってみて、それが父が自分で下した選択の結果だったのか、それとも社会構造の現実やその政治方針や法的裁断がもたらす結果だったのか吟味してみれば、その後者の方がまるで比較にならないほど重大な影響を与えていることが見えてくるだろう。そのことを私は力説する。〝自己責任〟を強調する政治は、実のところ人々の向かう先を限定し、人々の生活を崩壊させるような立法案に挑戦することを妨げるための虚偽でしかない、と説く。

ある日、政治について討論している時、人種が不平等の明らかな決め手であった時は話がわかりやすかった、とある友人が切り出す。「ジム・クロウ」のありがたいことは、**問題の枠組みになんの疑いも曖昧さもないことだ。でも「ジム・クロウ」が非合法化されてしまうと、社会は人種によって差別できなくなった。だから、隠されている暗号を見つけなくちゃいけない。暗示を含む表現はあちらこちらに散らばっている。法律は書き直されたけど、白人至上主義は書き直されてはいない。その毒は、しっかり法律の中に埋め込まれている**、と。

こういう類の考え方で父を納得させることができるかどうか、わからない。一〇年にわたる12ステップでの訓練は、父の頭の中に、「自分の行いは自分で責任を取るべし」という意識を刷り込んでしまった。私がどんなに熱心に語り続けても、何度彼がストラテジー・センターでの催し物に参加しても、私たちの会話がどういう話題であっても、それが人であろうと出来事であろうと、私の意図する啓蒙的な考え方は彼の右の耳から入って左の耳から出て行く、意識の外へ通り過ぎていくような気がして仕方ない。

そういうわけで、私は私たちの会話を「たった今」「目の前で」起きていることに集中させるよう心がける。これは効果的だ。父は毎日の生活の中でも、この世界全体を眺めるような大局的視点からも、私との関係を根本として新たな自分を確立させたいと言う。彼はセメント運搬トラックを運転する仕事を見つける。仕事の休憩時間を利用して、お昼のお弁当を一緒に食べるために毎日のように私に会いにくる。加えて、毎週末も一緒に過ごす。私は友達を連れて参加する。以前のようにバーベキューと野球、そしてグランマとガンボスープとアメフトと家族の集まり。

私たちは再び、縫い合わされる。ブリグナック一族とその友人たち。都会の中の小さなアパートに集うパッチワークの共同体は、限りない可能性に満ち溢れている。そのアパートに君臨するのは、小学四年生までの教育しか受けていない、ジム・クロウ法下の差別的敵愾心にも凶暴なレイプにも極度の貧困にも執拗な家庭内暴力の全てにも負けず生き延び乗り越えた、この小柄なクレオールの女性だ。彼女は万難の果てにたどり着き、自分よりはるかに富める者たちが想像できないほど人生の機微に通じている。行き着くところ、私たちは皆愛から生じているということを知り尽くしている。愛、私たちはそこへ戻らなくては。

ガブリエルに同行して、時折12ステップの会合に出る。歳を経た分だけ、人間と社会との複雑な兼ね合いを理解し始めたばかりでなく、善悪という二極性の判断はほとんどの人々にとって当てはまらない、危険とも言える尺度だということがわかってくる。真実というのは必ずしも一つしかないわけじゃないし、相反する真実が一人の人間の中に同時に存在することが見えてくる。父が母を愛していながら、心の中の深い痛みや自分に自信が持てないことで、母を置き去りにして消えてしまった、その心情がわかる。その時母は私を妊娠していることをガブリエルに告げるつもりでいたのだが、彼はそのことを知らないまま去ってしまった。私たちは思いやりや許し、そして自分を癒したいと思う気持ちなどについて語り合う。

私についても、二人で話し合う。私の今までの多岐にわたる人生経験、将来の夢、やりたいこと、新しい世界を築きたいという願望について。私は父に、自分の深まりつつある精神性、神を理解しようとして踏み出したこの旅についてなど、話し続ける。自分がクィアであると告白したことはないが、そのことにしても自分自身のいろいろな体験や考えにしても、父に隠すつもりは全くない。ただし恋愛経験についてはあまり話さない。というのは、やっぱりそうあからさまに話せることではないから。何はともあれ、ガブリエルは私の父親だ。私の友達の面々や私のライフスタイルをみれば、私がクィアであることは一目瞭然なのだけれど、父はそんなことを一切頓着しない。私と一緒に歩むことが彼の望みだ。父のその資質こそが、皆に愛され信頼される要素なのだと気づく。彼は人を裁断しない。他人に関しては超気楽で、元より〝自分も生きる他人も生かせる〟協調主義者で、誰とでも折り合える人なのだ。彼の暖かさは、まるでカリフォルニア中部にある温泉のお湯みたいに、絶えることなくふんだんで清らかで、一旦その湯に浸かるともっともっと浸かっていたくなるのだ。黒人の人間性を意図的に不可視化してしまうこの社会で、これほど誰かに注目されているというのはほぼ異様な気がする。こんなにも自分を表に出して、それは安全なことであろうか。その答えに到達する前に、父が私に分け与えるもの、その肯定的な眼差しは、まるで空気のように私にとって不可欠なものであるという思いに満ちる。続く三年間、私たちの関係はこういう形で保たれる。これが私たち二人が共有する人生。

そして、それが突然フッと掻き消える。またもや。

電話に応えない。そして電話をかけてこない。

でも今度は、私は子どもじゃない。今度は、大人になっている。それだけじゃない。私はオーガナイザーだ。彼の刑務所入りを耐え忍んだ。モンティの刑務所入りも耐え延びた。ホームレスの生活も、ホモフォビアの試練も、耐え切った。私は自己の尊厳と力とを選んだ。打ち砕かれないことを選んだ。だから今、私は父を探しに出る。まずは、父が住んでいた更生宿泊施設に向かう。父に電話する。続けざまに。父の友人たちに電話する。一五回、二〇回、三〇回、三五回。そしてやっと、しまいに父が出る。声の調子が変だ。でも私は押し通す。**お父さん、どこにいるの。**――この時までには父のことをお父さんと呼ぶようになっていた。――父はしばし口をつぐむ。そして深く息をつくと、施設の角を曲がったところにある安ホテルにいると言う。すぐに私は駆けつける。そこかもしれないと、なんで思いつかなかったのか、自分に腹を立てながら。

「お父さん、一体どういうこと?」父がドアを開けるや否や、私は詰問する。

けれども、彼はほぼ答えることができない。身体全体が力なく垂れている。身体の中の骨も表の皮膚も、力が抜けてしまったみたいにでれんとしている。怒っていいのか悲しみに打ちひしがれていいのか。「すまない」小さい声で、彼は言う。かすれ声で聞き取りにくいほどだ。涙がこぼれ落ちる。父を愛している。父を失うわけにはいかない。そのことだけが頭の中を占める。**私のそばにいて。消えてしまったりしないで。お願いだから、どっかに消え去ったりしないで。**

いつものように、彼は優しく私を見守っている。けれども、彼の態度には私の予想になかった落ち着きがある。心の平安とは呼びたくないし、そうではありえない。だがそこには、不可思議な静けさがある。そして底深い悲哀感も。そこで、父は私と同様、泣き始める。

「恥ずかしい。バカなことをしたんだ」と彼は言う。

「また捕まってしまって。今は裁判を待っているところさ。それで、連絡が取れなかったんだ。刑務所に留置されていたから。今は保釈中なんだ」

七年になりそうだ、彼はスローモーの画面のようにゆっくり話す。その言葉は宙に浮いて止まる。まるで私たちを切り離すギロチンの刃みたいだ。

「お父さんについて、知らないままでいたいなんてことは何ひとつないんだから、何でも話して」

父を見つめて言う。私に他人に裁断を下すことを超越するよう、自分の身をもって教えてくれたこの父。

あのセメントトラックを運転することがいかに疎ましかったか、話してくれる。九歳の時にルイジアナからＬＡに出てきた時のこと、ケイジャン特有の訛りや仕草のために他の子供たちから笑われて仲間はずれにされたことなど、話してくれる。いじめられたこと、そして生涯を通して自分は無様でみっともない人間だと信じ込んできたこと、それまで自分を肯定的に見たことが一度たりともなかったこと、自分を愛するという能力を身につけたことがないこと、そういうことを父は話し続けた。

しばし沈黙が訪れる。自分を愛する能力がないというのはどういう意味か、考え込む。自分が愛していないものに、どういう価値を見出すことができるだろうか。刑務所について、麻薬戦争について、自分はこの世界でどうだっていい存在にしか思えないということがどんな感情を生み出すか、そんなことを話し合い続ける。救済に値しない、治療するに値しない、そんな存在。このルイジアナ出身の黒人の男には、刑務所以外成敗の手段はないというメッセージ。

黒人同士の関係はなぜ往々にして危害だとか痛みだとかによって形づけられるのだろう。親子や夫婦、兄弟などの関係がなぜその欠落によって定義されるのか、そのことが意味するものは何なのか。そこには言葉に出されなかったこと、知らされなかったことがある。お互いに隠し立てすまいと心がけていても、そうなってしまうのはどうしてか。そんなことを私は問う。私たちが一緒に過ごした時間よりも、父が刑務所にいた期間の方が長いということを、二人は改めて認識する。

このみすぼらしい部屋の中で、私の大事な父はどうしようもなく麻薬と酒に浸りきっている。今まで父がハイになっているところを見たことは一度もなかった。けれど今、彼から目をそらしはしない。本当に父が私にとって大事な人間であるのなら、一秒一秒が大事な瞬間でなければいけない。今この瞬間だって、彼は私にとって大事な人間でなければいけない。彼のこの姿を目にして、私は魂をガラスの破片の上にぎゅうぎゅう押し付けられているような気がした。彼の人生はボロ雑巾じゃない。私たちの愛情はその辺に捨てられていいものじゃない。私は、世界が彼を取り扱ったように彼を取り扱うことを拒否する。彼を捨ててしまったり絶対しない。彼には何も価値がないなど、これっぽっちも考えたりしない。

病気がぶり返すのは、回復過程の一点だ、と説く。「考えてもみて。減量ダイエットしてる人たちで、減った体重がリバウンドしなかった人が何人いると思う?」二人は声を出して笑う。ほんのちょっとの間だけだが。

父の中毒とそれに付随する恥の意識は、彼を深く孤独の底へ突き落とした。それは彼を愛する者たちと決して共有することのできない世界へ、彼を追いやってしまった。彼は私の愛する父、だから彼の人生の全てを分かち合いたい、と告げる。父は深く息を吸い込み、そしてふう〜っと吐き出す。息が抜けた分、身が縮まる。そのそばに近寄る。彼は拒まない。そばを離れないと言って、私はそこに居座る。その晩、そのままその部屋で過ごす。話したり、黙ったり、手を握りしめたり、離したり、泣いたり。

その二ヶ月後、父は三年の刑を受ける。七年からの減刑が可能になったのは、彼が消防活動専門の刑務所に行くことに同意したからだ。そこでは受刑者に消防士の訓練を与え、カリフォルニアでは頻繁に起こる山火事の際、緊急派遣隊としてまず一番に現場に送られる。プロの消防士が到着する前に消火に当たることになる。

父はより早く自由を取り戻そうと、自分の命を賭ける。

二〇〇九年。私は二六歳。父ガブリエルが出獄して、うちに帰ってくる。これで最後だ。このあと彼は二度と刑務所に戻ることはない。マーク＝アンソニーとカーラと私はお金を出し合って、父がカリフォルニア州北部の消防専門刑務所から飛行機で戻ってくるよう手配する。マーク＝アンソニーと私は父が服役している間にカップルとなり、カーラと私はもちろん大の親友のままだ。空港で父を迎える。父が刑務所入りをして以来、初めての再会である。その間に私の家族、私たちの家族は増えつつある。

ほぼ一〇年前にモンティが戻ってきた時と同様に、私の友人たちは私の、そして父の生活の中にどっしり根を下ろし、彼らの愛は鉄条網に捕らえられた私たちの魂が流す血を止めるべく癒してくれる。魂に切り刻まれた傷跡は筋や骨の中まで貫通し、骨髄まで腐らせようとするが、この愛の力には及ばない。友人たちの生活共同体、それは私が選んだ家族のグループだ。彼らの思いやりは、愛の本当の力を見せてくれる。その愛は勝利そのもの。そして新しい世界を作ることは可能だという時の私たちの理想像の、息づいている生の証明だ。

父がゲートから現れる。私はまるで五歳の子供でもあるかのように、歓声をあげ彼の許に駆け寄る。身体全体で感じるこの喜びは本当のもの、脈々と鼓動するものだ。誰の目にもそれは一目瞭然だ。私は全身で父を抱擁する。父も私を固く抱きしめ、私たちは離れられない。ロスの空港のど真ん中で、私たち二人は抱き合ったたままずいぶん長いこと喜びを噛みしめ続ける。しばらくしてやっと、父が囁くように言う。「みんな、お腹空いていないかい？」私は腹ペコだ。そしてみんなでカーラの車に乗り込む。

その一週間ほど、父は私のところに泊まる。が、彼は自分の住むところを見つけ、人の厄介にはなりたくないと言って、シェルターに移る。その方がもっと自立しているように感じられるから。12ステップ・プログラムを再開する。それから自分用の安定した住居を確保しようとセクション8に申し込む。そのあとで、もう何年も前から私が勧めていたCASAC〔アルコール薬物依存カウンセリング資格〕を取ることに応じる。彼は人々に助けの手を延べることで、残りの人生を過ごしたいと言う。

父はロサンジェルスのピアースカレッジのプログラムに登録する。私はUCLA〔カリフォルニア州立大学ロサンジェルス校〕に入学する。母方の親戚の中で大学に入学するのは、私が初めてだ。私たち親子は自分自身の歴史を書き記そうと決意する。時は三月、日が次第により高く、より輝かしくなる季節だ。私たちは感謝の念と希望のもとに生きている。そして六月となる。ガブリエルの父の訃報が届く。

父は仮出獄の管理を担当する係員から許可を得て、私と二人で先祖代々のふるさと、ルイジアナ州ユーニスへと旅する。ケイジャン音楽で知られる人口一万ちょっとの町だ。最後に――と言ってもそれが最初で最後の訪問だったが――そこを訪れたのは、四年前、ハリケーンカトリーナのもたらした大被害の後だった。メキシコ湾岸の叩きのめされた市町村に食べ物や必需品を配って回った後に、私はガブリエルの父、私の祖父に会いに行った。彼は私を喜んで家に迎え入れてくれ、食事を作ってふるまい、私が何世代も続いたブリグナック族の顔をしていると言った。この大きい口とひろい額とがそうなのだと。彼らはここで始まった。私もここで始まったのだ。

二度目の旅行は、悲しい出来事のせいではあったけれど、悲しさよりも癒しの感で満ちていた。父と一緒に過ごした時間の中で初めて、彼が芯からリラックスしているのを見る。こんな父を見たことがなかった。彼の歩き方、微笑み方、そんなふるまいの隅々に何か違うものがある。行動の全てが、軽い。無理しているものが一切ない。父が九歳になるまで住んでいた町の通りを、肩を並べて歩く。彼が子供の時に遊んだところを見て回る。家族の面々と家の表ポーチに座って、沈む夕陽を眺める。とりとめもないことを話す。ダズンズ[★38]というゲームをして遊ぶ。そして次から次へと出てくる料理！　家族についてのいろいろな逸話を交換する。自分の番には、立って話す。皆が拍手する。大声で笑ったり野次ったり、私たちは両手を広げて、力一杯、互いを愛し合う。

祖父のお葬式は家の近くにある小さな教会で行われた。バプテスト教会だ。私たちはそこで祖父

★38　二人で競い合う言葉のゲーム。お互い言葉巧みにけなしあい、一方が諦めるまで続ける。アフリカに起源を持ち、黒人コミュニティでよく行われると考えられている。

が他界したことを悼むが、皆それぞれこの嘆きから立ち直れることを自覚している。なぜならユーニスはそういう場所なのだ。ユーニスは、私たちの骨には意味がある、砕かれた骨片の一つ一つ〔私たちの一人一人〕を集めれば全体が蘇るということを、世代を通して物語ってくれるところだから。

「お父さん、ここに戻ってきたらどう？　すごく幸せそうだし、心が穏やかになっているでしょう？」

「ここはのんびりしすぎているんだ」彼は自分にとってLAは居心地がいい、そこでは自由が常に動き回る標的だから、と反論する。

一週間ほど滞在したあとで、私たちはユーニスに、そして祖父カールに、ポーチの揺り椅子に、ゆったりとした散歩に、私たちを即座に両手を広げてその胸中に迎え入れてくれた黒人コミュニティの皆に、別れを告げる。二人一緒にLAに戻り、その夏は父が自分の兄弟たちと野球に興じたり、家族の皆の愛に包まれて過ごすのを、見守る。

その頃には、私とマーク＝アンソニーは深い恋愛関係にある。彼は忍耐強く、思いやりに溢れていて、素晴らしく言行一致した人間だ。彼にとって、私の過去の恋愛関係、特に女性のパートナーとの関係は、全く問題とならない。私のセクシュアリティに判断を下したりしない。私を私として愛してくれる。それは天賦の贈り物と言えるだろう。自分のありのままの姿を受け入れて愛してくれる。〝問題点があるにもかかわらず〟ではなく、〝問題点を除いては〟でもなく、〝問題点以外のおかげで〟でもない。世界中のみんながこんな贈り物をもらうことができればいいと思う。

マーク＝アンソニーは〝癒すこと〟に文字通り自分の全てを捧げている人間だ。私がUCLAで宗教学を専攻している間、彼は漢方薬学の修士過程にいる。トパンガ峡谷に友達の母親が所有する木々に囲まれた小さなコテージがあった。私たちは二人でそこに移りこむことに決める。そのあたりは私がそれまでに住んだことのあるどの地域とも比べ物にならない、息を呑むほど景色の美しいところだ。これが私の人生だ、これこそが私に与えられた至福の生活だ、と心に思う。冬の休祭日が近づいてきて、今までそうすることができなかった一緒の時間を補うために、私は父に休日を一緒に祝おうと呼びかける。感謝祭〔一一月の最終木曜日〕は、もちろんグランマ・ヴィニーのうちで行われる。彼女のガンボはあまりにも愛で満ち満ちていて、私はクリスマスまで空腹を感じられない。

二〇〇九年一二月二五日、グランマの家は完全にパーティーモードだ。父にとっては五年ぶりの自宅でのクリスマス。親戚、家族の皆々が現れて、家の中はごった返しだ。パーテイーが終わるまでに、私たちはそこに集まったみんなと「アイラブユー」を一〇〇〇回以上交わしたことは間違いない。お互いにキスして、笑いがこぼれ落ち、それが腹を抱える大笑いとなる。家族が醸し出す喜びを皆で分け合う幸せな気分で自分をすっかり囲んでその喜びにくるまったまま、グランマ・ヴィニーのうちを後にする。私たち家族に与えられた恩寵に感謝を捧げる。お互いに心を込めておやすみの挨拶をかわす。二〇〇九年のクリスマスの日、私たちは特別な意味を込めてその言葉をかわした。

明けて一二月二六日。クリスマスパーティーの翌日。父から電話がかかってこない。次の日、二七日にこちらから電話する。父が答えないので、メッセージを残す。彼は掛け直してくる。でも今度は私が電話を取り損ねてしまう。父はメッセージを残す。具合がどうもおかしい、というメッセージ。けれどもすぐにそのメッセージを聞く機会がなかった。私は母の家を訪ねている。母はジャズミンと諍いがあって、マーク＝アンソニーと私はその仲介をすべく現れたというわけだ。

私たちは話し合い、状況を収める。そしてその後すぐ帰宅の路に着く。トパンガ峡谷までは結構道のりがあって、また都会から離れているので携帯のサービスはあまり当てにならない。家の前に乗り付けると、うちの卓上電話の鳴る音が聞こえている。携帯にもメール受信のライトが点滅している。家の電話の受話器をとる。

「あなた、今座っている？」母だ。彼女の声はパニック状態だ。

立っていると答えて、何があったのか尋ねる。が、彼女はとにかく座って、と言い張るばかり。四回、五回。私もパニックに陥る。なぜか、咄嗟にモンティの息子のチェイスのイメージが浮かぶ。

「チェイスがどうかしたの？　何があったの？　どうしたの？　お母さん、何なのよ」私はほとんど叫び声だ。

「ガブリエルが、あなたのお父さんが、死んだって。そんなわけのわからないことを言ってきたのよ。どうしよう、どうしたらいい？」

父親が死んだと言われても、すぐに信じられるものではない。私も受け入れられなかった。どんな証拠があるというのか。父が住んでいたシェルターに住んでいたことのある男性から母の従兄弟にあたる人が聞いて、それを母に知らせたというのだ。私の家族は誰もシェルターから連絡を受けたわけじゃない。だから、これは何かの間違いだと、私は考えたかった。母を質問攻めにしながら、マーク＝アンソニーに車を運転して町に戻るよう頼む。父のところへと。私はいつも父を見つけることができた。後になってマーク＝アンソニーが話してくれたのだが、私はその時いわばショック状態にあって、一言も話さなかったのだと。それだけでなく、彼は私の手をとって助手席に座らせたのだそうだ。そして三〇分ほど運転した。その間私は携帯を握りしめていたことを覚えている。なぜそうしたのかは思い出せない。その三〇分の間は丸々携帯のコネクションがない。やっと通信可能の範囲に入って、私は即座に父に電話する。ひっきりなしにかけ続ける。父に電話を取ってもらいたくて、父が電話を取るよう念じながら。マーク＝アンソニーは、私たちが車を降りてシェルターの入り口に向かっている時すらも私が電話をかけ続けていたと言った。シェルターの前にはパトカーや検視局のバンなどが駐車していて混雑していた。

車から降りて、すぐ近くに立っていた警部に歩み寄る。「ガブリエル・ブリグナックの娘なんですけど」感情を一切込めないで機械的にそう告げる。同じように感情のこもらない機械的な声で、「あなたのお父さんは死にました。御愁傷様です」と彼は言った。

何か不審な様子がないかどうか検死官が決定を下すまで父の部屋に入ってはいけない、と言われる。シェルターの建物の外に座って待つが、実のところ身体がこわばって動けそうにもない。そこへ、マーク＝アンソニーが電話で連絡を取った私の友人たちが一人、二人と現れ、私を囲むように集まり始める。検視官が建物から出てくる。父の死は事故ではなく、自然死だと告げる。部屋に入ることを許される。私の命を生み出した人間と、最後の別れの時間。

父は、三人のルームメートと共有した部屋のドアの前で、担架の上に横たわっている。白いボクサーショーツと白いTシャツ姿で。時計とメガネとをしたまま。その二点を外す。自分のバッグの中に入れる。部屋に入る。彼のものだった、でも今はそうではなくなってしまったその狭い空間を見回す。ここで父は人生の再出発を図っていたのだ。そこに置かれた二、三の物品を荷物に入れる。父がここに実在していたことを証明する物。彼はここにいた。存在していた。ガブリエル・ブリグナック。いろいろな書類の入った鍵付きの箱、何足かの靴、衣類。これらを足し合わせれば、その全体像が出来上がるというわけではない。が、少なくともこれらは彼に属する物だった。捨てられるものではない。

　これが、死と対面すること。

父の顔の上に身を寄せる。

最後のキスをする。

愛している、と告げる。

それ以外、なすべきことがない。ゆっくりと身を返し、ゆっくりとその場を去る。

生きている間には与えられることのなかった人間としての尊厳を、その死においては与えられるべきだと私は誓った。葬儀社を選び、花屋を選ぶ。父のアドレス帳に載っている人々みんなに電話して、葬式に招待する。そうやって忙しく立ち回っている間は、いくらかは痛みをマヒさせることができる。パウダーブルーの棺を選ぶ。父の一番好きな色は青だったから。グランマは父が着用するスーツを選ぶ。彼が生きている間に所持したどの衣服よりも高価なものだ。

　年が明けて一月三日、父ガブリエル・ブリグナックの生涯に敬意を表するために、三〇〇人もの弔問客が集まる。友人はアメージング・グレースを歌う。

私の心に畏れをもたらしたのは、神の慈悲である
私の心の怖れを解き放ったのは、神の慈悲である
その慈悲が、どんなにも尊く見えたことか
初めて信じたその時に

私は父を尊ぶ。

ガブリエル・ブレグナックを尊ぶ。

私たち二人の愛を信じる。

今でも、その愛を信じる。

父のスポンサー〔12ステップ・プログラムで指導者役をする者〕が立ち上がり、マイクの前に立って追悼の辞を述べる。その場に集う皆に向かって、自分をよりよい人間にしようと必死に努力を続けた男について語る。いかに物柔らかで、いかに懸命に働き、いかに向上しつつあったか、語る。父はちょうどステップ8と9の段階に達するところで、自分が被害を及ぼした人々のリストを作り、彼らに贖罪するための手段を考えているところだった、と説明する。

その葬儀の場で、父はステップ8と9に入る許可を与えられる。

満場の賛同を以って、私たちは父に愛と許しとを与えることに決める。

招待されたこれらの弔問客たちの前に立ち、弔辞を捧げる段となる。同じ目的を持った人々を集め、その前で話すという行為は初めての経験だ。ガブリエル・ブリグナックの人柄と同じくらい率直で純粋さに満ちる弔辞になるように心を尽そうとして、私は緊張し切っている。私は他人に認め

られることもなく、自分でも把握できなかったほど賢明であった人間について話す。愛が心からほとばしり出ていた人間。数多くの欠点を抱えながら、完璧である人間、それは私たち皆がそうなのだが。私が、「父」と呼ぶことに誇りを感じるその人間について、語る。

葬儀の一週間後に、私たちはカリフォルニア、リバーサイドにある墓地へ出向く。正式な軍人表敬埋葬の手順で行う。この終の休息の地に集まったのは六人、グランマ・ヴィニーと叔母のジャッキーを含む。ジャッキーはペンタゴンに勤めている。正装の軍服姿で、自分の兄に対する満身の誇りを示している。彼女の兄は、忘れ去られた退役軍人。彼はそのことを自覚していなかっただろうが、その挫かれた心は壊れてしまいやせ細った黒い身体の生きる力を削ぎ取ってしまった。ガブリエル・ブレグナック。五〇歳。公式の死因は心臓麻痺だった。

棺の前に座る。軍隊の公式の葬儀に演奏される『タップス』[★39]が始まる。一兵士がその棺を覆っていたアメリカ国旗を軍のしきたりに従って畳み、私に手渡す。この国旗が示す国家では、私の父、黒人の父、誠実で、欠陥を持った、でも愛に満ちた黒人の父は、自分の能力を、自分の存在を全うすることはできなかった。

情けの代わりに檻をあてがわれた。

彼の生涯の全てを知ることはできない。

彼にとってどんな意味をなしたのであろうか、その長い刑務所生活、鎖に繋がれた年月、他人との接触は人間的な暖かさではなくひたすら暴行と虐待を意味した毎日、**手を後ろに組め、ニガー。壁の前に立て、ニガー。キンタマをもちあげろ、ニガー。その目つきは何だ、殺してやるぞ。**怒鳴られ、脅され、痛められた日々、それは彼にどういう危害を加えただろうか。

もちろん、何年にもわたるコカイン使用が父の心臓にどのような悪影響を及ぼしたか想像するのは難しくない。だが、それよりも更に長い間、父の心身を虐げた憎しみ、侮辱、人種差別が起こした溜まり溜まったその禍根を測ることができたとしたら、それはコカインが及ぼした害とは比較にならないほど甚大なものだろう。幾度となく繰り返される有無を言わさぬ身体検査、前かがみにさせられあらぬところをつつきまわされたりして。いや、それ以前はどうだ。子供時代、胸をふくらませた子供の夢を誰一人として支えてくれるものはなく、当てにできる人間だと社会に見なされることもなく、ただただ使い捨てできるクズのような人間だと決めつける国家に育ったことに、どういう弁明が成り立つだろうか。社会の一員として価値を認められないということはその人間にどういうインパクトを及ぼすだろうか。与えられることがなかった欠落するものの存在〔安定した家庭、食べ物の詰まった冷蔵庫、毎年の誕生日パーティー、褒め言葉、学校で何かを学ぶという設定を当たり前のものと考えること、大人からの励ましのアドバイス、などなど〕によって生じる損害はどうやったら測ることができようか。

私の父はその生涯、夢や希望が手の届かないところに押しやられて、それが当たり前だと思うしかなくなった黒人の男たちの世代に属する。ストラテジー・センターの仕事で追尾している人口の

★39 アメリカ軍隊の儀式の際にビューグル（トランペットの小型のような楽器）で演奏される曲。南北戦争の頃からその伝統が始まり、一八七四年に公式となる。国旗掲揚の際やアメリカ軍人の軍隊式葬式で必ず使われる。その他、ボーイスカウト、ガールスカウトのキャンプなどでも使われ、親しまれている。

中で二二〇万人が町から消えてしまう。刑務所に閉じ込められる。その刑務所自体がどこか遠い田舎町に隠されている。そういう社会環境の中で、父は亡くなった。驚くべきは、彼がいつも戻って来たということだ。

いつも戻って来た。

彼はいつも戻って来た。

そして、トライし続けた。クソ意地張って、トライし続けた。私の父。私を計り知れず、揺らぐことなく愛し続けた父、ガブリエル・ブリグナック。私の黒人としての命がどんなに大切なものであるか、私に語り続けた。それが私の父。彼の骨と血と魂、その全てがここにある。その棺を覆った国旗を手にする。誰にでも与えられるべき可能性を打ち崩されて、心臓を打ち崩されて亡くなった。私の父がこのアメリカという国で尊厳を保つことができないのであれば、一体どうやってアメリカなる国家はその尊厳を保つことができようか。

第2部　ブラック・ライヴズ・マター

第8章　ゼロ・ダーク・サーティ　リミックス

ここに来て、一緒に祝おうじゃないか。毎日、何かが私を殺そうとするけど、今日もそれが失敗に終わったことを。

ルシル・クリフトン★40

ちょうど真夜中を過ぎた頃に、電話が鳴った。私は身体が必要としていた深い眠りから叩き起こされる。受話器の向こうから母の声が聞こえる。**トリース、モンティがね、モンティが、捕まったのよ。**

即座に身を起こし、身体から、そして頭から眠りを振り落とそうと努力する。疲れが幾重にも分厚くかぶさって、簡単には振り落とせない。時は二〇〇六年。私は正規の学生として大学に通っている。アブラハム宗教★41を中心とする哲学を専攻している。と同時に、マーク゠アンソニーと友人のジェイソンの三人で、母校であるクリーブランド高でトラウマ対処とその回復のための特別プログラムを運営している。こちらも週四〇時間の仕事だ。やっとの事で意識が目覚めてくる。ほんの一ヶ月前に父ガブリエルが消火専門の刑務所に送られたばかりだ。母の言っていることは意味をなさない。自分自身を足元から覆すことにやみくもになっているこの世界、そこに何らかの意味があるとしたら、それは私には全くつかめない。

モンティは、二〇〇三年に最初の監獄入りから戻って来た。その時私たち家族に即時明らかとなったことは、受刑者が実社会に戻った時に彼らの社会復帰を助けるような組織も、心の病に対する治療を継続的に受けられる制度も何もないという怖ろしい事実。モンティの身に起こることは起こるべくして起こる、それは家族が負うべき責任の範囲内のことで、家族に重度の精神障害者を支える能力があるかどうかにかかる。私たち家族はなんの援助もないまま自分たちだけでは二進も三進もいかず、ただ状況に翻弄された。結果的に学んだことは、状況の悪化を阻止する手段は、そういう患者を扱う施設に入院させるだけの経済力がなければ、医療制度の援助なしに家族のみで当たるか、もしくは警察が手を下すかのどちらかしかない、ということ。モンティの最初の厄難〔強盗未遂〕が起きた時、兄を助ける社会福祉プログラムやセーフティネットなど何もないということを思い知らされたのだが、その時の悲壮な絶望感は今また鋭い刃となって私たちの頭上に垂れ下がる。不安に首根っこを掴まれ、オロオロしながら日を過ごしたことは忘れられない。それが動機の元となったのだろう、自分の心の揺れをしっかり掌握するために私はますます精神的な世界に向かう。目には見えないけれど、いつも心で感じられるものの世界。それは詰まるところ、祈りに時を費やし、今までよりも更に近しい友人、家族の者たちに囲まれて過ごすということだった。マーク＝ア

★40 Lucille Clifton（一九三六―）：アメリカ黒人。詩人、作家、教育者。様々な弊害、特にアメリカ黒人が経験する惨状を耐え忍び自己の力となすテーマの作品が多い。

★41 聖書における預言者アブラハムが説いた一神教の宗教で、ユダヤ教、キリスト教、イスラム教の母体となった宗教的伝統の創始点となっている。

ンソニー、高校時代からの友人ターニャ、仕事場での友人ジェイソン、ストラテジー・センターの仲間たち。彼らは私を支え続けた。

モンティが何週間もの入院を終えて精神的に安定してうちに帰って来た時、彼にとって何にもまして重要な目標は自立することだった。しかし、子供の時に少年院に出入りしていたこと――飲酒したとか落書きをしたとか、仲間と路上でたむろしていたとかのたわいない理由でだったが――に加えて、もちろん刑務所務めをしたわけだから、モンティは生まれて一度も職に就いたことがなかった――刑務所内での強制労働以外は。

それでも、何とか低賃金の単純労働を見つけることができた。地元のライトエイド・ドラッグストアの店だ。私もカーラもLAのライトエイドの店で働いたことがある。出勤第一日目、モンティが嬉しそうに帰宅した時のことを覚えている。**トリース、これならやれるよ。**とても誇らしげだった。それが何と、初めての賃金労働の一週間が経つと、彼はバッサリ解雇された。彼の犯罪歴の調査結果が戻って来たのだ。**犯罪歴のある者はお断りだ、さっさと出て行け。**

彼を家族の手の届くところにおいておこうと、私たちは頑張った。自分のセクション8のルールを犯すことになっても、母はモンティにうちへ帰ってくるよう、言い張る。セクション8のルールでは、政府の住宅援助を受けている場合、受刑歴のある者をその住居に住まわせてはいけない、となっている。それが少年院だったとしても。それが病気で自分の面倒を見ることのできない者であったとしても。そして、最も低いレベルの職であっても誰も前科者は雇おうとしないため、犯罪歴のある者は仕事を見つけることができないという仕組みになっているとしても。カリフォルニアでは犯罪者の社会復帰に関して、何と四八〇〇以上の規則が存在する。就職に関するもの、住居の借用に関するもの、フードスタンプ〔食料費補助政策〕、学費援助、そのリストは延々と続く。受刑は二年間であったとしても、その影響はまるで無期刑のような影響を及ぼすのだ。

とにかく、モンティは母の居住権を脅かすわけにはいかないと言って、私たちの懸命な反対にもかかわらず、チェイスの母親であるシンシアのところに転がり込むことにした。シンシアにはシンシアの自身の問題が多々あって、まともに生活ができるわけではない。若い時の事件で下半身が自由に動かせなかったし、心理的にも殺されかけたことに端を発する精神的な打撃が未だに彼女を苛んでいた。そういうわけで彼女は十分に子供の面倒を見たりなどできないし、モンティも不在であったから、チェイスは母が育てているわけだ。障害者で、貧しくて、一八歳の若さで殺されかけたことのPTSDの治療もなされないままで、明らかにシンシアにはモンティの世話――毎日必ず薬を飲ませるとか、時折医者に薬の効果をチェックしてもらうためにUSC病院に連れて行くとか――そんな気遣いをするような余裕はなかった。

双極性障害も含めて統合失調感情障害に苦しむ人々の大半は、モンティのようにどうかするととても調子が良くなる。元気が出て、社交的になって、何でもできるような気分になる。それも薬なしで。最初はそんなこととは知らなかった。でも彼の予期できない行動パターン――感情表現が大げさで、興奮状態が続き、喋る時にものすごい早口になるなど――を何度か経験してから、母とポールと私はモンティに病院へ行こうと説得にかかる。

モンティ、あなたはお医者さんの助けが必要よ、私は言い張った。他の家族もそれぞれ説き続ける。けれども、それまでの彼が医者と関わりあった経験というのは全て刑務所内のことで、医者に対する信頼を揺るがすには格好の経験だ。それはもちろん運よく完全に回復することへの希望を粉々にしなかったとしたらのことだが。とにかくそれは刑務所での話。では一般世間だったらましかというと、残念ながらそうとも言えない。やっとのことでUSC病院に行くことを同意させるところまではこぎつけた。医療スタッフが彼の処置に当たる。貧相な黒人の男、貧しい家庭の出身、受刑歴持ち。即座の治療を必要とするモンティの緊急状態をしても、病院の患者リストのトップに繰り上げられたりしない。順番を待っておざなりの対処が施される。もちろん医者たちがいかに多忙であるか、それは想像に難くない。けれど、彼らはモンティの名前を覚えようともしない。私たちの名前など、もちろんどうでもいいこと。最初に患者に接して、患者の緊張をほぐすような軽い会話を始めることもない。診察する、安定させる、あとはとっとと出ていけ、という扱い。次の患者が並んで待っているから。兄にとって、病院は剥き出しの憎悪とは言えないまでもひたすら不安を感じさせるところだった。彼らが自分のことを本当に構っているのではない、よくなろうがどうなろうが関心がない、ということをモンティは感知していた。彼らの目的はひたすら問題を抑えて、管理すること。

　話を戻そう。二〇〇六年の春、その夜半の電話で母は詳しいことはわからないと言う。とにかくモンティから電話があったのだが、彼ははっきり話せないし興奮状態で、どうなっているのか全然わからないと。その翌朝になるまで、私たちはモンティを助けようにも何もできない。**朝一番に、ロサンジェルス郡刑務所、ツインタワーズに出向こう、モンティはきっとそこに拘置されているはずだから、**と提案する。

「モンティはツインタワーズにはいない」と、母は告げる。

「何が起こったのかわからないけど、モンティは病院にいるの」その病院へ私たちは行かなければいけない。

初めて行くところとか、見当のつかないような場所に足を踏み入れる時、心は不安に締め付けられる。万力に挟まったような、絞首刑に使う縄を首に巻きつけられたような、そういう不安感。いや、いろいろ思いを巡らせると怖いことばかりを想像してしまうが、実は必ずそうなるとは限らないかもしれない。その正反対にほっと安堵の息をつくという可能性だってある。けれども、その時私にはそういう思惑を巡らすような余裕はなかった。これは私たち家族が戦い続ける、危険に満ちた戦場でのゼロ・ダーク・サーティー〔真っ暗闇の中、どこから敵が襲ってくるかわからない緊張の連続の時間〕。この戦いは今兄を押し潰そうとしている。痛みつけることの他に何の可能性も与えようとしないこの人生を、それでも兄は生きようとしているのに。

ポールと母と三人で、私たちは病院へ向かう。ジャズミンは同行しない。おそらくモンティの状態は最悪だろうから、そういうモンティの姿を彼女に見せるのは、あまりにあまりだろう。病院への途上、私は知る限りの全ての神や女神に向かって、ひたすら祈り続ける。

オグン　オゴ　ダラ　アバニチェ　アグアニレ　イチェグン　イレ★42
（正義の戦士よ、私の兄を守ってください）

★42　ナイジェリアなどで話されているヨルバ語。オグンは民間のオバタラ（もしくはヨルバ）信仰で戦いと金属／鍛冶の神とされる。

刑務所の一角にＵＳＣ病院の支部クリニックがあって、その病室でモンティは二人のロサンジェルス警察の警官に監視されている。部屋に入る前に、彼らはまるで大したことではないかのように事件の経緯を私たちに説明する。

「いやあ、ＰＣＰ[★43]か何かでハイになってるんだろうと思ったんでね」一人が言う。

「兄は精神障害を抱えているんです」私は応える。警官が黒人は精神障害にならないと思い込んでいるようなのが、私は不思議でたまらない。

「すごくでかいじゃないですか」もう一人が口を挟む。「馬鹿でかいから、ゴム弾を使わなきゃならなかったんだ」何の咎めも感じていない様子で言う。私の家族、私がＤＮＡを分ける兄弟について話しているという意識はなく、まるで低脳なビデオゲームの標的についてでも話しているかのように。

「その後で、スタンガンを当てなくちゃいけなくて」最初の警官が言う。スタンガンで人は死なないと信じ込んでいるようだ。この黒人の男もそれで死ぬはずはないと思ったのだろうか。それは私の兄なのに。

後になって話を継ぎ合わせてわかったことは、兄は車を運転していて別の車に軽く追突してしまったんだそうだ。相手の車は白人の女性が運転していたのだが、彼女は即座に警察に電話をした。兄は躁状態だったらしい。といってもその女性に危害を加えたり脅したりしたわけじゃない。ただ大声で何か叫んだだけだ。兄が精神疾患の患者であることは、彼が黒人であることと同様明らかだったのに、駆けつけた警官はゴム弾とスタンガンを使った。

そして、モンティはテロリスト罪の容疑で捕まえられる。

テロ罪だって？　マジで？
何か脅すようなことを言って、相手に命の危険を感じさせたと誰かが申し立てたとすると、その容疑はテロリズムと見なされるのだそうだ。躁状態であった私の兄の身に起きたこの事件のように。

やっとモンティと話せる段になって、彼のベッドの横に立って話しかける。彼は応えようとするが、その言葉は不明瞭で音が連なり溶け合って何を言っているのか、皆目わからない。そのうち、モンティは抑えようもなく泣き崩れてしまう。これも躁状態の典型的症状だ。とめどもなくエネルギーが湧き上がり出尽くした後で、真っ暗闇の穴の中に転がり落ちてしまう。そこは悲しさよりももっと深く、ただただ痛みと絶望とが身体の細胞の一つ一つにまで浸透し魂を鷲掴みにする。何を言っているのかはわからないのだが、ただ一言だけはっきりと、彼が涙の中から乞う。**薬を飲ませてくれ、お願いだ。具合が悪くて。お願いだから。**

これがこの病気の恐ろしいところだ。ある時点で脳がお前はもう良くなった、前よりずっと調子がいい、それどころか、お前は誰よりもずっと優れていると、本人に思い込ませてしまう。その段階で本人は、自分は薬なんかいらないと信じ込んでしまう。そして、次には、先触れも何もなくきっかけらしきものもなく、奈落の底に落ち込んでしまう。誰からの助けの手も届かない深い穴の中に転落してしまうのだ。

二日後、モンティはツインタワーズに特別監視下の囚人として移される。このレッテルは刑務官

★43　一般にエンジェルダストと呼ばれる粉末状の麻薬。刺激剤、麻酔剤、鎮痛剤などにも使われるが、麻薬として使われた場合は主に幻覚や幻聴を起こす。

や看守たちに危険を及ぼす可能性のある囚人というカテゴリーを意味する。それを聞かされた時は、耳を疑う、というよりもまるで外国語を話されたような無意味な音のつながりとしか聞こえなかった。兄は人を傷つけたことなど一度もない、ましてや警官を襲うなど考えられもしない。このレッテルを貼られて、兄は警官らに裸にされ、殴られ、食事を抑えられ、蹴られ、辱められた。兄が脅威を与える者だという理由で。兄は害を及ぼす者だと言って。兄をテロリストという犯罪者に仕立て上げて。

特別監視下の囚人として服役するということは、一日のうちに一時間を除いて残りはずっと独房監禁で過ごすことになる。精神的に安定している人間が独房監禁されると精神に異常をきたす可能性がグッと高くなるということはもう随分以前に証明されている。兄の場合、もともと精神が不安定だったのだから、あっという間に心が壊れてしまう。予期できたことなのに。この刑務所の医療スタッフには「まず患者に害を及ぼすことなかれ」というヒポクラテスの誓いを守る医者が一人もいないというわけだ。私が初めてツインタワーズを訪れて兄に面会した時、彼はまた懇願する。「すごく気分が悪いんだ。トリース、お願いだから、僕の薬を持ってきて。ここの奴らはアドビル〔市販されている頭痛薬〕をくれるだけだ。でも僕はいつもの薬が必要なんだ。お願いだ、トリース。助けてくれ」

その声、その目は私の心を張り裂いてしまう。もし服役囚が心臓病だとか、癌だとか、喘息を患っていたら、彼らの薬も差し押さえられるのだろうか。C型肝炎の薬が投与停止されることは知っている。麻薬のOD〔過剰摂取〕を中和させるナロクソンもだ。エイズの進行を遅らせる薬が特定のグループの囚人たちには処方されないようになっていることも周知の事実。病に苦しむ人々から回復のチャンスを取り上げ、薬を武器として使う社会とは、一体どんな社会と言えるだろうか。死刑に使われる劇薬は次々と開発され続けているというのに！

それにしても、モンティの治療を差し止めることが刑務官にとってどういう役に立つのだろうか、私には皆目見当がつかない。モンティに診断を下したのは、刑務所の医療スタッフ自身じゃないか。彼のカルテを最初からとっているじゃないか。私はモンティに必要な薬を必ず手に入れると約束する。それから刑務所の保安官と交渉する。話せばわかってくれるはずと信じて。ちゃんと治療を施されたモンティの方が、誰にとっても望ましいじゃないか。現実は、私が何度も拝み倒して頼み込んでも保安官は知らぬ顔をするだけだった。医者が指示しない限り自分には何をする権限もない、医者は何の指示も出さなかった、を繰り返すばかりだ。そこで私は初めて合点がいった。モンティに薬を処方するより、五点拘束具を使ってモンティの手足と頭にベルトをかけ一人独房に放っておいた方がずっと安く上がるじゃないか。薬代だけじゃなくて、刑務官の仕事も、おそらく食事代も減らすことができるじゃないか。

次にモンティに面会に行った時は、入り口で送り返される。係員は「人に会えるようなサマじゃない」と言う。面会予定日ごと、私は刑務所へ足を運ぶが、毎回送り返される。母も会わせてもらえずに帰らされる。次にモンティの姿を見ることができたのは逮捕の二一日後、法廷出廷の日のことだ。みんなで法廷に向かう。家族だけでなく、マーク＝アンソニーもクリーブランドでの同僚であるジェイソンも、他の友人たちも支援の力を貸すために参加してくれる。

法廷に着くと、私は執行吏のところへ歩み寄り、モンティがその日の判決予定表に載っていることを確認する。

「モンティ・カラーズ？」

「はい」

彼女はそこにある書類に目を通し、それから一旦その場を離れる。しばらくして戻ってくると、私の顔に目を据えて言った。

「事前に伝えておかなくちゃいけないんですが、あなたのお兄さんはとても具合が悪いそうです」

私は息を呑む。彼女の口調は真っ平らで、どう受け取るべきか迷う。

「どういう意味ですか」

「ストレッチャーで来ることになっています」そこで彼女はちょっと間をおく。

「ストレッチャーに縛られて、拘束されて来ます」彼女は続ける。同じ一本調子の声で。

「それから、顔にはスピットネット〔周りに唾を吐くことを防止するための網状のマスク〕が掛けられています」彼女は話し終わる。この女性にも、男の兄弟だとか、息子だとか、知人の家族とかいるに違いない。でも、彼女も、兄をゴム弾やスタンガンで撃ったと言った警官と同じように、何でもないことのような口調で話す。

私は驚愕する。身体がこわばってしまう。想像を絶する兄の姿をなんとか頭の中で掴もうと試みる。私の兄を、あの猟奇犯ハンニバル・レクター[★44]みたいに板に磔にすると言うのか。精神疾患を持つ貧民の対処策は彼らを犯罪人にしてしまうことしかないなんて、どうしてそんなことがまかり通るのか。社会で最もか弱いグループの人々をそのように扱うことと、民主主義とか自由社会とかの概念と、どうかみ合わせることができるのか。兄の場合のように、こういう不運な人々は空恐ろしい罪状——テロリズム！——で刑務所に叩き込まれる。アメリカでは刑務所にいる精神疾患の患者の方が全国の精神病院に入院している患者の総数よりずっと多い、その事実が意味することは何か。私たちは一体どういう社会に住んでいるのだろう。

彼らの多くは、兄と同じく、誰一人傷つけたりしたことはない。誰かを傷つけた罪人たちの場合、彼らになんらかの適切な介入策、医学的なものであれ、慈善的なものであれ、そういう配慮が早期の段階で与えられていたとしたらどうだろう。私たちみんなが、収益ではなく患者に焦点を当てる医療機関を自由に利用できるようなシステムがあったとしたらどうだろう。そんな夢みたいな医療システムは、このアメリカにはなくても実際この世界には現に存在しているのだ。なぜこの国はこんなにも法的判決や罰則にばかり執着しているのだろう。なぜこの国ではある者の命や生活は大事なのに他の者の命や生活は大事じゃないのだろう。彼らは危害ではない。危害の対象でしかない。それなのに、社会は彼らのことを投げ捨てても構わない人間だと見なす。この国は、リアリティーショー『サバイバー』の悪夢版だ。私は怒りに満ちる。兄は刑事法に携わる者たちにとって、また社会一般にとって、使い捨て人間だと見なされていることに対抗し打ち倒す運動を興さなければいけない、という思いに駆り立てられる。もちろんモンティは私にとって、母にとって、兄弟やチェイスやシンシアにとって、掛け替えのない人間なのだ。モンティ、彼の寛大なる心、その美しい病んだ脳、それはこの瞬間もおそらく懸命に戦い続けているのだろうが、その全ては使い捨てなんてできない貴重なものなのだ。ああ、それなのにどうして、なぜ彼はこういう運命に遭わなければいけ

★44 トマス・ハリスの小説に登場する架空の人物。特に一九九一年に映画化された『羊たちの沈黙』で猟奇犯罪者の代表として知られるようになる。

けないのか。

どうして彼はこの法廷へ運ばれてくるのか、私は答えを要求する。**なぜ彼は治療を受けられないでいるのか。なんであんたらはこうも無能なのか。**

執行吏は答えない。私は席に戻る。そこでは話してはいけないし、電話を使ってもいけない。できることはただただ祈ること。

オバタラ　オバ　ライエ　エラ　イウォ　アララ、アチェ。[★45]

突然騒音が起こる。頭をあげる。私たちは皆、音のした方へ顔を向ける。彼らが兄に何をしでかしたか、いま私たちの目に映る。モンティは狂騒状態の頂点にいる。叫び散らし、喋りまくっている。法廷に引きずり出されたモンティのその姿は、顔を銃で撃たれた者を裁判官の前に連れて来て、裁判の進行に積極的に参与させようとしているようなものだ。これこそは人間の尊厳を踏みつけにする、「万民のための正義[★46]」という誓いを蹂躙する、冷酷非道極まりない行為だ。

またもや。

慣れてしまうべきなのか。こういう扱いに慣れてしまうべきなのだろうか。でもできない。慣れるなんて私にはできないし、そんなつもりも毛頭ない。母はそこで泣き始める。ジェイソンが彼女を引き寄せてその肩を抱く。マーク＝アンソニーは私の手をとり、握りしめる。私の横と前に座っている白人の男たち三人が笑い出す。誰も彼らを止めようとしない。彼らは兄が何か見世物でもあるかのように見ている。人間ではなく、何か動物ででもあるかのように。

恥と屈辱が波のように押し寄せ私を包み込むのを感じる。こんな思いはしたくない。私たちを敵視する人々の目前で、まるで映画館のスクリーンに私の家族の苦しみが大きく映し出されているかのようだ。けれど私は腰を据えて、モンティを見つめる。法廷が私に口で表すことを許さない言葉を、目で伝えようと。**大好きなモンティ、迎えに来るからね。あいつらにあなたを盗ませたりはしない。諦めちゃだめ。私と一緒に頑張るのよ。**

モンティの許へ駆け寄りたい衝動を懸命に抑える。これは一通りではない悪逆無道なあしらい、異常な残虐さだ。自分の愛する者が苦しめられているのをそのすぐ間際で見せつけられ、それを名指しで言い立てることができないままじっと黙って見るしかない状況を強要するのは。モンティのところへ走り寄り、抱きしめたくて死にそうだ。子供の時に抱いてくれた兄、動物を助け、餌を与えた兄、心が張り裂けてしまいそうに愛している兄。

次に、判事が入廷する。彼女はモンティを見る。顔にはマスクをかけられ、ストレッチャーの板に頭と手足をベルトで縛り付けられ、訳のわからないことを叫び、逃れようと暴れている男を。彼女は困惑した表情で、執行吏に問いかける。執行吏は何も異常なことなどないかのように、落ち着いて答える。

判事は出廷している皆を見回し、声をあげる。「なぜこの男性はここにいるんですか」誰も答え

★45　ヨルバ信仰の祈りの言葉。

★46　「アメリカ国家への忠誠の誓い」（Pledge of Allegiance）の最後の部分に出て来る表現。アメリカ国家は万人のための自由と正義を備えた共和国であると述べられている。

ない。執行吏も、DA〔地方検事〕も、モンティの公選弁護人も。彼は何か他のことに気を取られているように見える。しきりに腕時計を見やったり、机の上の書類に触ったり落ち着かない様子だ。法廷内の誰にでも聞こえるような人声で、判事はモンティを連れてきた警官らとDAとそして弁護人に警告を発する。それから彼女はモンティの出廷日を延期する。警官たちは肩を竦めると、モンティを乗せたストレッチャーを押して法廷を出る。出口に向かうストレッチャーの上で、一声(ひとこえ)、一つの言葉を、長々と引き伸ばせるだけ引き伸ばして、彼は叫ぶ。最後の、必死の祈り。

かあさ〜〜〜〜〜〜〜〜〜〜〜ん!!!!!!!

私たちは法廷を出る。沈黙の行列。沈黙、それはショックのあまりの反応だ。私たちは異様で敵愾心に満ちた星を旅する異星人の群だ。不時着したロケットの残骸から這い出てきた生存者たち。あざだらけ、骨も折れ、血を流している。でも、私たちはまだ息をしている。私は息をしている。そして私の身体と魂をぐるぐる巻きにしたあの驚愕の感覚は、少しずつ薄らいでいく。その質を変えていく。驚きから怒りへと。怒りが巻き起こる。自分が体ごと爆発してしまわないよう、一生懸命に手を握りしめ身体を固くしなくてはいけない。モンティの役立たずの公選弁護人に突っかかる。

「こんなことが起きるのをなんで黙って見ていたの?　それはどういうこと?　モンティをそして私たちを、こういう目に遭わせる羽目にならないよう、なんで阻止しようとしなかったの?」

　彼は肩を竦める。そこで彼が何か言ったとしても、私はその記憶がまるでない。この人、一体誰?　どういうつもりでモンティの代弁者としてモンティ側に立っているというんだろう?　いままでモンティの弁護の言葉など何一つ発してもいない。彼には何も貢献できることがない。弁明もない。明らかに弁護のための作戦も何もない。時が時なれば、場所が場所なれば、彼が抱えきれないほどの仕事をこなさなきゃいけないのであろうその境遇に、私も同情心を持ったかもしれない。彼がそれまでに経験したことのない状況にいることは確かだ。でも私たちだってそれは同じ。彼から向きを変える。母に近寄る。逆境の中でひたすら自分の自制心だけを武器として生涯耐え続け、乗り越えてきた母。その武器はいまこの法廷で無残に崩れ落ち、母はとめどもなく咽び泣く。涙の中で息をつまらせながら、繰り返して言う。**私が悪かった、みんな私のせいよ。**

なぜ？　なぜこれは母のせいだなんて言える？　自分の親から見捨てられても、私たちにいつも変わらぬ愛情を注ぎ、二つ三つと職を重ね、信仰心厚く、いつも規則に従って行動するその母が、どんな罪を犯したと言うのか。私の心にじわじわとある実感が湧いて来る。これが、隙あらば取って食おうと待ち構えている世界で子供を守る責任を負っている母親の運命なのか。許される感情は過酷な三つの選択肢、怒り、悲しみ、そして罪悪感、それだけなのか。子供を愛することでもたらされる喜びや満足感、誇りや希望は許されていないのか。母には母親としての存在の全てを経験するための扉はその三つしか与えられていなくて、それ以上四番め、五番め、六番め、七番めは開かずの扉だと、それが現実なのだと思わなくてはいけないのか。サバイバルモードか悲哀に暮れるしか選択肢のない黒人の母親たちの列は、延々とつながる。母もその中の一人なのだろうか。

子供たちの笑い声に我を忘れたり、幼児の他愛ないゲームや遊びにふけったり、中高時代に親子が普通に言い争うようなこと——宿題やったの、家事を終わらせたのなどなど——そんな普通の些細な、でも日常的な子育て上の出来事を母はじっくりと味わえたことが一度でもあっただろうか。私は母と一緒に映画を見に行ったりウインドーショッピングを楽しんだりした記憶がまるでない。

私たちは普通の人（human-being）ではなく仕事人（human-doing）だった。だから母と二人で何もせずにくつろいで時を過ごしたなんてことは一度もなかった。

いま目の前で母が罪悪感に苛まれている――それはお門違いの自責の念だが――そのことが信じられない。いまこの瞬間、母は自分のしたこととかしなかったことのせいで我が子を、最愛のモンティを守ることができずこの悪夢に放り込んでしまったと後悔しているのだろうか。全てを自己責任という概念に結びつけようとする政治方針、つまり州の予算優先順位だとか最低賃金額だとか警察の職務領域だとかスーパーマーケットをどこに設置するかだとか栄養価の高い食料品の流通を徹底させるだとか、そういう政府が取り計らうべき政治的決断よりも、個人個人の自己責任こそがその人の運命を決定するものだという概念を浸透させるべき努力、当然のことだと思わせるための工作、その副産物が母なのか。母はその巻き添えをくった被害者というわけか。

今、ここは公正であるべき法の場なのに、関係者たちが揃って彼女の息子を糾弾する側に立つその法組織の中で、母はただ唯一許されている――そう訓練されている――感情で心を満たしてしまう。すなわち、罪悪感。

若くして赤ん坊ができてしまった罪悪感。

家父長制の宗教が強制する戒律に、疑問を持つこともなく従ったことの罪悪感。

貧乏であることの罪悪感。

息子の脳が精神疾患に冒されるのを止められなかった罪悪感。

とある集団の者たちが人道的理念から逸れてしまうことを防げなかったことの罪悪感。

愛する息子を痛めつける非道徳的な権力から息子を遠ざけることができなかった罪悪感。

私は大切な母の肩に手を回す。

「お母さんのせいじゃない」彼女の耳に囁く。「何一つ悪いことなどしていないのよ。モンティの病気も、それが治療を受けられなくてあんな風になってしまうことも、お母さんのせいじゃない」母のせいではないということを、私は繰り返し繰り返し言って聞かせる。それが間違っていないと、保証する。けれども母が本当に私の言葉を信じたかどうかわからない。その時わからなかったし、今もわからないままだ。

次の出廷の日が決まって、今度は事前に母と私は同じ裁判所で公選弁護人と会合を持つ。本当なら彼の事務所で会って話し合い、作戦を錬ることができればいいのだが、そうはいかない。裁判所の廊下のベンチに座って、ほんの数分の時間をフル活用しなければいけないことになる。

開口一番、彼は今回の逮捕は三度目であるから無期刑になる、と言う。それしか言うことがない。モンティが最初に捕まった時は、躁状態の頂点にあっての強盗未遂だった。それがストライク1。刑務所に送られて、そこで独房に武器を見つけたと看守が報告する。モンティはそれが自分のものじゃないと主張するが、その是非のほどはわからない。ともかく、そのせいでモンティは有罪となる。ストライク2。そして三度目。これも躁状態で起きたあの追突事故だが、叫び続けたとしてもモンティは誰をも傷つけていない。それにもかかわらず、テロリズム罪容疑で逮捕。ストライクアウト。その先には無期刑しか残っていない。無期刑、つまり死刑宣告を受けて生き続けるのと同じだ。公選弁護人は特に気の毒そうな様子でもなく、法廷で争うための策がないと言って申し訳なさそうにするわけでもない。その上、これがモンティの望むことだ、と放言する。冗談じゃない。

「兄のところに行って、彼のために弁護士を雇うと伝えなさい」と、私は命じる。公選弁護人は、ドアの向こうに消える。一時拘束室があって、兄はそこにいるのだろうと想像する。弁護人はすぐに戻って来る。「お兄さんは、心配しなくていい、と言ってますよ」

私は歯を噛み締めたまま低く唸る。一語、一語、間を取りながら。「行って、兄に、伝えなさい、私たちは、弁護士を、雇う、と」それ以上言うことはない。

弁護人はまたドアの向こうへ消え、そしてすぐ戻って来る。私が命じた通りに。気のせいか、その顔には微かな戒慎の影があるような、ないような。

「わかった、ということです。弁護士を見つけていい、と言っています。知っている人がいるかもしれない、とも」彼はボソボソ話す。

用事は終わった、と私は母に告げる。オーガナイザーとして働き、ストラテジー・センターでボランティアをしていることで、私は人の言いなりになったりしない術をしっかり身につけている。こんなへな猪口野郎とはおさらばだ。なんとか他の手段があるはず。資金さえあれば。そう、山のような資金を集めなくてはいけない。その頂上があまりに高くて、私の目では見極めることができないくらいの額。

それは信念があって初めて見られるもの、水上を歩けると信じさせてくれる信仰心★47がなければ見えないものだ。地図も羅針盤も資本も友達もなく、すぐ後ろには悪魔に訓練された猛犬がつきまとっているというのに、私たちが歩き出せたのは、まさにこの信念のおかげだ。一九六〇年二月一日、四人の黒人学生たち、ジョゼフ・マクニール、フランクリン・マケイン、デーヴィッド・リッチモンド、エゼル・ブレアーが、ノースキャロライナ州ブリーズボローのウールワース店内のスナックカウンターで〝白人専用〟の席に座り、出ていけと言われるのを拒否して自分たちへの危害を顧みず命をかけた、その信念の力と同じだ。一九六五年、ディープサウス、ミシシッピ州アマイト郡ではたった一人の黒人男性しか選挙権を与えられなかったのだが、それにも負けずに投票権獲得運動を推し進めたロバート・パリス・モーゼスを力づけたその信念と同じもの。子供の時に読み漁った公民権運動やブラックパワー、黒人文化の話は私の血となり肉となって私を成長させてくれた。絶え間ない逆流に押し潰されることなく共同体をオーガナイズするその技術はストラテジー・センターで訓練をうけ、精通するに至った。私にはこの信念がある。

法廷審問は何ともぞんざいなものだ。検察や執行吏たちに警告が出たと言っても、別に何が変わるでもない。ただ新しい日程が決められる。個人弁護士を見つけ、その費用をかき集めるのに二週間しかない。その当時、フェイスブックはまだハーバード大学のキャンパスのみに限られ、ネットではマイスペースが人気だったが、今のようにクラウドファンディングができるようなシステムはまだ導入されていない。ツイッターもない。監獄のモンティを訪ねる。彼は他の服役者から聞いた有能な弁護士のことを話す。ピーター・コーンという人物だそうだ。モンティはそれほど期待を持っているようではない。

「トリース。俺はハルマゲドン〔世界の終末〕の日までここにいることになるんだ」

「そんなことにはならないよ。私たちがどうにかするから」

★47　聖書にあるイエス・キリストの奇跡の逸話。マタイ伝14：22。弟子たちが乗った船が逆風のため揺れて彼らは恐ろしがるが、イエスはその水面を歩いて船に近づく。弟子たちは幽霊だと思って怖がるが、イエスは神を信じる力を持って怖がることはない、と説く。

その足で、ピーター・コーンなる弁護士に会いに行く。私は何ともしっくりしないのだが、他に選択肢があるわけでもない。費用は一万ドルだという。私の銀行預金は多分一五〇ドルほど。母は未だに最低賃金で働いている。でも母と私とでなんとかしなくてはいけない。アルトンは当てにできない。彼には持ち金があるのだが、出し渋る。ポールとジャズミンはモンティの病状と法廷での出来事で胸いっぱいになっている。当然のことだ。何の支援もなければ、何の治療もない。ここからどう進んでいいのか、誰にもわからない。自分の家族が目の前でリンチされているのに、戦ってくれる戦隊がない。銃もない、アンダーグラウンドレイルロード〔地下鉄道。南部の奴隷黒人が奴隷制のない北部諸州やカナダに逃亡するのを手助けしたシステム〕もない。これが今の差別的社会の仕組みだ。家族に権威を振り回して抵抗できなくしてしまい、投獄されている家族の一員が最も助けを必要としているその時に、家族を愛するその者から遠ざけてしまう。

でも私は黙って言いなりになどならない。一六歳の時からオーガナイザーとして働いてきた。クリーブランド高の教師や友達から教わったことは、若いからといってリーダーにはなれないなんてことはないという信念だ。リーダーシップは私たちの責任だ、という自覚。

ストラテジー・センターで学んだことは、黒人や褐色人の若者たちとキャンペーンを組むその手順、そして黒人や褐色人であってもトライすればキャンペーンに勝つことができるということ。モンティが逮捕された頃、ちょうど私たちは地元の教育委員会を相手取って、生徒が学校に遅刻するたびに親は二五〇ドルの罰金を払わなければいけないというルールを覆すことに成功したところだった。生徒たちは学校に到着していても、金属探知機を通り抜けるための列があまりにも長くて、教室につくのが遅れることが往々にしてあったのだ。

ダナ。彼女は信念とはどういうものであるか知りなさいと説いた。心に感ずることは行動につながることだと信じなさいと導いた。

そして私の選んだ家族――マーク゠アンソニー、カーラ、ナオミ、ターニャ、ジェイソン、サラ、カティディアとヴィタリー。ここで列挙できないくらいもっとたくさんの仲間たち。彼らから学んだことは、連帯感に基づく共同体、愛によって導かれる共同体は何者によっても打ち崩されることはできないのだということ。彼らのおかげで、新しい世界を想像することを学ぶ。私の家族たちが安全でいられる世界。モンティが安全でいられる世界。どんなに孤独に感じる時でも、私は一人じゃないということを知らされる。

「大丈夫。二週間以内に依頼料を準備します」ピーター・コーンにそう告げる。そしてその基金集めに取りかかる。私たち皆で取りかかる。

友達、協賛者たち、仲間のみんなが電話をかけたり、手紙を書いたり、電子メールを送ったりすることに懸命となる。そして、私たちは祈る。そして、待つ。でもそれはそんなに長くかからなかった。一〇日と経たないうちに全国から小切手が舞い込み始める。ピーター・コーンのところへ赴く何日も前にその額は六〇〇〇ドルに届く。

私は母に実家を訪ねるよう、頼んでみる。中産階級の家だ。残りの四〇〇〇ドルを頼んでみてほしいと頼む。

「断るって言うに決まってる」彼女は確信を持って答える。

「言われたら言われたで、また考えればいい。聞くだけ聞いて」私は引き下がらない。彼女は重い腰をあげて、自分の父親のところへいく。最初はなんだかんだ理由を述べていたが、二日ほど全くの沈黙の時を経て、四〇〇〇ドルが届く。私は資金を携え、ピーター・コーンの事務所へ出向く。その日、ピーターの事務所には彼の共同経営者の弁護士もいて、私の話に耳を傾ける。モンティの名前を聞いて、彼は口を挟む。「もしかしてラドニー・カラーズは親戚に当たりますか」

「ええ。彼は叔父です」

「ああ、世界は狭いなあ。ラドニー・カラーズを起訴したことがあるんです」

しばし気まずい空気が流れる。でも、彼らにとってこれは皆チェスのゲームなんだという現実に脱線させられないよう、気を引き締める。彼らはどの側からでもチェスの駒を動かせる。起訴する側のことも熟知しているから弁護する方もうまく対応できるだろうという思いで自分を落ち着かせる。実際、彼らはプロだ。ピーターは即座に「ストライクの一つを無効にしなくちゃ。刑務所行きを避けることはできないだろうが（ここで私はキレそうになる）、無期刑はやめさせられるでしょう」と言う。

この話し合いを通して、私は気持ちが塞いでしまう。この駆け引きは、実際人を擁護するためのものなのか、それとも単により良い条件を引き出すことが目的なのか。これが社会の仕組みなのだから仕方ない。

ピーター・コーンは約束通りの結果をもたらす。その一年間を通して、彼はモンティの弁護を務める。ストライク2、武器所持の疑いを無効にしてしまう。だが、モンティは八年の刑の八五％を遂行することに同意しなくてはいけない。モンティが必要な治療については、誰も何も言わない。精神を病んでいる者に対する適切な対応についても、誰も何も言わない。にもかかわらず、私たち家族はありがたいような気分になる。つまり純粋にありがたいとは言えないのだが、ありがたさに似たような気持ちが起こる。私は毎月モンティを訪ねて行く。彼がコーコラン州立刑務所で過ごした六年間を通して。そこの医療チームはモンティを大体において正常な範囲に保つ処方を調合してくれる。

モンティが戻ってくる半年ほど前、それまでひっついたり別れたりを繰り返していたが新たに本格的に交際することを決めた相手、マーク＝アンソニーに公言する。以前起きたことを今回も起こすわけにはいかない。モンティには社会復帰のためのチームが必要。マーク＝アンソニーの愛情に満ちた腕の中で、私たちは話し合う。次の日、私たちは友達やストラテジー・センターの皆に援助を求めて声をかける。ターニャ、ジェイソン、カーラ、センターの指導者たち。モンティの復帰の期間を支援するためのアパートを見つけようと、母に持ちかけるが、彼女は断固反対する。「私の息子は、私のうちに住むことになる」と言って聞かない。譲歩の余地なし。

二〇一一年一〇月。アルトン、ポールと私は朝四時に起きて、父の巨大なトラック、フォードF350に乗り込む。九九号線を北上して三時間の旅だ。今度は一人で下着姿のままバスに乗せられて帰ってきたりさせはしない。明け方、刑務所に到着する。建物の外で作業に従事している囚人たちの群れが見える。この光景を見るたびに、私は気が滅入ってしまう。庭仕事、芝刈り、刑務所のジャンプスーツに身を包み、動き回っている。囚人たちは、文字通り奴隷労働だ。スターバックスやホールフーズなどの刑務所外の企業だけではなく、カリフォルニア州そのもののために奉公している。刑務所はその町に仕事をもたらす。看守、看護婦、カウンセラー幾人か。だが、清掃や調理、家具作りなどは服役囚たちがやらなくてはいけない仕事なのだ。それが延々と広がるアメリカの現代版奴隷労働システムの有り様だ。と、そこに、白いバンが乗り付ける。男たちのグループが下車する。モンティを含めて。

私たちが事前に送ったリーバイスの501ジーンズに、ステイシー・アダムスの黒い靴、トレードマークはESEブランドの黒いTシャツ。アルトンが涙ぐむ。モンティは笑顔で、「さあニコニコしてくれよ、泣くのは後で。親父！」と言って、二人は抱き合う。次に、モンティは私に向かって叫ぶ。「トリース！　どうだい？」そして私とポールを抱きしめる。モンティのそばに一人の年のいった男が立っている。誰も迎えに来ていないし、どこといって行くところもないという。「父さん、この人も一緒に連れて行ってくれるかい？」と、モンティは質問文で聞くが、それは質問でないことは明らかだ。アルトンは不承不承、その男を迎え入れる。皆でトラックに乗り込む。老年の男とモンティは窓の外の景色から目が離せない。「こんな外の景色を見るのは、本当に久しぶりのことなんだ」モンティが言う。「いろんな色があるんだね」老年男は何も言わないが、ひたすら外を眺めている。モンティは座り直して、私たちが彼のために買った携帯電話をいじり始める。彼が入所した二〇〇六年以来、この世界は何度か更新されている。

帰途、とあるレストランに寄る。モンティは私たちが驚きの目で見つめる中、みるみるうちにチキン、ステーキ、煮豆、それにライスを平らげる。サンフェルディナンドバレーに近づいて来たあたりで、アルトンは連れの男にどこまで行きたいか、訊ねる。彼には何の予定も心当たりもないことは見て取れる。長い刑期を終えて釈放された囚人たちの典型的な状況と言える。現代版浦島太郎。彼らが戻ってくる世界は彼らが離れた世界とはかけ離れていて、この世界は彼らの知らない者ばかりだ。

「ハリウッドまで行こうかと思って」彼は答える。私たちはハリウッドまで行って、そこで彼を降ろす。身につけていたなけなしの現金を彼に渡して車に戻り、母の待つアパートへ向かう。同じセクション8の住宅ではあるが、母は新しいバルコニー付きのアパートに移ったところだ。そのバルコニーではバーベキューが始まっていた。チェイスとモンティは多少ばつの悪そうな顔つきで再会する。チェイスは父親をハグするが、なんともぎごちない。チェイスはすでに青年期に達していて、そのせいもあろう。でも、失った時間を取り戻すことができないのは、残念ながら当然の事実だ。

「チェイスはあまり嬉しくなさそうだね」肩を落としてモンティは私に囁く。

「そんなことはないよ。あれで結構嬉しがってるって。ただ慣れるまで、時間が必要なだけだよ」

私はその場を取り繕う。

その晩、私たちは子供時代に慣れ親しんでいたこの近隣を散歩する。話したり、または黙って歩き続けたり、笑ったり、でももう泣くことはなく、このしばしの平安の時を一緒に味わう。母と兄にキスをして暇乞いをする。

「明日の朝、電話してね」母はそうすると約束する。モンティはドアまで一緒に向かう。「仕事を探すの、手伝ってくれないか。トリース。仕事が要るんだ」

兄の社会復帰のために組んだチームのことを、彼は知らない。ストラテジー・センターと共同でプロジェクトを扱うとある小規模な社会正義活動団体で、モンティに清掃人の仕事が用意されている。復帰計画の一端だ。職を確保し、私たちみんなして彼が毎日時間通りに職場にたどり着くよう援助する。

「トリース。数週間はその調子でうまく行くが、突然ブレーキがかかる。

「俺は辞めさせられるんだって」モンティが電話してくる。

何だって？　この団体の連中は私の友だちだ。彼らからは何も聞いていない。ディレクターに電話をかける。彼女はモンティがこの仕事に合っていないと弁明する。処方の量を変える必要があるのかもしれないと言って、精神疾患を患っている人たちを援助するというのは、こういうことなのだと説くが、彼女は立場を変えず、結局兄は解雇される。彼は落ち込んでしまう。それから何ヶ月もの間母のアパートの居間のソファの上で丸まって動こうとしない。母はそんなモンティとチェイスと、収入の安定しないバーナードのみんなを支えていくために苦戦奮闘する。

そこに、ラスベガスへ引っ越していたアルトンとジャズミンが母に移ってくるよう勧める。

「シェリース、あいつらは最初から俺たちをカリフォルニアから追い出すつもりだったんだ。ベガスに来たらいいよ。ここだったらなんとかやっていける」アルトンは小さな自動車修理場を開いていた。セブンパームズ〔七本の椰子〕自動車という名前だ。ジャズミンもそこでは就職口もあるし、一軒家を借りてもロスのアパートより安くてすむと言う。それまで生涯を南カリフォルニアで過ごしたこの信仰深い母はついに折れて、俗称「罪の街」と呼ばれるギャンブルのメッカ、ラスベガスに引っ越すことにする。私も、これが母にとって最善のプランだと受け入れるしかない。けれども、麻薬戦争だのギャング戦争だのの社会政策は、トドのつまり強制移民プロジェクトであったと実感せずにはいられない。私のふるさとであるロサンジェルス地区、サンフランシスコのベイエリア、そして最近はニューヨークのブルックリンも、黒人は無理やりに押し出され、そこに若い白人の住人たちが移り込み、先住者の撒き散らされた骨片の上に充実した新しい生活を築くというパターン。つまり、麻薬戦争とは民族浄化のための戦いだということなのだ。

モンティとチェイスは母とともにラスベガスに移る。が、それも長くは続かない。モンティは私に電話してきて、ベガスが大嫌いで全く異国のようで、帰ってきたいと言う。

「ダメよ、モンティ。お母さんのいるところがあなたの家なんだから」

「ここには、誰も友だちがいないんだ」

「そんなこと言ったって。ヴァンナイズだって誰一人残っていないのよ。みんな刑務所にいる、じゃなきゃ死んじゃったから」

兄はしばし黙る。

「でもシンシアがいるよ」

というわけで、結局のところ振り出しに戻ってしまった。時は二〇一二年。出所してからまだ一年経たないうちに、兄はすでに三つ目の住所にいる。案の定、事態は悪化する。これもまた案に違わず、辛い知らせを伝えて来るのは母だ。「モンティは薬を飲んでないみたい。シンシアのアパートにあるものを手当たり次第投げ散らかして壊しているって。たった今よ。私があなたと話しているこの真っ最中よ。トリース、ポールに連絡して二人で行ってくれない?」

私たちはヴァンナイズから四五分ぐらい離れたところに住んでいる。ロサンジェルスの中心部のセントエルモズと呼ばれるアーティストが集まって住んでいる地区だ。シンシアのアパートに駆けつける途中で、ポールに連絡をとる。彼の方がシンシアのアパートの近くに住んでいる。「いますぐ行ってくれる?」ポールは自分の弟が躁状態にあるのを〔あの法廷で縛り付けられたモンティを遠くから見た以外〕経験したことがない。アパートに近づいたところで、もうすぐ着くからと連絡しようとして電話するが、電話の向こうから聞こえてくるのは騒音ばかり。

「モンティ、モンティ。こっちを見て」ポールが叫んでいるのが聞こえる。

モンティも何か叫んでいるが、何を言っているかはわからない。そのうちモンティの泣く声が聞こえてくる。助かった。泣くことでモンティは力が尽きて、暴れが止まってくれるかもしれない。シンシアのアパートに足を踏み入れる。そこはまるで嵐が通り過ぎた後のようだ。家具はひっくり返り、壊れているものもある。皿や何か投げ散らかされて粉々だ。そのど真ん中で床に座ってポールがモンティを腕の中に抱え込んでいる。子供の時私たちみんなを抱きかかえてくれたように。ポールはモンティの頭や額の汗を拭いている。モンティはなんとか落ち着いてくれたが、シンシアはまだ興奮状態だ。当然だろう。モンティはここに住めないと声を絞り出す。

「わかってる」私は答える。

「トリース、またやっちまったな」モンティはポールの腕の中から私を見上げる。まるで小さい子供のよう。

私は首を振る。「そうね、やっちゃったね」それがいいとか悪いとか、酷いとかがっかりしたとか、そういう判定一切なしに応える。兄の目を覗き込む。モンティは不眠状態が続いていたに違いない。休ませることがまず第一。とにかくここから連れ出さなくてはいけない。それで私たちが家に連れて帰ることにする。そして少なくとも寝かせるところまで持って行く。私はモンティの復帰援助チームに連絡を取る。ジェイソン、ターニャ、それにデイモンも。母も大急ぎでロスに戻ってくる。

またもやモンティに入院するよう懇願するところに戻る。やはり彼は同意しない。と、ここでは一行の文に書き記されるが、実際には何日もかかっての説得作業なのだ。それも並大抵ではない説得活動。私のチーム、私の共同体、私の部族、彼らは私と一緒になってくれる。母も全力を尽くす。

「モンティ、ベイビー。病院に戻らなくちゃダメよ」でも病院や医者は彼にとって刑務所、拘束具などの恐怖を象徴するものだ。彼は私たちの言葉に耳を貸そうとしない。

「絶対、二度と病院には行かない」交渉の余地なし。

みんなで押し続けるけれど、彼はどうすがりついても拝み倒しても聞こうとしない。特に母と私に対して。私たち二人には恥ずかしい思いをしているのだろうか。男の意地だろうか、自分が母と妹を守るべきであって、その反対ではないと思っているのかもしれない。彼が躁に達して暴れ出すと、それを抑え込む連中は警官でも看守でも皆男性ばかりだった。そしてそれが差別的憎悪から来る暴力で彼を支配しようとするものであっても、それは男という性に根付くエネルギーで、兄はそれに慣れているのだろう。ともあれ、そうこうしているうちにモンティはまた躁に向かい始める。そして恐怖にとらわれる。

誰のアイデアだったか忘れてしまったが、モンティの恐怖感を抑えようと鎮静剤のアティヴァンを飲ませる。でも効き目はない。おそらくアティヴァンぐらいではどうにもならないレベルに達しているのだろう。不安感を抑える代わりに、彼は最初の刑務所経験のフラッシュバックを起こす。殴られ、食事を差し押さえられ、酷い扱いを受けたところだ。私たちが止める間も無く、モンティはバスルームに飛び込み、トイレに頭を突っ込んで、その水を飲み始める。そう、LA郡保安局刑務所では水も与えられず、兄はトイレの水しか飲むことができなかった。これはPTSDによって引き起こされるフラッシュバック――そのシーンが目の前に妄想となって再現され、今自分がその中にいるように感じて反応してしまう。それがあまりにも酷い、非人道的な体験で、そしてそのLA郡保安局刑務所の檻の中にいるモンティの体験が目の前で繰り広げられる場に居合わせる羽目になって、私たちの決意は新たな段階に達する。何がなんでもモンティに医療処置を施さなければ。それは妥協の余地なし。交渉の圧力が一段高まる。母、ポール、私とマーク＝アンソニーは援軍の皆に連絡をとる。トレメイン――アルトンが別の女性ともうけた異母兄弟――もジェイソンもデイモンもやってくる。漢方、鍼灸や心身医学療法に精通しているマーク＝アンソニーが交渉役を務める。

「モンティ、君を病院に連れて行かなくちゃいけないよ」

「嫌だね」

「説明させてくれないかい？」

「う〜ん」

「今、君はＰＴＳＤ症状を起こしているんだ、モンティ。そんなことをやらせて放っておくことはできないよ。もちろん衛生的じゃないし、それにモンティ、君に値する行動じゃない」マーク＝アンソニーの声は、まるで新生児をだく母親のように、柔らかく心がこもっている。モンティは黙っている。

「モンティ、僕たちは手助けがしたいけれど、ここではそれができないんだ。僕たちがみんな君を愛していることはわかるだろう？　君に良くなってほしいんだよ」

モンティは考え込んでいる。そして、口を開く。

「マーク＝アンソニー、もしこのチャレンジにうまく応戦できたら、病院に行くよ。懸垂を一〇回続けることができるか。間を開けずにだ」

マーク＝アンソニーは背は高いが、ガリガリに痩せている。懸垂を一〇回続けるなんて、どこからどうやってそんなことを思いついたのだろうか。でも彼は深く息をつくと、オーケー、モンティ、と答える。二人はアパートの外の小さな庭にある懸垂棒に向かう。私たちもぞろぞろあとをつけて出る。そこで、マーク＝アンソニーは挑戦に応じる。一回、二回、三回、彼の腕も身体も力を振り絞っている。四回、五回、そしてついに一〇回！ 途中で途絶えることなく、マーク＝アンソニーはやりこなす。懸垂棒から手を放し、地面に飛び降りる。息も絶え絶えの有様だ。モンティは言葉を違えるわけには行かない。約束は約束だ。

そしてその場の黒人の男たちみんなは兄モンティを囲む。心を安ませる癒しの輪だ。そして皆はトレメインの車へ彼を導く。母と私もそのあとを続く。私はUSC病院に勤めている知人の看護婦に電話を入れて、私たちが間もなく現れるということを告げる。彼女は精神科の看護婦ではないのだが、私たちミニキャラバンを案内するためにそこに待っていてくれる。

といっても、事態はそう簡単には進まない。まずモンティを車から降ろすのに三〇分か四〇分近くかかる。辛抱強く、待つ。少しずつ、少しずつモンティが車から出てくる。モンティはなぜか頭にタオルを掛けている。ポールが一方に、トレメインがもう一方に立つ。そろそろと歩く。ポールとトレメインはモンティがつまづいたり倒れたりしないよう、しっかり支える。これが黒人の男たちの助け合う姿だ。純粋な思い遣り。頼ることのできる愛。これは、私の頭の中にしっかりと刻まれたイメージとなる。

マーク＝アンソニーは先頭に立って、警備員と談判している。どうにか建物の中に入ることに成功し、モンティを導き入れそのまま病室へと連れて行く。そこに医者が現れ、睡眠を促す注射を与える。多分三日か四日間は一睡もしていなかったのだろう。ここでやっと、モンティは休むことができる。

マーク＝アンソニー、トレメインとポールは車に戻り私たちのうちへと向かう。母は私の車に乗って、私たちはどうやってシンシアのアパートを片付け、元に戻すか話し合う。私たちはこのプロセスの全てを警察の介入なしにやり遂げた。その晩、マーク＝アンソニーの横で眠りに落ちいるまで、私の頭には理想の姿が浮かんでいる。これが共同体の管理処置のあるべき姿なのだ、と。

これが黒人の男たちが分け合う愛の姿なのだ。

これが本来の黒人共同体の有様だったのだ。

そして、私たちが生き延びようと思うならば、私たちの将来はこうであらなければならない、と。

第9章　至宝の愛

愛は我々が掛けている覆面を外してくれる。それなしでは生きていられないと思っている覆面、でもその中に籠っていては生きていられないとわかっている覆面を。

ジェームス・A・ボールドウィン

マーク゠アンソニーと私を引き合わせたのは、スパイク・リーだ。私が一二年生（高校三年生）で彼が一一年生（高二）だった時のこと、私はスパイク・リーの『バンブーズルド』という映画にハマっていた。最初は上級生が取る何かのクラスで見た。ピエール・デラクア（本当の名前はピアレス・ドーサンだが）という黒人の話で、カミソリの刃のように鋭い風刺作品だ。デラクアはハーバード大学を卒業しテレビ局に勤めているが、白人の上役にことあるごとにバカにされ、虐められる。その白人の上司は黒人女性と結婚しており、自分がピエールよりもずっと〝黒い〟と主張するし、またデラクアのことを「デラクア、ニガ」と呼び続ける。

彼はデラクアが提案する黒人を肯定的に描くエピソードを次々に反故にするし、何とも卑しいステレオタイプな役作りのショーばかりを推す。その仕事をやめたくて、クビになることを目的にデラクアは黒人蔑視見え見えのミンストレル・ショー[★48]を製作する。ところが予想に反して、目的の正反対の結果がもたらされる。上司もテレビ局もそのショーがすっかり気にいるし、放映の結果も大成功だ。デラクアは結局のところ当初の意図に反するその成功を受け入れて、風刺劇と称してその意図をすり替える。しかしながら、回を重ねるにつれてストーリーの差別内容がだんだんエスカレートしていき、その結果、登場人物の役者が殺されてしまう。デラクア自身も。最終的なメッセージは、いかにメデイアが我々に自己嫌悪の感情を植え付け、そしてその嫌悪感がついには自分たちを破壊するに至るかというものだ。

この映画を幾度となく見た上級クラスの私たちは、その意味するものによって深い影響を受けた。人種差別主義がどのようにして私たち自身を憎むよう仕向け、どこに問題の起源があるかということには目を向けず、その怒りを自分たち同士に向け合うという過ちを犯すことに繋がるか、延々と話し合った。メディアやポップカルチャーがいかに危険なものとなり得るか、どのように私たちの生き方を暗黙のうちに形作っていく役に加担しているか、語り続ける。

この会話の輪をクラスメートたちの外にも広げたくて、またクリーブランド高では一一年生の時に「〇〇主義」、例えば人種差別主義、性差別主義、ホモフォビア、階級主義などについての授業を取ることになっていて、その学生たちのためにこの映画は最適だと思った。それで、先生たちの協力を得て、教室と映写に必要な機具を揃えてもらい、私はチラシを作って学校中に貼って回る。その当日、教室にはかなりの人数の学生が集まる。クリーブランド高で私が属する人文専科のプログラムにはほぼ二〇〇名の学生がいて、黒人はその一〇%くらいだ。ラテン系が一人か二人。その一人は白人系のラティーノだ。とにかくその〔有色人種の〕全員が参加したと思う。マーク＝アンソニーもその中の一人だ。

映画が終わってから、ディスカッションの時間が続く。ただ、手をあげる者が殆どいない。私たちは幼なすぎて、この風刺の精神がはっきりとは掴めていない。ただその痛みだけは伝わる。何も意見を言うこともなく、大半が教室を出て行く。でもマーク＝アンソニーは一人、そこに残る。彼は片隅の椅子に座っている。この日の前には、挨拶以外殆ど会話を交わしたことはない。彼は顔を両手で覆っている。どうしたのか。私は彼のところへ歩み寄り、その隣の机に腰を下ろして静かに語りかける。

「マーク＝アンソニー?」片手を彼の肩に置く。「大丈夫？ 話したい？」

彼は泣いている。私は身を乗り出して肩の手を回す。髪がくるくるしていて、背が高く痩せていて、キラキラ光る緑色の瞳をした、この美しい若者の肩に手を回す。出席者たちは、私たち二人を残して教室から出て行く。彼のすぐ隣に身体を寄せて、両手を回す。彼は話す気分ではないと言う。それで私たちは話さない。そのままそこに座って彼の肩に手を回し、彼の胸いっぱい満ちている感情を、話すことのできない感情を、じっと抱きしめる。これが私たちの最初の意味ある出会いだった。純粋で完璧な心と心のつながり。初めてなのに、全く自然なことに感じる。けれど、はっきり

★48 一九世紀初めころに始まったエンターテインメントショーで、通常コメディのスキット、タレントショー、音楽や踊りの三部構成になっており、一般的に黒人を見下すような内容や描写を出し物に使った。特にブラックフェイスと言われる、白人の役者の顔を黒く塗って黒人に見せる形式が使われる。一九一〇年代にはその人気が衰え始め、その差別的内容で批判の対象となる。但し、この劇場伝統を通して黒人特有の音楽が社会一般に人気を広めるようになった。

とはしないながらも、私の内部で何か奇妙なことが起きつつあることも意識に上る。この彼に惹かれている……？

わけがわからない。それまでにシスジェンダーでヘテロの男性に惹かれたことなんか一度もなかった。絶対になかった。二年前にカミングアウトして、一八歳の今、若くて旺盛なセクシュアリティを自覚していて、しかも私は純粋主義だ。私が惹かれるのは、今までずっとそして今でも明らかに限られたタイプで、その頃スタッドと呼ばれる男っぽいレズビアンだけだった。スタッドタイプは、今ではジェンダー・ノンコンフォーミングと呼ばれるようになった。私は〝男っぽい〟タイプに惹かれるが、生まれつきの身体も心も男ではない者だ。であるから、マーク＝アンソニーに対するこの気持ちをどうしていいか、全く行き詰ってしまった。私の心は黒人解放に捧げられていて、〔男女の別なく〕誰をも愛しているということは十分自覚している。それは間違いない。複雑で、欠陥のある、純粋な人々が大好きだ。つまりは私自身のような人々。

何はともかく、その時点ではこの未知で予想外である心の中の、また身体の中の感情を解析する必要はなかった。この日以来マーク＝アンソニーと私は、性の衝動には根付いていない深い友情を育てることになる。その時私がまだシャイエンヌとカップルだったことは助かった。といっても、実はその頃お互いに考え方も変わってきていたし彼女が高校に来なくなったこともあって、二人の気持ちはだんだんと離れつつあったのだが（前にも言ったように、彼女の家は遠くて通学するのは大変だった）。それに、マーク＝アンソニーは至って慎重派で、その時点ではまだ女の子にキスしたこともなかったほどで、それも幸いしたと言っていいだろう。私たちの間に起きている化学反応は歴然だった。でも私たちはそれを性的なものに変えることを意図的に避けた。お互いを愛し合い、深く強い思いを分かち合うことで十分だった。セックスなしで。そして私たちは毎日を一緒に過ごし始めた。

そして、それまでの親友たちと同様に、私たちは同じ本を読み合うことに熱中する。ベル・フックスは私の北極星であり続けるが、コーネル・ウェストの著作の数々も私たちの文献リストの上位を占めてくる。他の友人や恋人たちとそうしたように、マーク＝アンソニーとも交換日記をするようになる。そこは面と向かっては言えないようなことを詩や短い節の形で表すことのできる静かで二人だけのスペース。マーク＝アンソニーはそのノートで、子供の時は別として『バンブーズルド』の映画を見たあの日のあの教室で以外、公共の場で泣いたことが一度もないと告げる。そして実はあの日あの教室で泣いたことの記憶もはっきりとは覚えていない、と言う。

卒業式の後で、私はカーラと二人でダナの家に転がり込む。夏が到来するその意気揚々とした期間、マーク＝アンソニーと私は毎日語り合い、しょっちゅう出会って、どんどん親密度を深くする。〝世界は革新できる〟とか、〝困難で非情なことは、そうあらねばならないと思い込む必要はない〟というような希望的な心持ちでいる。クリーブランドがその道具を与えてくれたと言えよう。一旦ストラテジー・センターで働くようになると、可能であると思える展望が加速度的に広がる。マーク＝アンソニーの力を借りて、私は黒人の男たち、父や兄たちは私の尽きることのない愛の対象であるのに私の許から消え去り、約束を守れない人々との関係を癒し、昇華させる道を探し始める。刑務所や人種についての知識をたっぷり身につけたと言っても、私は父親たち二人に兄をも失った子供にしかすぎなかったから。

確かに一八かそこらのこの時点では、アルトンが消え去ったこと、生活の糧を失い家族を養う能力を失ったことが彼にとってどういう呵責となったかということについて、正確な解釈をしていなかった。ガブリエルについても同じだ。他の人々に告白したことはないが、彼が私よりも麻薬の方を選んだという感情が、その時は心の中で渦巻いていた。最も頼りとしている最も愛している人々が、麻薬戦争のせいですっかり頑張る意志を失ってしまう。ドラッグの使用は個人の決断でありその個人の意志の弱さの結果であると信じ込まされたせいで。

人を思慮分別なく麻薬に走らせ依存させてしまうようなトラウマについての議論は稀である。また麻薬を使う人口の七五%は依存症にならないという事実について詮議されることもない（ある種の麻薬、例えばマリファナは一〇人のうち九人は依存することにならない）。人々は朝起きて、仕事や学校に行き、税金を払い、子供を育て、パートナーとセックスをする。毎日の生活を送る。いつも通りのつまらない生活。だが私の父、私の兄、そして他の知り合いたちにとって、麻薬に手をつける以前に、生活の中にはいつも予期できない無秩序さという要素があった。なぜこのことを、誰も指摘しないのだろうか。

この社会において様々な法律が人種差別的で黒人の生活に災いをもたらすことを目指しているということは認識されている。それなのに、麻薬に関する政策に関しては、それが実は人種差別政策であるとなかなか認められずにいる。前からずっとそうだったし、今でも同じだ。麻薬戦争は一皮剥けば、公民権運動やブラックパワー獲得のための活動のおかげで勝ち得た社会の進歩に対する法的反動だということを認めることに、この社会は常に躊躇してきた。この戦いが始まった時、黒人たちは、世界中を通して、道徳的存在の頂点に立っていた［つまり犠牲者ナンバーワンだったということ］。この国は、そして世界は、何世紀も続いた奴隷制度にそしてジム・クロウ法に良心の呵責を感じていた。ところが、この社会は我々黒人に課された惨害の結果を償おうという努力に取り掛かる代わりに、我々黒人を惨害そのものにすり替えてしまった。これでは人口の大半が失業してしまうだろうと思われるほどの仕事口が掻き消えた。教育の質を保つための財源が激減された。家族がかつかつで生活していくことすら不可能となすような法令が矢継ぎ早に発令された――一九七〇年代からの福祉法では、例えば家に成人男性がいる場合、子供たちに食べさせるだけの食費援助は出ないという条例が付け加えられた。たとえ夫婦で働いて貧困レベルの収入しか得られなかったとしても――。母たち、父たち、娘たち、息子たちは、どうしようもない絶望感から、そして代わりとなる解決手段が一切ない状況のために、唯一目の前にあるものに手を伸ばすことで、次々に犯罪人とされていった。

次の事実を考えてみてほしい。Yahoo! ニュースに載った二枚の写真がある。Getty Images の写真イメージコレクションに納められているハリケーンカトリーナがルイジアナを襲った二日後に撮られた写真だ。最初の写真は二人の白人の住民が食料を手にして浸水した街並みを渡り歩いている姿だ。見出しには「ルイジアナ州ニューオーリンズ地域でハリケーンカトリーナの通過後、冠水した街を胸まで水に浸かって地元の食料品店で見つけたパンとソーダを運ぶ住民の男性二人」とある。次のは同じような写真だが黒人の少年が食料を運んでいるもので、「食料品店から略奪した食べ物を胸まで水に浸かって歩き去る若者。二〇〇五年八月三〇日、火曜日」という見出しだ。

これが私たちの毎日の現実なのだ。白人、特に財源豊かな白人に対する危害。そしてその表現の組み立て方は彼らの共感をそそるようにできている。私たち黒人にふりかかる害、それは社会の隅々まで行きわたり、どこにでも織り込まれていて、恒久的なのだが、それは私たち黒人が自ら引き起こしたものなのだという印象を与えるように仕組まれている。

ついでにここで告白するならば、人種問題を始め社会について構造的に把握できるように学校で教育を受けていた頃は、私はたかだか一介のティーンエイジャーでしかなかった。私の人生経験とその教育の結果、私は悲観に駆り立てられそこに蹲(うずくま)ってしまう。

その夏、ある日突然、マーク＝アンソニーから連絡が途絶える。毎日、一度と言わず何度も一日を通して電話で話し合うのがその時の習慣だった。こちらからしつこいほど電話をかけるが、彼は出ない。携帯のSMSなどなかったし、だいたい携帯を持っている子も数少なかった頃のことだ。家の電話にもかけてみる。長いこと呼び出し音が続くが、誰も答えないうちに切れてしまう。マーク＝アンソニーはすっかりかき消えてしまった。その状態がほぼ二週間ほど続く。その沈黙は胸を締め付ける痛みとなる。何週間もその痛みを耐えている気がする。

ついに、私は長い手紙を書く。あとでマーク＝アンソニーが〝怒りの手紙〟と呼んだ手紙だ。赤インクのペンで書く。ジョン＝ラルフに渡す。彼はマーク＝アンソニーの兄弟で、友達のターニャの家で集まったりする時には彼も現れる――マーク＝アンソニー無しで。

二日後、ダナの家の電話が鳴る。受話器を取る。相手の声に聞き覚えがなかった。が、突然それがマーク＝アンソニーであることに気づく。嬉しくて飛び上がりたいほどだが、同時に怒りが爆発しそう。でもこの高校の仲間の間には、とあるしきたりがある。私たちはどんなに嫌でも気が進まなくても話し合いを続けるという誓約を結んでいる。私たちのような若い者たちの間でこういう訓練を受けることは実は非常に稀なことだが、高校では問題解決の手段として会話を保ち続けるというルールをしっかり植え付けてくれた。このグループの中ではその技術をできる限り使うことにしている。ここでも、そのルールを守りたいと思う。この出来事のちょっと前に、私はシャイエンヌと辛い別れを経験した。彼女は私の親友の一人とできてしまって、私の許を去ったのだ。あの時のような苦しい別れは二度と繰り返したくない。マーク゠アンソニーと私は、ターニャの家で会うことにする。彼女の家は単に中立地帯というばかりでなく、彼女の進歩的な母親と芸術家風の家庭のおかげで、私にはある意味でセーフハウス〔隠れ家〕のようなところなのだ。

この数週間の間に私の外見は変わっている。頭を剃ったし、下唇にピアスをした。腰には片腕に力こぶを入れた女性の姿の刺青をした。あのリベット打ちのロージー[★49]の図にヒントを得たデザインだ。フェミニズム運動に身を捧げ、その決意をあからさまに示したいと思って、刺青やピアスは私の公な決意の表現というわけだ。

マーク゠アンソニーは依然としてメロメロになりそうなほどかっこいい。髪が伸びて巨大なアフロスタイルになっている。一八〇センチの身長がより高く見える。再会の場で私を見て、彼はその外見が気に入ったというような表情をした。それを機に二人は浮かれた気分になって、意味もなくケラケラ笑ったり、おどけて、でも親しい仲の表現として触ったりして、はしゃぎ合う。そのおふざけの真っ最中に、彼は突然真面目な顔になる。

「ごめん。二度とこんなこと、しないから」彼は言う。

★49　第二次世界大戦中に男性が兵役に取られ製造業、特に軍事関係の工場などで働く女性を賞賛する図が多く出回った。その中でJ・ハワード・ミラーが描いた“We Can Do It!”の標語を伴う力こぶを作る女性の図は特に人気を得、現在でもフェミニズムや女性のパワーの象徴として普及している。

その言葉はこの数週間、私の心に溜められた感情をほとばしらせる。この世界での体験に根付いたシスジェンダーの男性にまつわる私の恐怖心について話す。「あんたたち、シスジェンダーの男って感情的にオープンじゃないのよ」私の言葉は批判的だ。

「僕たちの間のつながりがすごく深くなり続けて、なんだか自分をあまりにも曝け出しているみたいな気がしてきたんだ」彼は話し続ける。「他人には見えない部分も、君には見えるんじゃないかと思って。周りに見せられるところまではまだ辿り着いていない部分なんかも。自分の思い通りにはまだ行動できていないんだ、僕という人間は。いろんなことがどう自分を傷つけているかとかどこで傷ついてしまうかとか、人に知られたくないようなところがまだたくさんあって」彼は説明する。

私は黒人の男のイメージというトピックを持ち出す。クールじゃなきゃいけないというイメージ。彼らはどんな困難に面しても慌てふためかずに落ち着いて対処するというイメージ。不安になったり、気が小さくなったりしてはいけない（そういうイメージでマーク＝アンソニーは自分を縛り付けてしまっているんじゃないか）。私は、そして私たちの人間関係は、お互いが真に正直であることを求めた。正直さとは、つまり自分の弱みをもありのまま晒すことを意味する。私と出会う前に、彼は人の前で涙を見せたことはなかった。子供の時に家族の前で泣いたってそれは別な話だが、彼は外の世界に向けて全くあらわに自分を曝け出すなんてことは一度もなかった。

マーク＝アンソニーは再び私に謝る。二度と私の許から消え去ったりなんか、絶対にしないと言う。そう約束する。そして、私たちはデートし始める。と言っても性的な関係はない。正直なところ、その時は二人とも複数のデート相手がいた。私たち二人はその愛情と完全ぴったしの相性の中で揺るぎなく結びついていた（それはデートとか恋愛とかとは全く違う次元のこと）。その関係はもちろん私たちのデート相手にとっては不可解で、不安をもたらすものであったことは確かだ。私たちが彼らに言ったことは、私たち二人は完全に連結している、切り離すことができない関係なのだ、ということ。私たちのデート相手は、私とマーク＝アンソニーの男女関係を受け入れなくてはならなかった。

彼と私とがともに学習した著述家の一人は、フェミニストでアナーキストのエマ・ゴールドマンだ。彼女は一八九七年、世紀の変わり目の頃、次のように述べている。「私は女性の自立を要求する。自分で自分の生計を立て、自分のために生き、自分の選んだ相手を愛することを許されるべきである。それが複数の相手であっても構わない。男性も女性も自由であらなければならない。自由に活動すること、自由に愛すること、自由に母親となること、それらを要求する」

ゴールドマンはロシア〔現在のリトアニア〕で生まれ、アメリカへ渡った。ドイツの性科学者マグヌス・ヒルシュフェルトはゴールドマンを「同性愛の恋愛関係を公の場で弁護するに至る最初で唯一の女性、それはまた最初で唯一のアメリカ人」と認定することになる。実はそれだけではない。ゴールドマンがヒルシュフェルトに当てた書簡で、彼女は同性愛についてだけではなく、ジェンダー・アイデンティティが男対女の二極性ではなくスペクトラムに沿った度合いとして存在することにも触れている。

ゴールドマンを読んで、社会全体を〔差別や偏見から〕解放することなしに二人の人間の間に健全なる関係はありえない、所有欲や嫉妬心は、本人にそのつもりがなくても人の誠実性を損なわせてしまうということを学ぶ。私たち二人はそうならないよう努力する。個々の人間と、彼らがつどって形成している共同体そのものとを、同じように愛し、敬うことを心がける。例えばきちんと自分を省みて十分に反芻することで、対処すべき本能的な感情、所有欲とか嫉妬心などは出来るだけ抑えるよう努力し、自分の心、魂、そして目が見上げているところ、その心構えが一番大事な目標から外れないような環境を作り出したいと思う。そしてその目標とは、つまるところ自由だ。それは脅かされずに生きることだ。私たち黒人はどうでもいいというメッセージで溢れているアメリカ文化の様々な媒体から私たちの身体を、魂を救い出すことだ。

　黒人はどうでもいいというメッセージは、どこにでも見出せる。例えば、学生のほとんどが黒人であるような学校では、書かれて何十年にもなるような歴史〝ヒストリー〟[★50]の教科書を使っている〔つまり情報が古いから、人種間の葛藤や人種政策の最新の試みなど学校で教えられない〕。

　子供が安全に遊べるような場所のない、生鮮食品が買える店もない黒人住居地帯を車で通れば、そのメッセージはモロ見えだ。また、新しい戦争を始める財源はあるのに、黒人の家族が利用できるまともな病院を建てる金はないことでも。テレビ番組の中で、映画の役柄の中で。通りで仲間たちと立っているだけで逮捕されることで。これでもかこれでもかと無慈悲なまでに、そのメッセージは社会に浸透している。

　だからこそ、私たち二人は黒人社会にこうではない可能性だってあるんだということを示す決意を固める。私たちが知る限りの最も力強く、最も包括的な形でお互いを愛し合う決意をする。マーク＝アンソニーと私にとって、その決意はプラトニックな関係を意味する。そして自分の感じていること、それが自分を脅かすものであれ納得がいかないことであれ、それでいて全く自然に生じるもの、そういう感情の全てに関してお互いに痛いほど正直であることを意味する。ほんとのところ、私たちが初めてのキスを交わしたのは二〇〇三年、最初に出会ってから四年経ってからのことだ。その晩、私たちはタリブ・クウェリのコンサートに連れ立つ。

骨身を削って働き続ける
ああ、骨の折れる音が聞こえる
ただただ食いつなぐためだけに……
コンピューターにつながる
お前ら鷲が噂を広めている間
魂は音を消されたままだ
我々生存者は、消費者に変わる
ただただ食いつなぐためだけに……

夢のような晩を過ごす。次の日は一日中お互いのことを考え続けずにはいられない。そして夜になって電話で話している時、マーク＝アンソニーは「ああ、君をかっさらいに来るよ」と言って、私のところにやって来る。即彼のアパートに行く。そこでアマンドラのサウンドトラックを聴く。二人で自由を想像する。私たちの共同体の自由を。私たち個人の自由を。

★50　historyという言葉には、ヒズ・ストーリー（his story）〝彼の物語〟にかけて男性中心の解釈、また一昔前の解釈に基づいた歴史という意味合いを持つ。

セックスはしない。でも私たちは愛そのもの。一晩中キスし続ける。他の男だったらその一線を超えようとするかもしれない。でもマーク＝アンソニーは私と一緒に流れ漂う。私は彼と一緒に浮き漂う。完璧だ。夢の世界だ。もう目を避けることのできない事実。私たちはすっかり恋に落ちている。半年ほどこんな風に流れ続ける。しっかり繋がっている、けど個人は個人。でも二人は一緒。そしてある日、この連結が切れる。彼の目がどこか遠くを見つめている。私は後を追う。どうしたの、と問い詰める。彼は首を振るだけ。行ってしまう。高校を卒業したすぐ後のあの苦痛に満ちた記憶が戻って来る。心が締め付けられる。でももう何が起きたのか、聞くことはない。ただその状態を受け入れる。彼は約束を破る。そしてそのことは私たちの関係を壊してしまう。まるで音信不通になったわけではないが、カップルとしては終わり。

心は辛くてたまらない。だが、正直なところ一年前の最初の別れに比べればまだなんとか耐えられる。今度は、一年成長している分だけ自分が強くなっている。さして間を置かずに、私はスターとの関係に飛び込む。スターはラッパーで歌手でスタッドだ。私は自分の領域に戻った気分がする。その人物に、その芸術性に、二人の情熱にのめり込む。その関係は五年続く。それは強烈な官能と、同じく激しい怒りとが交互に乱れ合う五年間だ。笑い合うよりいがみ合うことの方が多い関係というのは、これが最初で最後となるのだが。それでも、私たちは頑張る。推し進める。私たちはこの関係がうまく行くよう望み続ける。結婚すれば収まるかとも考えるが、その実この関係の不安定さは私たちのどちらにも益をもたらしはしない。高校で訓練を受けた〝勇気を持って問題に対面する〟心がけだの技術だの、糞食らえだ。私は悲しさでいっぱい、そしてどうしていいかわからない。マーク＝アンソニーと私の周りを包むあの癒しの光が恋しい。マーク＝アンソニーと私はお互いに対して声を荒げたことなど一度もない。

私たち――マーク＝アンソニーと私――は交流を再開する。離れていた間に、私たちのつながりはより強いものとなっている。私たちはそれぞれイファの教えに従って生活するようになっていた。イファはナイジェリアのヨルバ族に起源を持つアフリカの民族信仰だ。少なくとも八〇〇〇年の歴史を持つ。この大地にしっかり根をおろし、オロドゥマレ、オリシャ、と先祖の三部によって均衡を保たれている。一番上に位置するのはオロドゥマレで、それには性が付属しない。オロドゥマレは慈愛に満ちていて、私が育った環境にあった処罰や怒りでいっぱいの〔彼、Heで表される〕神とは大違いだ。オロドゥマレは我々人間の日常行動には関わり合いを持たない。代わりにオロドゥマレは、人間がそれを欲する限り、歓喜と平安とを作り出すのに必要なものを全て備えたこの宇宙を与えてくれた。

イファ信仰では全ての生きとし生けるもの、自然の要素の全ては独立しており、それぞれの魂を持っているとする。岩、花、川、雲、雷、風、これらは皆、精力（エネルギー）であって、オリシャと呼ばれる。私たちが意識しているかどうかにかかわらず、これらのオリシャは私たちがこの世で毎日接触する存在である。また、イファでは先祖が重要な位置を占める。先祖はこの現世で私たちとともにあり、敬われなければならない。彼らは私たちに存在の基盤を与え、私たちを導く力となる。

その先祖の意図を真に理解し受け入れるために、私たちは「占い」をうけることにする。その「読み」は、私たちのこの世の目的や運命がオリシャと先祖の叡智に基づいているということを教えてくれる。全くの偶然ながら、マーク＝アンソニーと私は同じ「読み」を与えられる。私たちは一対（いっつい）となる運命なのだ。私の「読み」は文字通りにそう告げる。「マーク＝アンソニーはあなたの夫となるべき人だ」と。

最初はその「読み」を無視した。というか、詐欺のような気がした。彼にもそう言った。このクィアの女がどうしてマーク＝アンソニーという男と一緒にならなきゃいけないのか。意味をなさないと思った。それに、ヘテロノーマティヴィティ〔異性愛規範〕や家父長制度の伝統的な前提がイファの中に根深くあることは想像に難くない。祭司や男性信者が寄与すること。しかし、私たち二人はお互いのソウルメイトなのだということは、度々異なる人々に指摘される。

マーク＝アンソニーが訪ねて来る。

「この過去八年間ずっと、こうなるだろうとわかっていたね」

その通りだ。私はスターに告げる。この関係から私たちはお互いに自分が値するようなものを生み出すことができないでいる、ここにとどまることはできない、と。

「自分を変えてみせるよ」スターは言う。「約束するから」

「変われるものなら、もうとっくに変わっていたはずよ」

「酷い！　私を捨ててそんなくだらない男のところへ行くなんて」

「誰かのためにあなたと別れるんじゃない。別れるのは、この関係が健全じゃないからよ」私は答える。マーク＝アンソニーはくだらない男なんかじゃない、ということは口に出さない。スターとの口論で心の中をかき乱されること以前に、そこには大嵐が吹き荒れていた。シスジェンダーの男性と結婚しようと思うなんて、そんなこと、そんな可能性など想像したことすらなかった。でも、頭で考えることと心で感じることとの間には宇宙のような広い広い距離がある。私は自分の芯となるところから、マーク＝アンソニーがずっしりと根を張っていることを感じる。

スターとの別れは格別に後味の悪いものとなった。怒りに満ちたＳＭＳや車に残されたメッセージが私に投げつけられる。おそらく私たちはクィア・コミュニティに属しているからであろう、人間関係上の虐待的行動に関してはどこにも助けとなるような場がなかった。異性間、白人カップルでの搾取的関係であれば警察の管轄外にもそれなりの援助施設が存在するが、私たちはそこには属しなかった。夫や恋人の暴力に苦しむ黒人の女性のことを思う。彼女らにとって、警察に連絡をとるのと家で暴力を振るわれるのとでは後者の方がまだましなのだ。黒人や有色人種のクィア・コミュニティにおいては、その不条理が一層際立ってしまう。

私の生活範囲からスターをすっかり締め出してしまうまで不快な泥沼状態が数ヶ月続きた。しかしこの経験はあることを示してくれる。自分が自己変革という名のもとで、自ら進んで苦しみに耐える覚悟がどれほど深く、強く維持できるか、ということだ。その傷跡は深かった。私は安らいだ気分に在りたい、波風の立たないところに在りたい。私はマーク＝アンソニーを引き寄せる。マーク＝アンソニーは私を引き寄せる。彼は私と一緒に成長すること、弱みをみせ、自分の感情をあらわにすることに同意する。すぐ後で彼は私のところに移り住む。そうこうしている時にトパンガキャニオンのキャビンの話が持ち上がり、私たちはそこに住むことに決める。二人の初めての家だ。そして、父の死の訃報を受け取ることになる家。

父の死による喪失の痛みの中で私を支え続けてくれたのはマーク＝アンソニーだ。彼はその後一年にわたって続く癒しのグループを組織してくれる。友だちが集まって、ガブリエルを追悼するためのコラージュやタイルや絵などのアートプロジェクトにかかった。彼らは私のために来てくれるのだけど、ガブリエルの死がもたらす彼ら自身の喪失感を昇華させているとも言えよう。ガブリエルは死ぬまで、私たち共同体の父だった。共同体の友人たちはブリグナックのバーベキューに参加したし、ブリグナックの野球試合に加わった。時には二人だけだったり、時には一〇人現れたり、時には家で集まったり、時には海岸に出かけたりしたのだった。ともかくその一年間彼らは集まった。マーク゠アンソニーが、それを企画し実行した。毎週末、一年を通して。私の夫となるべき人物、とイファが名指したその人。

二〇一〇年、九月一一日、眩しいほどの快晴の朝、私たちはサンペドロの港に近い建物にいた。父の生まれ故郷、ルイジアナの伝統的なデザインを模した家だ。そこで二〇〇人を超える参加者、カラーズ、ブリグナック、マーク゠アンソニーの親戚一門、そして私たち二人が作り上げた共同体の家族のみんなの前で、私たちはお互いに対して誓い合い、また私たちが属する共同体に対しての忠誠を誓う。法的な結婚ではない。なぜならその頃はまだ法的な結婚は異性間に限られていたから「クィアの友人らとの団結を示すために、法に依らない形で結婚することに決めたのだ」。でも私たちの宣誓は法にそぐうものに劣ることなく、深いものだ。

アルトンとガブリエルの弟のエリスの二人が私を式段まで導く。マーク゠アンソニーは母親が連れ添う。白いズートスーツ★51姿の彼はこの上なくハンサムだ。結婚式のテーマは四〇年代。叔母が縫ってくれた上下に分かれた身体にピッタリした白いドレス、うえは短くてお腹が見えるようになっている。祖母がこのために貸してくれた真珠のネックレス。女友達が皆でシャーデー・アデュ★52のヒット曲「至宝の愛」を歌う。私たちは木で作られた指輪を交換する。次は「箒とび★53」だ。私たちと一緒に一五人の最も親しい友達全員が一緒に箒を飛び越える。それからクタクタで動けなくなるまで、踊り尽くす。

パーティーのある一点で、エリス叔父は私の腕を掴み、「一体何がどうなったんだか、こんな大騒ぎに巻き込まれて一緒に騒ぎまくったなんてことは一度もないねえ。人生最高のめちゃくちゃパーティーだよ、これは」と笑った。

そして、母。母は私がここまでたどり着いてくれて本当にありがたい、と言った。そしていま幸せだとも。

マーク＝アンソニーと私は友達連中と一緒に大好きなダイナー食堂に行く。サンタモニカのスウィンガーというところだ。そこでもっと笑って、もっと愛に満ちた時間を過ごす。そこから私たち二人は前から予約してあったウエストウッドのWホテルに到着する。私たちは抱き合い、お互いの腕の中で一夜を明かす。次の日には、私は大学の授業があるし、マーク＝アンソニーも漢方医学の勉強がある。夜が明けるまで、どれだけお互いを愛しているか限りなく囁き続ける。心が希望と信仰に満ちているとも。そして二人はこの長い希求の旅の終わりについに手にした愛、華麗なる愛の中に自身を解き放す。そう、この世界にはあまりにも多くの悲劇、苦痛が満載しているにもかか

★51　一九四〇年代に流行った男性のスーツファッション。肩パッドが入った膝近くまでの長さのジャケットに、ハイウエストで足は幅広だが裾は狭くなっているズボンの組み合わせ。黒人、ラテン系、イタリア系のグループに人気を博した。

★52　Sade Adu（一九五九―）：ナイジェリア出身のイギリス人歌手、作曲家、女優。

★53　主にアメリカ黒人の間に伝わる結婚式での習慣で、結婚の宣誓後新郎新婦が一緒に床に置いてある箒を飛び越えるというもの。一九世紀に始まり、その後すたれるが、一九七〇年代にテレビ番組『ルーツ』で描かれて人気挽回する。

わらず、この至福の境地もあるという事実を確信することで、疲労困憊しながらも満足感に満ちた二人の魂が導いた愛。予期することはできなかったけど、いつも夢見ていた愛。私たちを揺さぶり、私たちを支える愛。これは至宝の愛。

第10章　尊厳と力を今！

敗北に終わる。絶望に陥る。損失に嘆く。その度に、そこに残された種を見いだすことができる。次にはどう改善するかという教訓の種を。

マルコムX

モンティは兄弟の中でいつも一番仲がよかった。子供の時には、一番よく一緒に遊んだし、一番ふざけ合ったし、ほぼ二人だけの特別な言語を使って話していたと言ってもいいくらいだ。双子の兄弟の関係とはまた違うのだけれど、モンティと私は、文を最後まで言い終らなくても、アイデアを最初から最後までちゃんと説明しなくても、お互い言いたいことが即通じてしまう、そんな間柄だった。あらゆる面で、モンティは私の人生初の親友だったと言える。あんなに若い時に彼を失ってしまったことは、私の子供時代の深い傷となり、それをどうにか開け広げ、理解して、癒そうというところに辿り着くまで、一〇年以上の年月が必要となる。警官がモンティをしょっ引き始めたのは、私が一一、彼が一四の時だった。通りでたむろしていた、未成年飲酒をしていたなどの理由で少年鑑別所に連れて行かれた。壁に落書きしているところを捕まると、モンティは全国ギャングデータベースに載せられてしまう。そしてモンティがロサンジェルス郡保安局で拷問を受けた時は、私はまだティーンエイジャーだった。

同じ暴行でも、「虐待」と「拷問」には差がある。どちらも悍ましく、耐え難く、また心理的に深い傷を残す。どちらもその弊害を矮小化することはできない。けれども私に言わせると、そこには明らかに違いがある。「虐待」は意図的であるか意図せずしてそういう行為が起きるか——それは瞬間にして起きることが普通だ——決まっていないが、「拷問」は必ず意図的に行われる。常に前もって策謀される。拷問には手順があって、その目的は人のアイデンティティと人間性とを故意にそして徹底的に破壊してしまうことだ。共同体意識を腐蝕し、その指導者を取り除き、常に恐怖に慄く環境を作る。これは拷問被害者センターで使われる「拷問」の定義である。

言葉を変えて言えば、拷問はテロリズムだ。

そして、これが兄の耐え忍んだこと。

兄一人じゃない。

一九九九年、郡保安官の管轄下であるLA郡保安局刑務所に兄が初めて送り込まれた時に彼が体験したことは、おぼろげながら把握しているつもりだった。しかし、二〇一一年に南カリフォルニアのACLUが発行したレポートを読んで、兄にどういうことがなされたのか、初めてその全貌が見えてくる。アブグレイブ刑務所★54事件をもたらす管理体制の虐待訓練はすでにこの地でなされていたのだ。このアメリカ合衆国内で。アメリカ同時多発テロ事件〔ワールドトレードセンターとペンタゴン襲撃〕のずっと前に。第二次イラク戦争よりも前に。拷問を与えるその訓練は、テロリストではない人々を使ってなされていたのだ。囚人たちはその犠牲者なのだ。

二〇一一年の秋、モンティがコーコラン州刑務所から戻った数週間後、そして病院を退院して母のところに帰ってきた頃のことだ。私はビレッジのうちにいた。マーク＝アンソニーと友達のレイも家にいた。その夜電子メールをチェックしていた時に南カリフォルニアＡＣＬＵからのメールがあることに気づく。ＡＣＬＵはＬＡ郡保安局に対してその囚人に対する「拷問」の行使を糾弾する八六ページにわたる告訴状を出した。八六ページのうちの七〇ページは、拷問に耐えた受刑者たちとその拷問を目の当たりにした証人たちの証言に割かれている。受刑者たちの言葉に加えて、黙っていられなくなった刑務所付きの教誨師たちの証言も含まれたこの告訴状は、ＬＡ郡保安局刑務所では保安局長リー・バカの管理のもと、少なくとも二〇年間、監獄内全域にわたって、残酷に、組織的に、そして慣例的に拷問が行われていたことを明らかにした。

この告訴状の触れている内容は、まさに想像を絶する。

アメリカ全土で最大規模の監獄施設であるＬＡ郡保安局刑務所で、睾丸を蹴り上げられた者、縛り付けられて同時に複数の保安官たちに暴行された者、看守たちの遊興のため以外に理由が考えられない状況でスタンガンの電気ショックを受けた者、懐中電灯だとかそのほかの日常的な道具を極端な暴力を行使するための武器となして看守らに骨を折られたり傷つけられたり、などの暴行を受けた者の数は息を呑むほどだ。その中で特に戦慄させられたのは、とある一市民の証言だった。歩

★54　イラク最大の政治犯刑務所。独裁者サダム・フセイン政権下に存在したが、二〇〇三年に米英軍がバグダッドを陥落したあとはアメリカ軍が管理した。二〇〇四年に軍の関係者たちが服役者を非人道的に扱い拷問を加えている写真がマスコミによって公表され大問題となる。一七人の軍人や職員が解任され、一人が戒告処分、六人が不名誉除隊と禁固刑を受けている。

行ができない身障者のその囚人は、保安官たちに夜寝ているベッドから引きずり出され、肋骨、背中、首を蹴られたり膝を押しつけられたりし、しまいに唐辛子スプレーを顔にかけられた。私は息が荒くなって喘ぎ始める。兄が母の家のバスルームでトイレの前にひざまづき、その中の水を飲み始めたあの記憶が生々しく蘇ってくる。酷い。酷すぎる。

私は息ができない。

私たちは息ができない。

GGGは次のような証言をする。ある保安官は服役者の臀部を晒して何か隠していないか探り回り、その肛門に懐中電灯を差し込む。一・五センチほどだが、内部を傷つけるには十分。その囚人はおびただしく出血する。でもその男は声をあげない。なぜなら、彼の前にその待遇を受けた別の囚人は、叫び声をあげたがゆえにそこから引き摺り出され、ほかの看守たちから暴行を受けたからだ。その不運な囚人の叫び声。その声は静まらない。聞かないふりをすることはできない。ほかの囚人たちの耳に響き渡り、消すことができない。

ああああああああああああああああ！！！！！！

ノーーーーーーーーーーーーーー！！！！！！

プリーーーーーーーーーーーズ！！！！！！

指の数々、手、鎖骨、あご、肋骨がへし折られた。

眼球が飛び出た。

腕や肩の関節は当たり前のことのように脱臼させられる。

意識を失って横たわる囚人たちですらも、暴行され続けた。

刑務所雇用ではない独自のオブザーバーによると、ほとんどの場合囚人たちは抵抗しなかったと言う。その多くは手錠をかけられてから暴行を受けた、とも。

ある者は真っ裸にされ、多人数の独房に入れられる。ほかの囚人たちはその男をレイプするようけしかけられる。男はレイプされる。

男の看守たちは拷問に参与した。女の看守たちも拷問に参与した。刑務所内の誰もがそのことを知っていた。刑務所の医療スタッフもそのことを知っていた。保安局長もそのことを知っていた。

この告訴状を読んで初めて、兄になされたことの実態を掴む。それまでは何もわかっていなかったも同然だった。私のモンティ。私の大の親友。裸にされ殴られ飢えさせられ、トイレの水を飲むに至らされた兄。他には？　他には一体どんな拷問を与えられたのか？

この監獄を生き延びた人々の証言の中にモンティの言葉はないが、彼も同じくサバイバーだ。私の家族全員がそうだ。記憶が蘇る。一九九九年。母が兄を探し求めて必死になっている姿が頭に浮かぶ。電話をかけまくる。誰も助けてくれる者はいない。私はまだほんの子供だった。誰か母を助けてくれる人がいてほしい。誰か兄を助けてくれる人がいてほしい。けれども、誰もいない。誰一人、いない。

まるでいま現在、実際に起きていることかのように、母が話す言葉が耳によみがえる。**お願いです。息子を探しているんです。名前はモンティ・カラーズ。**電話を受けた相手が誰であろうと、母は懇願する。しかし耳を傾ける者はいない。

二〇一一年、ＡＣＬＵのレポートを読みながら私は泣き始める。マーク＝アンソニーとレイがよってくる。**どうしたんだ？** 彼らは訊く。私にできることは、ただ首を振ってコンピューターの画面を指差すだけ。気持ちが少し安定してから、私は母に電話する。

「お母さん。今モンティとそこにいる？」

「ええ、そうだけど」

「モンティも聞いてる？」母はそこでモンティに手で指図したのだろう、モンティは別の受話器を取る。

「ＬＡ郡保安局刑務所に訴訟が出ているのよ。囚人に対する拷問行為の罪で」

母もモンティも何も言わない。

数秒間、いや何十秒か経って、母が答える。

「やっとね」

また沈黙が流れる。そしてモンティの声。ゆっくりと低く、でもはっきりと。

「やっとだ」

私は刑務所内で何が起きたのか世界中に知らせなくちゃいけないという衝動に駆られる。マーク＝アンソニーとレイにこのことを訴える芝居を作ると宣言する。そして即その準備にかかる。友達四人を集める。彼らは、皆非凡な才能を持つ俳優たちだ。告訴状を二・四×三・三メートルの大きさに拡大する。母に電話する。

「ねえ、あの時刑務所にかけた電話の記録、まだ持っている？」

「もちろんよ」母は答える。「全部、何もかもちゃんととってあるわよ」
母の電話の会話の記録を録音する。この告訴状の証言が公開された後に設置された調査委員会によって尋問を受ける保安局長と保安官補佐の二人の録音記録を手に入れる。バリケードテープを買う。いつも私たちの政治的芸術活動をやらせてくれる地元の劇場に問い合わせる。このパフォーマンスは「ステインド」〔汚れ〕と題する。観客が劇場に入ってくると、まず見るものは告訴状の中の証言だ。

1

保安官たちはKKを殴った。彼は顎の骨にひびが入り、目に手術を要するような怪我を受け、耳も縫合されなければならないほどの酷い暴行だった。この事件が起きたのはKKがいる階の全ての独房に室内点検が入った時のことだ。点検のあとで、KKはその直前に刑務所内の売店で購入したものを含め何点かの所有物がなくなっていることに気づいた。紛失したものについて巡査と話したいと願い出たところ、保安官はKKを壁に叩きつけ、耳にビンタを食らわし、顔を幾度も殴った。KKが床に倒れると、次に顔や顎や頭の後ろを一〇回ほど蹴った。床は血だらけとなる。そのあとまたその保安官は耳のあたりを三回蹴った。これは彼が車に轢かれた時よりもずっと酷い痛みを伴う経験だったと、KKは供述している。

2

男性受刑者専用のセントラル刑務所の保安官は、JJを襲った。JJが「〔あんたは〕高校以来デートの相手もなかったんだろう」と言ったことへの仕返しとして、その保安官はJJを床に投げ倒し、JJの所有物を引きずり出すと、それらをトイレに流した。分厚いブーツで何度もJJの手を踏みつけ、関節を砕いてしまう。そこにいた他の保安官たちは床にいる

ＪＪを蹴った。そして癲癇持ちであるＪＪにスタンガンを当てがう。最後には唐辛子スプレーを顔に吹き付ける。ＪＪは身体中にあざを負い、また砕けた手の関節を矯正する手術を受ける。

3

ユアン・パブロ・レイズは保安官たちに助骨、背中、口と目を何度も殴られた。彼の眼孔には割れ目が入る。レイズが床に倒れると、彼らはつま先に金属の埋め込まれた作業ブーツで蹴り上げた。レイズが悲鳴をあげていることを全く無視して蹴り続ける。それだけじゃない。次に保安官たちは彼に服を脱ぐよう命令する。全裸のまま、レイズはその棟の廊下を他の囚人たちが目を凝らす中、何度も行ったり来たり歩かされる。保安官の一人は「ゲイボーイ、ウォーキング」[★55]と冷やかす。レイズは歩きながら涙を流す。それを見て彼らは笑う。それからレイズを他の囚人らと一緒の独房に入れ、殴ったり性的暴力を振るったりされるがままに放っておく。出してくれと繰り返し叫ぶ声を無視する。

黄色いバリケードテープは観客と出演者を分けて引かれる。出演者四人はそれぞれ離れて舞台に立っている。独房監禁を模している。彼らは白いＴシャツと灰色のスエットパンツに黒のコンバース姿で、各々が檻に入れられていることの打撃をあらわす演技をする。

一人は床に倒れてしまうまで、バーピー運動[★56]を続ける。

一人の女は笑い続ける。そして泣き始める。そのうちにまた笑いだす。彼女は上演が続く間ずっとこの二つの行為だけを行ったり来たりする。

一人はその場をぐるぐる歩き回り、とどまろうとしない。

最後の俳優はジャンプし続ける。見ることのできない空に届こうとするかのように必死で飛び続ける。

その間ずっと、録音された声が流れ続ける。母が息子を探し求めて何十回とかけ続けた電話の日付と要件の記録を読み上げる声。刑務所の監視司令官からやっとの事で突き止めた刑務所付きの精神科医に電話が繋がる。その医者はモンティについて何も語らない。——実際にはその時点では統合失調感情障害という診断がおりていたのだが、私たちには何も知らされなかった——代わりに、その女医は母を一方的に責めるばかりだ。**なんて図々しいんでしょう。何回ここに電話かけてきたか自分でわかってるの？ 何のつもり？**

観客は、保安局長と副局長が委員会での諮問された時の応答の録音も聞く。

「バカ保安局長、看守たちが受刑者に暴行を振るっても構わないと思えるような刑務所というのは、一体どんな管理の仕方をしていたんですか。しかも一般市民の前で、ACLUの弁護士や、州の議員や教誨師も含めてですよ」

上演二日目の夜、ストラテジー・センターの女友達のフランチェスカが、**これは続かせなきゃだめよ、続かせることができるわ、**と言った。彼女は私を養い育て、私の成長と将来の展望を支え続

★55 アメリカ刑務所で死刑囚が処刑室に向かう時に使われる決まり文句、Dead Man Walking を模した言い方。刑務所外でも何か来るべき災難を待っているような時にも比喩的に使うこともある。また、一九九五年の同名のタイトルでティム・ロビンス監督、ショーン・ペン出演の死刑囚の映画でも有名。

★56 直立、スクワット、両手を床に広げて体を支える（腕立て伏せ姿勢）、床に腹ばいになる、腕立て伏せ姿勢、スクワット、直立のループを繰り返す運動。

けてくれた女性だ。産みの母とは言えなくとも、助産婦の大役を果たした人物と見なすに値する人物。そしてもちろん私はモンティや告訴状の証人たちが体験したことを、誰一人として体験せずに済むように努めたい。受刑者を持つ家族に、私たちが経験したような絶望を二度と味わせたくない。結局、この劇は二年ほどあちこちで上演された。この劇が移動している間に、私たちはある運動の組織を考え始める。そして二〇一二年の九月に「保安局暴力を終わらせる連合」という組織を発足させる。最初の目標は一般人による保安局監視の機構を立ち上げ、確保させることだ。

しかし、この連合の活動が成長するにつれて、この目的を達成するためにはそれ自身で運営を賄える組織が必要だということが明らかになってくる。私にそんな大それた仕事ができるのだろうか。が同時に、私はもはや初めてストラテジー・センターに現れた一七歳のパトリースではない。ストラテジー・センターはこの何年も勤めているところだ。私が成人となってからも、ずっと時間とエネルギーをつぎ込んだところだ。もちろんこのセンターには生涯を通して帰属することになるが、この機に際して、私はこの慣れ親しんだ住処から旅立つ時が来たことを感じる。このセンターで教わったことの全て、社会に弱者と見なされている人々のあいだに力を築いていくことで様々な社会正義を求める運動を開始し、実行に移し、そして勝利に導く、その知識と決意を今より大きな世界へと持ち出す、その時が来たのだと自覚する。

ストラテジー・センターはロサンジェルス地区の学校で親に課された無断欠席に対する罰金の義務を覆すことに成功した。貧しい家庭の学生たち、その親たちはそういう経済的余裕がなかっただけでなく、規則を犯した罪人となり公共の場で辱められていたことが断たれたのだ。それが私たちの手でできるものなら、愛する家族の一員をなくした母親、父親、兄弟、従兄弟たち、友人たちの皆の協力を得て、保安局の非人道性を止めることだってできるはずだ。彼らに家族を痛めつけさせはしない。拷問を許したりはしない。

そして私たちは新しい団体を作る。「尊厳と力を今」という団体だ。

そして二〇一六年にはＬＡ郡保安局に最初の一般市民による監視理事会を確立することに相成る。

第11章　ブラック・ライヴズ・マター

ティーンエイジャーの子供がうちに帰ろうとしているだけだったのに。

シブリーナ・フルトン

二〇一三年七月一三日。トレイヴォン・マーティンを殺した男の公判が行われていた。私はその報道に耳を傾けていた。その事件は一年半ほど前に起きた。が、私がそのことに気づいたのは二〇一二年のやはり七月だったと思う。ストラテジー・センターでフェイスブックをつらつら見ている時にトレイヴォンのことを知った。それは地元新聞の小さな記事だった。サンフォード市の新聞だったかもしれない。それによると、白人男性（記事ではそうなっていたし、本人自身がそう言ったことになっている。但し彼の人種について私たちが確認するまでのことだが）が黒人の少年を殺害して、起訴には至っていないというものだった。

悪態が口をつく。怒りがこみ上げて来る。**人を殺しておいて不起訴、ってどういうこと？**　仲間たちに連絡を入れる。**この一七歳のトレイヴォン・マーティンの話を聞いた？**　この少年にそっくりな若者たちといつも関わり合ってきた。悲しみが湧き出る。仲間たちが連絡して来る。彼らも悲嘆に暮れている。その日、私のうちで集まりを開く。みんなで輪になって座る。いろいろな人種からなる一五人ほどのグループの仲間は、白人至上主義をなくしてしまうことや、子供たちが皆健全に成長できるような世界を創ることに身を捧げている人々だ。私たちはテレビやネットで自分が見聞きしたことを語り合い、その意味について検討し、そして共に涙を流す。

仲間の一人、アル・シャープトン★57がトレイヴォン事件の詳細を聞き集め、そして加害者の逮捕を要求してニューヨークで大きな反対デモが行われることを聞きつける。当初のところは、そのニュースは黙殺されたようだ。が、その要求運動はフロリダで著しく活発化されて、一般の耳目を集めるようになる。ウミ・アグニューによって率いられる献身的で果敢な若者たちの「ドリームディフェンダーズ」〔夢の守護者〕という名前の団体のおかげだ。彼らはフロリダ州知事のオフィスを占領し、私たち世代の若者たちの政治的手段の先頭に直接行動という作戦を取り入れる。ソーシャルメディアを使ってその声を増幅させる。彼らの行動は国中のオーガナイザーを鼓舞する。もちろん私もその中の一人だ。その頃私はロサンジェルスで「尊厳と力を今」組織を建てているところだった。何週間も抗議が続いた後で、加害者がやっと逮捕される。そしてその男がいかに異常でおかしい人間であるかが、少しずつわかってくる。以前にも暴力を振るったことがあって、警察が呼ばれたこともあるとか、自警団員を称して銃を持ち歩いていたとか、そういうことが報道される。この男はテロリストと呼ばれたことはない。トレイヴォンを殺す前には、なんの犯罪データベース

★57　Al Sharpton（一九五四―）：アメリカ黒人。バプテスト教会牧師、公民権運動活動家、テレビ番組司会者、政治活動家。公民権団体ナショナル・アクション・ネットワークの創設者。

に載せられたこともない。

公判が始まる前に、いくつかの事実が浮かび上がる。

二〇〇五年七月、加害者は警官の介入に腕力で抵抗したことで逮捕されている。『ワシントンポスト』紙の記者ジョナサン・ケープハートによると、銃を身に携える資格を得た後、自警団員を自称するようになった加害者は「友達が未成年飲酒の疑いで尋問された際に、警官ともみ合いになった」そして最終的には「〔加害者の〕刑罰は軽減され、アルコール教育プログラムに参加することに同意したため、撤回される」と。

二〇〇五年八月、加害者の婚約者は彼に対する差し止め命令〔特定の個人の生活の場に現れてはいけないとする禁令〕を要求して、認可を受ける。それは彼が彼女に暴力を振るうという理由でだった。

トレイヴォンの事件の前、八年の間に加害者はフロリダ州サンフォードの警察署に四五回以上にわたって電話をかけている。どれも彼が〝怪しげな黒人の男〟と呼ぶ人物たちについて証拠のない疑いを着せる内容だ。

加害者の従姉妹の言葉もある。彼女はトレイヴォン事件のずっと前に加害者が彼女にいかがわしいことをした、と警察に通報している。事件の前ということは、彼女の通報は世間の注目を集めるための演技ではないということだ。トレイヴォンの事件後、彼女は警察官に告げている。「ジョージのことはよく知っています。あの人は黒人を忌み嫌っています」名前を伏せることを条件に、彼女は語り続けた。「彼はいつも何か問題を起こすんです。何かというとすぐ、喧嘩腰になって。血の中にそういう要因が含まれている、とでも言えるでしょうか。とにかく、この気の毒な少年と彼の家族が世間から見過ごされてしまってはいけない、と思うんです」女は警察に、加害者の背景について聴取するよう、彼が実際どんな人間であるか調べるように懇願している。

これらの報告記録は全て、シャープトン牧師がその運動を始める以前に集められたものだ。加害者が逮捕される以前に、ドリームディフェンダーズが州知事のオフィスを占領する以前に。そしてブラック・ライヴズ・マターが存在する以前のことだ。

二〇一三年の七月一三日の朝、私はカリフォルニアのスーザンビルに向かっていた。リッチーという一八歳の青年に会うためだ。彼が一四の時出会って、それ以来の付き合いだ。リッチーは強盗罪で一〇年の刑を受けている。誰も傷つけてはいない。トレイヴォンの殺害者は一体どんな刑を受けることになるんだろうか。

リッチーのところまで行くには、車でほぼ半日かかる。彼に最初に会ったのは、マーク゠アンソニー、ジェイソンと私の三人がクリーブランド高でカウンセラーとして働いていた時のことだ。私たちは学生のための〝犯罪が生む被害を修復するためのプログラム〞の数々を組んでいた。優秀な学生を集めたグループの中で一番秀でていたのがリッチーだ。彼については、問題になりそうな状況を自分から避けるということができない黒人少年たちのグループに属している、と説明を受けた。だが、罰則で支配するという手段は絶対に取らないというのが私たちの主義だ。

例えば休学処罰。それが若者たちの個人の完遂度だとか態度の向上だとかのためにどういう役に立つといえるだろうか。実に無効である。それでいてこの罰則は必要以上に安売りされた。先生に敬意を示さなかったというのが、一番頻繁に使われる理由だ。その上同じような罪状だけを比較しても、黒人の学生たちは白人の学生たちのほぼ四倍の数で休学処置を取られる。それだけ捕まり易いというわけだ。その中でも更に、白人の教師に教えられる黒人の子供たちの休学処置率は特に高くなる。そのことはいろいろなデータで何度も証明されている。その逆の場合は同じことが言えない〔つまり黒人教師が白人の学生を休学させる率は高くはならない〕。

私たちがクリーブランド高で働いていた二〇一一年から二〇一二年までの間、全国で七〇〇万人もの子供たち――そこにはなんと四歳児まで含まれているが――が休学処置を受けた。このように広範に行われている罰則は、実は失策でしかない。調査のデータが示すように、休学させられた子供たちは学校や教師や級友たちに所属する感覚を失う。休学処置は、他の懲罰がそうであるように、子供たちに害を与えている学校外での生活や社会的事象には一切目を向けていない。例えば、食べ物が十分にない家庭とか居住地が安定していないとか、警官によるハラスメントや親や家族の一員を大量投獄現象で失ってしまっていることなどなど。

クリーブランド高での私たちの仕事は、問題がエスカレートする前にその過程を中断させることだった。それも、学生たちの人間性を重視することを前提にして。その一年、私たち三人は少年たちと一緒に輪になって座り、人種差別について、ホモフォビアについて語り合った。階級主義について、性差別について討論した。依存症という概念を細かく検討し、薬物依存に限らずむしろ〝自分に害をもたらすような行為を取らせてしまう行動的要因〟ということに焦点を当てた。私たちの目的は、少年たちが自分の夢は手が届かないものだと思ってしまわないよう、そうなる前に手を打つことだった。

リッチーはそのグループの中の知的な芸術家だった。自分はフェミニストだと宣言した最初の学生で、自分の父親のような黒人男性にはなりたくないからだと説明した。父親の持つ男性像はジュデオ・クリスチャン〔ユダヤ教とキリスト教を生み出した基盤〕の限られたイメージに左右されたものので、お金を稼ぎ、結婚し、子供を作り、家を取り仕切り、そして死ぬ、というものだ。リッチーはのちに学校新聞の編集長となる。その年のヴァレンタインデイの発刊紙に、ある女子学生の記事を採用する。彼女は、その頃みんなが読んでいたイヴ・エンスラーの影響を受けていて、ヴァレンタインの日をヴァギナの祝日にしようと提唱した。

彼女はその記事で、ヴァギナは神聖なものであって男の暴力の的ではあり続けないと論じる。リッチーは他の学生にその記事に合わせたイラストを依頼し、その画像を記事に添える。それは学校新聞の第一面に現れる。記事と女性性器の拡大図だ。高校当局の連中は飛び上がった。新聞を全て押収し、リッチーを休学処分にした。彼は怯まなかった。性的暴行について語り、女性性器に対する認識を変えていくことは、新聞という公共機関の責任であると主張した。女性は力強い存在だから、そのように敬われるべきだと弁じた。

彼の見解は世界中の関心を集める。リッチーははるばるインドのような遠方からまで、インタビューの申し込みを受ける。ついに学校当局は折れて、この発刊に関する懲戒も休学の脅しも取り下げる。この経験はリッチーをすっかり変えてしまう。沈黙を守る母、無意味に厳しい規則に従うことを要求する父、その束縛から逃れたくてたまらず、一八歳になって、彼は両親の家を出る。私とマーク゠アンソニーの家にしばし滞在するが、あとで友人らと一緒にレセダにある小さいアパートを見つけて移る。クリーブランド高に近いところだ。そしてLA共同地区教育委員会に職を見つける。自分とさして年の変わらない学生たちの面倒をみることになる。人生はスムーズに流れていくかのように見えた。

その流れが突如中断されるまでは。

何の先触れもなく、教育委員会はリッチーの就業時間を減らす。話し合いも何もない。クビにしたわけではない。が、仕事の時間をコロコロ変えるし、生活賃金レベルの収入も与えない。仕事の時間がまちまちなので、他の仕事を探すのも難しい。リッチー。一九三センチの長身に刺青をまとい、自立したばかりの黒人青年。雇われるには十分能力を持っているが、実際に労働力に組み込まれ将来へ続く職業の途に入れるには力が足りない、けれどもクビにするほどは悪くない、そんなどっちつかずの場で動きがとれず、不満は高まる。そして、家賃は払わなくてはいけない。

逮捕された後で私に話してくれたことは、家賃の金がなくてどうしていいかわからなくなった時に、彼は子供の時から言い聞かされていた文句が頭の中を巡っているのに気づいた、と。**男は助けを求めない。男は必要なものは自分で手に入れる、**という言葉だ。「パトリースにはもう十分にお世話になったし」リッチーは訪ねて行ったLA郡保安局刑務所の訪問者面会室で、そう言う。「やっぱり子供だって思われたくなかったんだ。弱虫だって。そりゃばかなことだってわかってるんだけど。でもその時はしっかりそう思ってしまったんだ」助けが必要ならば、いつでも私のところへ来ていいんだ、と伝える。「いやあ、何を考えていたんだか。誰も傷つけなかったら、ただ金だけ取っていけば、とにかく今月はどうにかなる。誰にも知られずにすむ、って考えたんだと思う」彼は続ける。「本当にばかげた話だろう？　誰にも手を出したりするつもりは全くなかったよ。家賃を払う分の金が要っただけのことなんだ」

誰も負傷したものがいないのは本当だ。被害を受けた者たちはおそらく恐怖で縮み上がったかもしれないけれど。とにかく、リッチーは一〇年の刑を下される。モンティも同じく、誰一人、人を傷つけたりしたことはなくて、八年だった。こう書き下しながら、私の頭の中にはいろいろな思いが駆け巡る。殺人を犯す警官たち、嘘の証言をする警官たち、罰せられることのない警官たち、無罪を受けて放免される警官たち。それにブロック・ターナーはどうだ。スタンフォード大水泳チームのスター選手。女性をレイプして六ヶ月を食らう。六ヶ月！　なぜなら、判事は彼が刑務所で生き延びられるとは思わないから、刑務所は彼のような人間の行くところではないからと、そうのたまった。

じゃあ、刑務所はリッチーには適した場だというのだろうか。モンティやガブリエルだったら問題ない、ということか。何とお粗末な理由付けだろう。それだけで刑務所を閉鎖してしまうのに十分なくらいだ。

でもこの二〇一三年七月、真夏の暑さの中、リッチーは受刑初年のさなかにあった。私たち、リッチーの妻タイナと彼の親友であるヘイウァンと私の三人は、スーザンビルの刑務所の面会室に座る。カリフォルニアの刑務所の面会室はみんな似たり寄ったりだ。消毒されたような殺風景で窓のない部屋に、お互いが足先で触ることができないように、一〇センチ近くわざと低くされたテーブルが置いてある。必ず自動販売機が置いてあって、法外な値段でジャンクフードを売っている。白人の卸売業者が儲かるように保安局の連中とつるんでいるに違いない。そして、その塩辛すぎるか、または砂糖まみれの食べ物はそれしか食べるもののない者にとって、身体に悪いことは明らかだ。

面会室で私たちはありとあらゆることについて話し続けるが、結局のところ、話題はフロリダで展開しているこの事件に、そしてその殺害者にと戻ってしまう。釈放されるだろうか。私たちはカリフォルニアにいて、リッチーと一緒で、互いに愛し合い、服役中という状況の範囲内で可能な限り笑うこともできる。でもフロリダの事件は人ごとではない。フルトン家とマーティン家〔トレイヴォン・マーティンの母方の家族と父方の家族〕の皆のことで胸がいっぱいだ。そして、気分が沈んでしまうのは致し方ない。この国で黒人の若者たちのためには正義が通らないことを熟知しているがゆえに暗鬱として、来るべき判決がどうなるかについて誰も話さない。こうであればいい、ああであれば嬉しいという希望について話し合う。実際、それ以外に何があるだろう。酷い話だ。この男は緊急電話を受けた警官に追跡をやめるよう何度も言われていながら一七歳のトレイヴォン・マーティンを追いかけて殺した、ということを世界中の人々が知っている。それなのに、私たちには希望することしか残っていないのか。

事件後のニュースや解説などで、いろいろな詳細が報道される。黒人少年、トレイヴォン・マーティンはうちに歩いて帰る途中だった。片手にアリゾナアイスティーの缶と、弟のために買ったスキドルキャンディーの袋を持って。もう一方の手には携帯を持っていた。友達のレイチェルと話していた。レイチェルは他の子たちにいじめを受けていて、トレイヴォンはそこに足を踏み入れかばった、その友達だ。そして頭にはパーカーのフードを被っていた。ティーンエイジャーの子ならたいてい誰でもそうしている。そこに〝白人を代表する〟太めの男〔父は白人、母はペルー生まれのラテン系。後日ニュースメディアでは〝白人系ヒスパニック〟に変わる〕が現れる。男はその少年が黒人で、その上他の少年たちのようにフードを被っていたので、危険人物だと決め込む。

男は警察から送られたパトロール警官に〝近隣警戒〟を止めるように命じられていた。

男は少年を追いかける。弟のために買い物に出た帰りの少年。電話で高校の友達と話しながら歩いている少年。その友達をいじめから守った少年。

男はこの武器を持たない少年に銃を向けて撃った。自分よりおそらく二〇―三〇キロも体重の軽い少年を殺した。

男は自分のやったことは、自分の権利の範囲内だと信じている。その正当防衛法は、アイスティーとキャンディーを持って家に帰るところの少年に自分を弁護する機会を与えない。男は法によって保証されている正当防衛の権利は、少年が弟にお菓子を買ってうちに帰る権利よりも優っていると信じた。

私たちはこの裁判の陪審員たちが、それに賛同するかもしれないことを恐れる。

私たちはこの男を逮捕するのに信じられないほどかかった努力と時間の意味することを憂慮する。トレイヴォンの素晴らしい生涯とその悲惨な死がかき消されてしまうかもしれないと、心を痛める。この事件のニュースは新聞の第一面には載らない。デートライン★58でも取り上げられない。アンダーソン・クーパー★59もノー・コメント。私がフェイスブックに載せた文は単なる短いブログでしかない。主流のメディアに繋がってもいない。「家に帰る途中の武器を持たない黒人少年を銃で撃って死なせた白人男性は、尋問を受けた後帰宅することを許される」私は怒りと疑惑とで叫び出しそうだ。これは二〇一二年のことか、それとも一九五五年のことなのか。

★58 Dateline：米NBCテレビ局の代表的なニューズ特集の番組。一九九二年に始まり、その探究的ジャーナリズムで人気番組となる。ニュースとドキュメンタリーの部門で何度もエミー賞を受賞する。

★59 Anderson Cooper（一九六七―）：アメリカ人テレビジャーナリスト。CNNテレビのアンカーマン。

一九五五年、それは一四歳のエメット・ティル★60が殺された年だ。それがトレイヴォン・マーティンの裁判に至る前とその過程の数ヶ月の間、私が考え続けていたことだ。エメット・ティルと彼の家族たち、そして甥のチェイスのことが頭を離れない。トレイヴォンが殺された年、チェイスは一四歳だった。私の甥も、近所を歩いているところを撃たれて死ぬのだろうか。そしてその殺人事件はあまりにも些細な出来事で、ニュースにもならなければ誰も罪に問われることなしで忘れられてしまうのだろうか。

私は貧困に満ち、苦痛が浸透した町で育った。そこは必要な物流が途絶え、でも暴力の道具だけは十分供給されている現代の取り残されたコミュニティの一つだった。けれども、この町で誰かが犯罪を犯したなら、それが万一殺人であったりなどした日には、とんでもないことに、住民全員が責任を持たされることになる。金属探知機、サーチライト、二四時間の警官配置、学校から帰宅しているところの子供たちへの尋問、そういう措置は、即座に正当化された。私たちの必要とすることをちゃんと代弁しますと確約した政治家やその類の者たちによって。その政治家たちは、白人が私たちを撃ち倒す時、一体どこにいるのか。

ドリームディフェンダーズを立ち上げた勇気ある若者たちは、魂を打ち砕かれても果敢に立ち向かうトレイヴォンの両親、シブリーナ・フルトンとトレイシー・マーティンの二人と力を合わせ、座り込み運動や抗議のデモやオキュパイ作戦を繰り広げた。そういう努力なしには、そして我らがアル・シャープトンがいなかったら、その家族や親友たち以外の人々がこの少年の名前を口にすることもなかっただろう。彼らの努力のおかげで、私たちは事件の詳細を知ることができる。そして恐れずにはいられない。しかし、この二〇一三年七月一三日、スーザンビルの刑務所で、誰をも傷つけることなくどうしようもなく行き詰まった黒人の青年には一〇年の刑で、白人の強姦犯には六ヶ月を下したこの州にあって、未だに私たちは一縷の希望にすがりつく。

なぜなら、他に何ができようか。

リッチーへの訪問は七時間後に終わる。その小さな町のモーテルに戻る。その町の人口は二万人ほどで、そのほぼ半分、四六%は町の二箇所にある刑務所の服役者人口だ。一八六〇年に町として設立されたこのスーザンビルは、この町を創立したということになっている男性の娘の名前をとったものだ。もちろんその当時〝創立する〟という言葉は、マニフェスト・デスティニー〔明白なる運命〕つまり、西部開拓の進路に沿った土地や資源の強奪と征服され殺され奪い取られた人々の歴史を覆い隠す御都合主義的言い回しにしか過ぎない。〝創立する〟という言葉は、今の〝巻き添え被害〟という句の使用と同じことだ。言いにくいことを、回り回った言い方で誤魔化している。〝巻き添え被害〟の使用度は九〇年代に急に高くなった。イラクの子供たちが殺された、と言わなくて済むように。

ともあれ、私たちはロサンジェルスから車で一一時間離れたところにいる。スーザンビルはカリフォルニア北部、サンフランシスコよりネバダ州のレノよりももっと北上したところにある。カリフォルニアというとたいてい誰でも絢爛なビバリーヒルズだとか輝きに満ちたシリコンバレーだと

★60　Emmet Till（一九四一—一九五五）：シカゴ出身の黒人だが、ミシシッピ州マネーの親戚を訪れている時、食料品店の白人女性に失礼を働いたとしてその家族に暴行を受け殺された。彼を殺した者たちは無罪放免となる。何十年もの後に女性の申し立ては虚偽であったことが判明する。この事件はその後の公民権運動の原動力に加担する。

か、その活気と富を思い浮かべるのが通常だろうが、ここスーザンビルはそのイメージとは程遠い。この町の写真を見たら、誰もがそこはカリフォルニアではなくてウエストバージニアかどこか〔のさびれた田舎町〕だと思うに違いない。

しかしながら、実のところ旅行客が集まるような観光地の方が例外で、スーザンビルの方がずっとカリフォルニアの平均的な自治体を反映している。いや、カリフォルニアに限らない。アメリカ全土にごまんと散らばる一般的な、何ということのない、小さくて、労働者階級が主である町の様相だ。ただし、この町の人口構成を見るとそれは信じられないほど多種多様な広がりを示す――まるでお化け屋敷の凹凸鏡だとかテレビのSF番組『トワイライト・ゾーン』のエピソードに出てくる歪曲されたイメージみたいに。どういう意味か説明しよう。スーザンビルには町を自由に歩いているような〔犯罪人ではない〕黒人は一人もいない。けれども、町の人口比率表を一見すると、そこはまるで人種の多様性を祝うクンバヤ〔ゴスペルの歌を歌うシーン〕のショーウィンドウの様相だ。

一昔前は木の伐採事業や鉱山の採掘業などで人が集まった。今、唯一の成長産業といえば、刑務所だ。町の成人人口の半分がどちらかの留置施設に勤めている。その就業者数は、受刑者を使った仕事、その労働力を加えたならば、更に倍増する。彼らはもちろん地元出身ではなく、ほとんどがLA郡かベイエリアから送られてきた者たちだけれども〔この刑務所人口が、町の多様性に貢献しているというわけだ〕。

町の店の並びやその辺を歩いている人々を見ていると、白黒写真に捉えられた一九五〇年代のメキシコ湾沿いの南部の町に立っているかのようだ。田舎暮らしの辛酸な有り様を目のあたりにしているような気がする。まるでその僻地生活の困難から逃れることができないし、将来も解放されることは決してありえないとあざ笑っているかのようだ。そこには壁があり、鉄柵があり、銃を備えた見張り塔があり、鉄条網のかかった柵がある。そしてあちこちに見られる軍兵たち。彼らはスーザンビルの近くにある基地に駐屯している兵隊たちだ。彼らの姿は、近々起こるであろう戦争の兆しを感じさせる。大小様々のアメリカ国旗が翻っている。戦争と犯罪が起きることを望み、その後ろ盾となって生計を立てるというのは一体どんな感じがするものなのだろうか。スーザンビルの住民たちは、戦争と犯罪がなければ町の経済が崩壊してしまうと思っているに違いない。

刑務所からモーテルに戻る途中で小さな食料品店に寄り、電子レンジで温めて食べられるようなものを買い求める。外食したくなるようなレストランは見当たらないし、この方が安くつく。なるだけ健康に害のない食品を選んで、チキンサンドイッチか何か、そういう類のものを買う。モーテルの部屋のレンジで温める。その後、ラップトップをつける。食べながら裁判の判決を待つ。フェイスブックの自分のページに行く。皆がそこに最新のニュースを送り込んでくれる。心配でたまらないが、フェイスブックのおかげで皆に繋がっていることを感じる。

そしてついにその時が来る。

タイムラインの更新が起こる。被告はまず第一番目の容疑が無罪とされる。そしてまた一つ、また一つ、全ての容疑が無罪とされる。全ての起訴項目が無効となる。私はショックに陥る。息ができない。心臓が止まったような気がする。ショックのあまり身動きができない。一縷の希望がかき消えた。やっと息をつくと、今度は否認に走る。**違う。こんなことあり得ない。ちょっと待ってよ、これってまるで意味をなさないじゃない。**これは間違いだと言いながら、これが現実なのだということも十分承知している。羞恥と屈辱の念に声も出ない。なぜこんなことが起きたのか。なぜ押しとどめることができなかったのか。そして、私は泣き始める。泣いたってどうしようもないとはわかっている。涙を見せたくはない。期待に沿うような、ずば抜けて気丈な黒人でなくちゃいけないと思っている。想像を超えるほど強い人間にならなくては。自分のもろさを考える余地もなく自分に泣くことを許す隙間もないほど強い人間であらなくては。

顔を上げて辺りを見回す。この狭いモーテルの部屋。一緒にここまで旅した二人の女性を見つめる。クリーブランド高でカウンセラーとして、私は彼女らのために特殊な役割を果たして来た。ヘイウォンはリッチーの二年上の先輩に当たる。彼女はリッチーが新入生として高校に入った時に出会って以来、まるで自分の弟であるかのように面倒を見始めた。私はこの二人を招き入れ、相談に乗り、共同体での正義を守り、刑務所の産業化に対抗し、人権擁護のために活動する運動家として育ててきた。

そしてタイナ。タイナはリッチーが逮捕される数ヶ月前に彼と恋に落ちた。彼と共に歩む決意でいる。ということは私も彼女の人生を共に歩むということ。彼の刑が決まった時点で、二人は結婚することを決心する。二人の結婚を執り行ったのは私だ[★61]。私は二〇〇四年に聖職資格を取っていた。クィアの仲間たちの結婚を司るのが私の目的だった。もちろんその時は同性同士の結婚はカリフォルニアも含めて全国で認められていなかった。時が進み、結婚の平等が広まるにつれて、私の聖職資格の権限はクィアの結婚の祭礼だけでなく様々な理由で法的に家族だと認めてもらえない人々をも含むようになった。例えば、受刑者の結婚。タイナとリッチーの結婚の誓いは刑務所の中で司った。そしてそれ以来、タイナは週末の訪問を欠かしたことはない。

実際にはそれほど年が離れているわけではないのだが、リッチーにしてもタイナにしてもヘイウォンにしてもたとえそれがトレイヴォンであったとしても、私は彼らの相談相手としての責任を感じてやまない。私にとっての兄ポールの役目を果たすようになったと言えるかもしれない。この刑務所の町で、二人の年下の黒人女性とこの時間を共有しているその重みを感じずにはいられない。もし万が一、想像を絶するような出来事が起きたとしたら、私に彼女らを守ることができるだろうか。私たち三人をなんとか守ることができるだろうか。彼女らが長い人生を送れるように手を打つ力があるだろうか。彼ら黒人の生活、その人生が充実した健康的なものであるように手を貸す力があるだろうか。

一旦泣き始めると、止めようとしても止まらない。声をあげて泣く。三人で、泣きじゃくる。そして怒りが込み上げてくる。またもや私たち黒人の世界は、社会の認識の不一致によって歪な型に押し込まれてしまう。この町の刑務所で、たった一八歳の若者、誰一人傷つけもしなかった人間が一〇年間そこに閉じ込められ、あの〝白人を代表する〟男は私たち黒人を殺して、家に戻れる。友人のアリシア［・ガーザ］がフェイスブックに意見を載せる。彼女にはその七年前にロードアイランドで開かれた政治的会合で出会った。その日のプログラムが終わって、最後のイベントはクタクタになるまでみんなで踊るという趣向で、彼女と私はその晩を通して踊り続け、それが縁で友達になった。その友情は今でも脈々と続いている。その彼女の無罪放免についてのポストだ。

★61 アメリカで結婚する場合、通常その儀を取り仕切る資格を持った者、および二人の証人が必要。宗教職や判事、役人または一般人でもその資格を取ることができる。その資格者が結婚を司り、結婚証明書に署名して、その証明書を役所に登録することで結婚が公のものとなる。

敢えて言えば、予想していたなどと言うことをやめてほしい。そんなことを言うこと自体が恥さらしだ。黒人の命がどれほど軽んじられているか、その現象を見るたびに私は驚き続ける。これからもそうだ。自分たちの命が投げ捨てられるのを黙って見ているのはやめよう。同朋たちよ、私は諦めたりしない。絶対に、諦めない。

私は彼女に応える。#BlackLivesMatterというハッシュタグをつけて。

次の数日間を通して、アリシアと私はブレインストーミングに明け暮れる。何かしなくちゃいけないという使命感に駆られる。世界中に広まるような何かを作り上げたい。アリシアは友達のオパル・トメティと話す。オパルはニューヨークのブルックリンにある「正当な移民制度のための黒人連合」という団体を指揮するオーガナイザーだ。オパルは素晴らしく報道工作に長けており、第一段階でのデジタルフォーマットの広報ベースを作り上げる。それはBLMという言葉を普遍化させ、人々がブラック・ライヴズ・マターと口にすることに抵抗を感じなくて済むように促す。その時は私たちの共同体の内部ですら、BLMという表現そのものに躊躇する者たちが多くいた。それが分離主義を意味するように思えるとか、私たちを孤立させるのではないかとか、懸念したからだ。オパルはまずBLMのウェブサイトを立ち上げ、ツイッター、フェイスブック、タンブラーのアカウントを作った。これらの一般公開のサイトを通して私たちは、「私たちの生には意味がある。黒人の生には価値がある」ということを人々に伝えようと決意する。

数日後私はフェイスブックに戻り、書き込み始める。**新しい組織作りを始めます、**そして、**この組織が、私たちの想像の域を超えて、計り知れない影響を及ぼすことになるよう、切望します、**と。

第12章　襲撃

白人の中流階級のほとんどは、最初から疑ってかかり、不躾で、攻撃的でとどのつまり暴力的である警官に事情聴取されるというのがどういう経験であるか、見当もつかない。

ベンジャミン・スポック博士

私たちはロサンジェルスのちょうど真ん中あたりにあるセントエルモズと呼ばれる地区に住んでいた。そこは周りから孤立したオアシスのような、または海の中に離れてある独立した島のようなところと言ってもいい。そこはロゼルという名の黒人の芸術家とその甥のロデリックが夢見た色彩豊かな愛のイメージがこの世に出現したものだと言えるかもしれない。時は一九六九年。彼らは見捨てられた通りと崩れて割れ目の入ったコンクリートを見て、のちにロサンジェルス市長となるトム・ブラッドリーという黒人市議会議員の説得にかかる。彼らとともに夢をみようと。平和と勇気に満ちて生活を営めるようなところ、光に照らされた、人に成し遂げられる可能性に恵まれたところ。雑草の代わりに力強いセコイヤの木々が植えられ、美しい草花が配置されているようなところ、そういうコミュニティを作り上げることは可能だと力説する。それらの草木は今でもしっかり根を下ろしており、成長したセコイヤの木とともに、このビレッジの始まりは彼らの夢が実現可能であったということを証明している。その夢とは、つまり、戦い、対立、憎悪や絶望に打ち負かされてしまうことなく、自分たちにも前に向かって歩む道、夢を織り出す術、共存する手段があると信じること。そして虹の上を歩きたいと望むならば、コンクリートを七色に塗り自分の想像を受け入れさえすればいいということ。このビレッジはまさにその夢の理念を具現化してくれる。ビレッジを訪れて、その〔アスファルトの上に描かれた〕虹の道の上を歩き、道ゆく人々に雄弁に話しかける壁画の数々の中に自分の物語を見出す時、自分自身の存在を痛いまでに実感できる。夢を描き、互いを助け合い、信じ合い、この美しい生活の場を可能としたのは、私たち自身にその力があり私たちが安全な港であったからだ。そしてここで今から語り、書き記すことは、私が失ったものの氷山の一角にも当たらない。襲撃が起きた時、その平和の中で暮らすことのできる地、いや、生きつづけることのできる地が、安全な港であり得なくなってしまった。どうしてそんなことになったのかって？　それは単に私たちが、私が、信念に基づいて警官に黒人を殺すのをやめるよう要求したからだ。

警察のヘリコプターの爆音は何時にも増して近く思われた。この二〇一三年の夏のある午後、彼らはどうもこのセントエルモズビレッジそのものに来ようとしているらしい。

セントエルモズはロサンジェルスの中心部に黒人の芸術家や活動家たちが集まって住んでいる住宅地区で、六〇年代から絵や彫刻などの教育的活動を提供していた。私たちのビレッジ。自分たちの手で打ち建てた新しい生態環境。緑の多肉植物やサボテン、そして通りの真ん中に誇らしげに植えられたセンダンの木。ここは私の居住地だ。マーク＝アンソニーと二人で、トパンガ峡谷のコテージを後にして移り住んだ。自分が自分で在られるところ、何にも脅かされずにいられると思えた初めての地だ。実は二軒の家を借りていた。モンティを健康体に戻すために、そしてBLMの活動をオーガナイズするために。そこで、私たちは父を失った悲しみに耐え、二人の愛情を育み、新婚生活を営んでいた。ビレッジそのものが私たちの希望を培うための寄り合いの地だった。

二〇一三年の六月というのは、トレイヴォン・マーティンを殺した男がまだ無罪放免になる前のこと。アリシア、オパルと私の三人がBLMを結成する前、もちろんそれを全国的また国際的に拡張していく以前のこと。BLMと呼ばれるグループも組織も存在する前に、全国で抵抗運動が繰り広げられていた。座り込みも行われていた。まずその暴漢を逮捕するように求める声があがっていた。人々は黙って見ているわけじゃない。フロリダで、カリフォルニアのオークランドで、シカゴで、ニューヨークで、そして私の故郷、私が一六歳の時から休むことなくただ生きていくだけの権利を求めて戦い続けているこのロサンジェルスで、人々の要求の声があがっていた。

その日はちょうど、芸術家で友人のJTが六歳の娘を連れて訪ねてきていた。BLMの活動に加えて「尊厳と力を今」の組織——現在ではBLMの中に組み込まれている——も地元の保安局の責任の所在を明らかにするよう要求しているために、これらの組織が法執行機関に不興を買っていることについて話していた。「数ヶ月前に抜き打ちの襲撃に遭ってね。このビレッジに警察が入ったのはそれが初めてだったんだけど」JTに説明する。そして今、朝早くからその地の頭上間近をヘリコプターが旋回している。JTとその娘のニア＝イマニと私の三人は、鷹に狙われた小動物であるかのような思いに駆られる。家の中の片隅に息を潜めて座り込み微動だにしない。ヘリコプターの音に耳の鼓膜が破れそうだ。私たちはいろいろと憶測する。誰か特定の人間を見張っているのか、それともここの住人は皆監視されているぞという脅しなのか。

誰かにカリフォルニアを描写するような機会があったとしても、その者はこの州が暗黙のうちに行使している非白人に対する抑圧政策のことなど、触れたりしないだろう。黒人やラテン系である私たちにとって毎日の生活が警察の絶え間ない監視から逃れられないものであることを、誰が指摘してくれようか。自分の肌の色、または存在そのものが警察にしょっ引かれる、運が悪ければ殺されることに繋がるという現実がどういう意味を持つのか、誰が取り上げてくれるだろうか。といっても、これは何もいま初めてわかったことではない。いままでずっとそうだった。しかし二〇一二年、二〇一三年の時点でそれまでとの大きな違いは、ソーシャルメディアというものがすっかり一般化していて、特定の話題を全国に広め議論を活性化することを可能としたことだ。このことはBLMの発展のためにも重要な要因だが、もちろんのことながら、だからといってすぐに事態が好転するわけではない。

抑圧政策は、オスカー・グラントが二〇〇九年元旦の日オークランドのフルートヴェールにあるバート★62の駅で殺されことで証明される。彼はただ駅の床で言われる通りにじっと座っていただけだった。一九九九年二月四日アマドゥ・ディアロが殺されたことでもわかる。彼の身体には四一発の弾丸が撃ち込まれた。中には足の裏から撃ち抜かれたものも。ショーン・ベルはどうだ。二〇〇五年一一月二五日ニューヨークで自身のバチェラーパーティー〔結婚式の前夜、新郎の独身最後の夜を祝うパーティー〕を終えて、自分の車に乗ろうとしたところを撃たれて死んだ。クリフォード・グローバーのニュースを読んでも、そのことがわかる。一九七三年四月、ニューヨークのクィーンズに住んでいたその一〇歳の少年は、サウスジャマイカ地域で継父と道を歩いているところを警官に撃たれた。その人殺し警官、トーマス・シェイは結局無罪となるのだが、裁判の場で自己弁護の理由としてただその子供の肌の色だけに気がついたと述べた。

アイダ・B・ウェルズは自分の命が危険に晒されることを十分承知の上で、黒人の男、女、子供たちを殺害した白人のリンチ群衆――彼らは南部の警察組織に扇動され、また保護されていた――の告発運動に身を投じた。一九六四年、ルイジアナ州のジョーンズボローで組織された「防衛組合」は、当然のことながら白人自警団や警察の暴挙から黒人を守るためのものだった。その第一の支部会が設立されたのは一九六四年二月二一日、マルコムXが暗殺された日だ。ブラックパンサーももちろん心得ていた。一九六六年一〇月にヒューイ・ニュートンとボビー・シールの二人が肩に銃を担いで組織を成立させた時、その目的はオークランドの警察に対する自衛だった。

私たちは、この先駆者たちの生を継承する者だ。そうすることを望まなくても受け取る以外に選択のない松明を拾い上げるべき者たちだ。警察も実は伝統を引き継いでいる。彼らは奴隷狩り執行人の後継者。私たち共同体に害を及ぼすための組織。それは個々の警官の人種や階級や良心を持ってすらも、変えることのできない体制だ。個別の善行で、全体を変えることはできない。警察という組織は私たち黒人を守るためにではなく捕まえて殺すために作られたものなのだ。

その実績の記録を見れば明らかだ。

ロサンジェルス市内では殺人事件のほぼ五〇%は未解決で終わる。ギャング活動を抑制するよう

★62 BART：Bay Area Rapid Transit：サンフランシスコベイエリアをつなぐ電車網。

な法令は、町の通りで起こる暴力沙汰を抑えるのに全く役立ってはいない。誰がなんと言おうと結果からみれば、暴力沙汰から市民を守ることは警察の目的ではないのだ。

カリフォルニア州では警官によって約七二時間に一人、人が殺される計算になる。その中の六三％は黒人かラテン系だ。黒人はカリフォルニア人口の六％しかいない。ということは白人の〝五倍〟に当たる割合で警官に殺される。またラテン系の場合、その死亡総数は一番高いのだが、それでも割合にすると黒人はラテン系の三倍になる。

誰が警察に守られているのか。誰がその恩恵を受けているのか。

大学のキャンパスだとか地域の集会所などで講演を頼まれると、私はこの統計を持ちだす。**黒人にたいしてはすべからく犯罪者というレッテルが貼られているのですが、実のところ黒人は犯罪の被害者なのです**、と説く。巻き添えになって死ぬ者たち、事件後の何ヶ月、何年間を通して嘆きと哀しみにくれた挙句の死、その人数は記録されはしない。鬱に陥った結果アルコール依存症となりそれが肝硬変へとつながるケース、または鬱から過食、過食から糖尿病、糖尿病から脳卒中を起こすケース、これらの時間をかけた死、記録に残らない死。しかし、これらの死には共通の原因が存在する。差別意識に根付いた敵意だ。お前の命やお前の愛する者たちの命はこれっぽっちの価値もない、と毎日言い続ける憎悪の存在。彼らの敵意は、私たちを傷つけるその者たちが一向に罰せられないことでその現実感をより高め、より危険なものとする。

警官でない者によって犯される殺人とは打って変わって、警官が殺した場合、そこにはこの殺人は正当でありこの行為はちゃんとした理由に基づく、必然的な、一般市民の便益と安全のために行われたものという暗黙の了解が存在する。訓練が不十分だったとか、人種差別に基づいた警官による暴力行使の長い歴史のせいだ、などとは誰も口にしない。警官という職業はこの国では自由を求める黒人を狩り出す、その特定の目的で、それだけの目的で設立されたという事実にもかかわらずだ。

頭上にはヘリコプターが旋回し、コテージの隅に座り込んですっかり恐怖に身を縮めている六歳の子供に何も説明できないままでありながらも、全く無言でいることもできずにＪＴと私は囁き声でこういう類の内容を混ぜた会話を交わす。何も思いつかないまま、ニア＝イマニに囁く。「いまはじっとしてなきゃね」ＪＴは励ましのつもりなのだろう「いまは君の番じゃないよ、きっと」と、私の耳に囁く。しばし間をおいて、周知の事実が言葉となる。「それはもちろん、この町の黒だか茶色だかの他の一画にあいつらが押し寄せてくるっていう意味なんだけどね」その一画とは、町のあちこちに点々と存在する「都会のジャングル」と名付けられた地域のことだ。敵の前線の向こう側、麻薬戦争のグラウンド・ゼロ。私たちの住んでいるところ、進歩的な政治家でさえもがそこに住む子供たちを指してスーパープレデターだと呼ぶところ。そういうレッテルを貼ってくれたことで、地元の警察に母たち、父たち、娘たち、息子たちに向かって軍事化した対応や作戦を行使することを許可してしまった事実について、彼らは瞬き一つしない。

二年後にミズーリ州のファーガソンでマイケル・ブラウンが殺される。彼は全く無防備だったにもかかわらず警官によって頭に弾を打ち込まれる。その死をめぐる抗議デモを抑えようと、催涙ガス、対人殺傷用銃器、それに戦車までもが使われたことに、私たちは驚いてはいけない。連邦政府は麻薬戦争の開戦を宣言して以来何十年にもわたって、明らかにこういう武器を地元の警察に提供している。私のふるさと、ロサンジェルスは実に最初のS.W.A.T[★63]チームが送り込まれたところだ。一世代前の歴史であるが、ブラックパンサー党の若い黒人の活動家たちが警察の暴力に抗議して、S.W.A.T.チームの銃眼の十字の的となった。

　ともあれ、このヘリコプターの恐怖の日、私は眼前にある二つのことだけに注意を集中させる。自分たちの命の安全を確保すること、そしてまた新たな、武器を持たない黒人の青少年が犠牲になるニュース――そこには加害者への懲罰はない――にどう対応するか、何度も繰り返されて慣れているといえば慣れているのだが、そのどうにもいたたまれない過程をまた再び始めるだけの気力をかき集めること。

　もし逮捕された者がいるとすれば、その黒人はモンティのように殴られ、食事を差し止められ、独房監禁の目に遭うのだろうか。モンティが見つけられなくなったようにその黒人もかき消え、何ヶ月も経って初めて浮上し、万一起訴内容が取り下げられたとしてもそのトラウマだけはしっかり彼の肉体を、精神を脅かし続けるのだろうか。黒人の子供たちに、お決まりの「今度はなんとか見逃してやるけど、もう二度とやるんじゃないよ」というようなお尻ペンペン的解決法があり得るだろうか。「こんなことするほど、君はバカじゃないよね」とか、「じゃお父さん、お母さんのところへ行って話し合おう。セラピーを受けるといいかもしれない」とか、そういうアプローチを考えた者がいただろうか。警官の中で黒人の子供に「鑑別所なんかに行ったら、この子はダメになる。何か別の方法でこの子を助けようじゃないか」などと提案した者が一人でもいただろうか。私たち黒人は何かの機会を与えられることが一度でもあるだろうか。二度目のチャンスなど以ての外。トレイヴォン・マーティンはどうだ。クリフォード・グローバーは？　レキア・ボイドは？　二〇一二年、彼女はシカゴの公園で友達と話したり笑ったりしていたところへ私服警部がやってきて問いかけ、次には彼女の二二年の人生とその限りない将来の可能性は銃弾によって忘却の彼方へと飛び散った。

こういうことに考えを巡らしていた。特にモンティについて、そして彼が私たちの家に一緒にいないことに感謝していたその時だ、表のドアを力ずくに叩く音がし始めたのは。

「ここで待ってて」とＪＴに告げる。彼にドアを開けさせるわけにはいかない。もちろん彼は私を守ろうとしている――ＪＴはそののちブラック・ライヴズ・マターのオーガナイザーの一人となる。彼の黒い肌と一九〇センチ、九〇何キロかの体格はそれだけで警官による暴力的対応の言い訳となる。武器を持たない一七歳でやせ細ったトレイヴォン・マーティンが、アイスティーとキャンディーを手にしていじめにあった女の子を励ますために携帯で話しながら家路を行く途中で、冷酷にも撃たれて死ぬ目に遭うのなら。武器を持たないオスカー・グラントが言われた通りに頭に手を置いてバートの駅の床におとなしく座っているところを撃たれて死ぬのなら。武器を持たないラマーリー・グラハムが、麻薬所持の疑いで自宅の洗面所に立っているところを撃たれて死ぬのなら。しかも祖母と弟の目の前で。これらの出来事が皆本当に起きたことであれば、ＪＴは必ずや殺される。もし彼がドアを開けたなら、それでおしまいになる。

★63　Special Weapon and Tactics：アメリカの警察組織の中で、麻薬、テロリズム、暴動コントロール、誘拐事件などの非常時治安問題に対処するための特殊な軍事的訓練を受けた部隊のこと。防弾着をまとい、機関銃や対人殺傷用銃器、催涙ガス、閃光弾や戦闘用車両などの使用が認められている。

ドアを叩く音は止まない。私はJTのチョコレート色の少女を抱きしめる。彼女は絵を描くのが大好きで、将来は芸術家になるに違いない。ニア＝イマニと私の間には特別の関係があった。彼女に、**大丈夫だからね**、と告げる。そして表のドアをほんのちょっと開けて、するりと抜け出る。「自分の権利を知ろう」というワークショップで何度も教わって頭の中に擦り込まれていること。捜査令状がない限りは警官を家に入れない。彼らは令状を持っているはずがない。私たちは何一つ違法なことをしていないのだから。もちろんだからと言って警官の暴力を止めることはできないが。とにかく、ワークショップで習ったことにしがみつく。そして頭の中で私たちは今まで成したことのリストを何度も繰り返し思いうかべる。

- トレイヴォン・マーティンの殺害者に実刑を下すよう全国に起きている抗議運動に参加した。
- いろいろな集まりに出席してコミュニティの指導者たちと一対一で面会した。
- 壁画を描いた。
- 皆でともに泣いた。
- 私たちは喪に服している人種だと、公に宣言した。
- 私たちを殺すことをやめろと要求した。

私たちは誰一人として傷つけたことはなく、そうしようと唱導したこともない。警察がここに入ってくる権利はない！　とはいっても、私の身体はどうしようもなく震えている。怖くてたまらない。ドアの外には少なくとも一二人くらいの機動隊員が防護服に身を固めて立っている。私は身長たったの一五五センチ、女で武器を持たず一人だ。私の前に立ちそびえる者たちはヘルメットをかぶって顔を隠している。ケブラー製の盾を持ち、その一人一人が私か私の家に向けて武器をかざしている。

ラテン系の隊員が私に向かって話す。

「誰かが、駅を攻撃しようとしたんだ。そいつらがこのビレッジの中の家に隠れていると疑っているんですよ」

「ここには誰もいません」

「それじゃ、なぜ震えているんだ」押しの強い口調だが、粗暴ではない。

「あなた方の拳銃は私を狙っているじゃないですか。私の家に向けて構えられてるじゃないですか」私は目で示す。腕を使わないというのもワークショップで習ったことだ。もう一度、断言する。

「ここには、あなた方が探しているような人はいません」そして、私はドアを開け、中に滑り入る。JTは私を掴むと両手で抱きしめ、二人は息をつこうとあがく。

数分が過ぎる。いや数十分か、見当もつかない。警官たちの声が戻ってくる。窓のすぐ外で喋っていて、おそらくわざと大声で話しているようだ。私に話したラテン系隊員の声がする。

「いや、彼女は誰か中にいるんで緊張しているんだと思う。そいつが指図してるんじゃないか、彼女を」私は深く息を吸う。

捜査令状がないからドアを打ち破って入ることができないけど、入りたがっているんだろう、とJTに囁く。彼もそうだろうとうなずく。

ドアを叩く音が始まり、そして私たちは皆外に出てくるよう要求される。断ることはできない、と迫られる。

ＪＴと私はお互いを見合い、その六歳の少女に目をやる。彼女にとってこれが終わりになるのだろうか、私たちにとっても。一瞬その思いが走る。もちろん、何も言わない。お互いに交わす言葉は、生き延びなくては。これよりもっと緊張度の低い状態で人が死ぬことだってあるのだから。全く意味のない死。

ＪＴとニア＝イマニが一緒にまず出て、私がそれに続くというのが一番安全だろうと決める。父と娘が一緒のところを襲ったりしないことを祈る。ＪＴがもし一人だけだったら、殺されてもおかしくない。

私は声をあげる。

「友達と彼の六歳の娘がいるんだけど、彼らが最初に出ます」

二人は外へ出る。そしてすぐ私が後を追う。

瞬時にして、警官たちは私たち三人を取り囲む。もちろん私たちは銃も何も持たず、普通の人がこれから何をしようかとソファに座って話し合っている所のような服装で――それがヘリコプターが来た時、実際私たちがやっていたことだった――そこに立っている。

一〇人だか一二人だかの警官が、銃を突きつけて私たちを家の前の庭先に押しやる。六歳のニア＝イマニも含めてだ。残りの警官たちは、私たちの横をすり抜け、まるで苛立ったスズメバチの一群だか空気伝染する病原菌だかのように家に流れ込む。彼らは何時間も家の中で動き回る。

しばらくして刑事巡査が加わって、家の外の写真を撮り始める。私たちの立っているところから見える範囲で、家の中も微に入り細に穿って写真を撮っている様子がわかる。令状がないにもかかわらず、抗議することもできない。銃口を突きつけられたまま、彼らが家の中で何をしているのか垣間見ることしかできない。何を持ち去り、何を残していっているか、わからない。彼らが兄モンティの独房を好き勝手に取り扱ったように、いま私の家を勝手に捜索している。刑務所ではどんなにいい加減な理由でも、または全く理由なしにでも、好きな時間に入ってきて囚人をどこかに移し、所有物をあたりに投げ散らかし、理由あるなしにかかわらず勝手に盗んでもほったらかしにしても、全くお構いなしだ。そして、〔刑務所の外であっても〕私たちは何を言うこともできず、ただただ凶暴な人間竜巻としか言いようのない力が私たちの生活を引き裂き蹂躙する様を見守るしかない。

三時間か四時間ほど経って、何の言葉もなく彼らは立ち去った。

そして、私はその家を去る。

警察が初めてセントエルモズビレッジに出動してきたのは、実はその四ヶ月ほど前、二〇一三年の二月だった。トレイヴォン・マーティンの裁判に向けて準備活動をしている時だった。裁判はまだ何ヶ月か先のこと。LAにしては肌寒いその晩、私には珍しく友達らと一緒にコメディーショーを見に出かけていた。終わったのは随分遅くて、多分夜中の一時ごろだったたか、やっとビレッジのうちに向かった。うちに着くと、寝ているはずのマーク＝アンソニーが家の外に立っている。裸足で、しかも手錠を掛けられて。

有名人の御曹司であるマーク＝アンソニー。私が一六歳の時からずっと愛し続けているマーク＝アンソニー。私のソウルメイト。自分と自分に与えられた特権に挑戦し続け、背が高くて肌が白くて、しなやかで、美しいマーク＝アンソニー。いつも白人の女の子たちに追いかけられていたけど、私たち黒人の仲間を選んだ、そのマーク＝アンソニー。いつもデートの相手は黒人の女の子だった。そして私を選んだ。私たち二人が読んで学んで、戦うための筋力を蓄えたその全ての努力が、ここで蹴散らかされる。警官らはこの美しい施療者が寝ているところを寝室から引き摺り出し、この寒々とした夜気の中で手錠を掛けた。

私たちはセントエルモズではドアに鍵をかけたりしたことがなかった——この出来事が起こるまでは。だが、この晩、警官たちは裏口から入り込んだ。マーク＝アンソニーがその辺りで強盗を働いた男の描写にそっくりだったからと言った。説明はそれだけ。

この晩の抜き打ち襲撃に現れたのは、ほんの数人の警官だけだった。二度目の時の機動隊の襲撃はケタが違った。私は恐れをなすというよりも、怒りに満ちてしまう。ブラック・ライヴズ・マターの人種の平等性を求める声を軽く見なして、オール・ライヴズ・マター〔みんなの命が大事〕とかブルー・ライヴズ・マター〔警官の命も大事〕などと唱える者たちが後になって現れるのだが、たまたま誰かが——それが誰であるかは知る人ぞ知る——でっち上げた様相の描写に似ているからと言って、真夜中にベッドから引き摺り出された白人が一体何人いるだろうと、思わずにはいられない。ディラン・ルーフがサウスキャロライナのチャールストンの黒人教会で信徒たちをなぎ倒した時、一体何人の痩せて背の低いブロンドヘアーの若者たちが駆り集められたか。テッド・バンディが若い女性の連続殺人をまるでスポーツのように楽しんでいる間、髪が茶色い白人の男が一体何人ベッドから引き摺り出されただろうか。コロンバインやその他の大量殺人——それはそのほとんどが白人の若者たちによって犯されたのだが——が起きたあとで、細身の白人ティーンたちが警官に止められ身体検査をされたことがあっただろうか。

「これは一体どういうこと?」私の声には怒気がこもる。

「このあたりで強盗が続いていて、その容疑者の描写に当てはまるんで」

その話の腰を折って、割り込む。

「何のこと? この人は私の夫です。ここに住んでいる人です」心は嵐のようだが、なるだけ声には落ち着きを持たせようと努力する。

警官は多少態度を改める。この時点で近所の人々が騒ぎに気づいて集まってくる。彼らは私たちと共に警官に向かって立つ。警官はマーク゠アンソニーの手錠を外すに至る。が、その後も二時間にわたって居残り、彼についての情報を集め自動車免許書をチェックし、何か警察にしょっ引いて行くための嫌疑をかけようと粘る。マーク゠アンソニー。彼らが夜中に寝ているところをベッドから引き摺り出した男、実際住んでいる彼自身の自宅で、彼の愛するコミュニティのど真ん中で。

目を瞑ってほしい。そしてその経験を味わってほしい。できるだけ身近に。

想像してみてほしい。

自分が大学院生で、中国の漢方医学を専攻している、と。

人を癒す仕事を目指している、と。

寝室でベッドに寝ている。その部屋は小さなコテージにあり、そのコテージはコープの運営方式で管理されているビレッジ共同体の中に建っていて、その共同体では子供たちが絵画教室の無料レッスンを受けにやって来る。眠りの中で、誰かの命を救っているところを夢見ているかもしれない。その夢の最中に突然防弾着に身を固め武器を携えた男たちがあなたの身体をわし掴みし、ベッドから引きずり降ろす。男たちに捜査令状はない。鍵もかかっていない裏口から無断で忍び込む。眠っているところを奇襲する。その理由は「描写に当てはまる」、それだけ。

一体誰がその「描写」をしたのか。どんな証拠があるのか。彼がここで寝ているということ自体、どうやってわかったのだろう。この家の借主は私一人になっていて、彼の名前はどこにも出てこない。この襲撃[★64]が、ＳＳ〔ヒトラーの親衛隊〕だとかＫＧＢ〔ソ連の国家保安委員会〕だとかトントン・マクートとどう違うのか。この場で、一体誰が犯罪人なのか。誰がテロリストなのか。彼らの行為の責任は誰が負うのか。今日に至るまで、これらの疑問の醸し出す悪臭はあたりに漂い続ける。誰も問いかけることのない、誰も答えることのない腐った肉の悪臭。

★64　Tonton Macoute：ハイチのデュヴァリエ独裁政権下で一九五八年に結成された準軍事組織である秘密警察。正式名は国家治安義勇隊だが、民間伝承の「子供の誘拐魔」を意味する名称で呼ばれる。

第13章　コール&レスポンス

自由の定義とは、人々が自分は自分を指揮する者だと自覚すること。
ダイアン・ナッシュ

トレイヴォン・マーティンの殺害者が無罪となったことは、他の問題はさて置いて、いま私たちは会話の焦点をすっかり変えなくてはいけないという自覚をもたらす。殺しを完遂するまで私たちを追い回す反黒人差別に集中して話さなくてはいけない。

アイデアを組み始める。アリシアと私はフェイスブックで意見を交わす。それとは別に、アリシアはオパルとも会話を続ける。ある時点で私は〔無罪判決に対する抵抗運動のための〕政治的な企画を立ち上げようと提案する。**もちろん！**と返事が飛び込んでくる。ハッシュタグだけじゃない。これは力を築くこと。これは運動の勢いを立ち上げること、その共通の決意にお互い奮起する。

国中で黒人の子供の生命について会話が持たれている。その生命は白人の子供の生命と同様に貴重なものであるということについて。二〇一二年、ドリームディフェンダーズは驚くべき四〇マイル行進とその目的地である州議事堂の占領を果たす。続いてプロバスケットボールチームのマイアミ・ヒートは、メンバー全員がフードをかぶって立つ象徴的な写真を公開する。センジウェ・マックハリスとダニエル・マリーを含むニューヨーク市民のグループは尊厳と社会正義を推し進めるための「ミリオン・フーディーズ」運動を始める。シカゴでは一八歳から三五歳までのクィアフェミニストグループであるブラック・ユース・プロジェクト100がメンバーのリーダーシップ教育を推進することに専念する。この早期段階で必要とされるものは〝総合的な文化〔＝社会意識〕の転換〟を推し進めることだ。それは私たち自身の活動体の内部から始まらなくてはいけない。ブラック・ライヴズ・マターという表現は急進的すぎる、人々を遠ざけてしまう、と考えている者たちがこの組織の中にすらも存在している。黒人の子供や大人たちの血がこれだけ流されたにもかかわらずだ。気を削がれることなく、私たちは前進し続ける。

ニューヨークでは無罪判決の直後、オパルの尽力でブルックリン橋を渡る行進が行われる。彼らはその足でタイムズスクエアへ向かい、そこで一〇〇〇人にのぼる参加者が座り込む。世界の十字路たるタイムズスクエアで。

オークランドではダウンタウンのビジネス街で抗議デモが行われる。そこで警察との小競り合いが始まる。メディアは二〇〇九年のオスカー・グラントの虐殺事件の痛みからまだ立ち直っていない、そして秩序をもって行進している何百人という人々を無視する。そして少数の狼藉者のみにカメラを向ける。その上デモ隊の皆を襲う警官たちのことは一切何も報道しない。

ロサンジェルスでは、主に女性たち、特にカリフォルニアステート大学の女子学生たちを動員して、私がそれまでに計画した中で最大規模の行進となる運動を企画し始める。フェイスブックでセントエルモズビレッジに集まろうと呼びかける（二度目の襲撃後そこから引っ越すことになるのだが、その時点で私たちはまだそこから逃げ出していなかった）。地元で住民に慕われているジャーナリスト兼ラジオのホストの一員であるサンディシズウェ・チムレンガが人々に参加するよう訴える。カリフォルニアステート大で黒人研究を教えているメリナ・アブドラーを呼び、彼女は自分の学生たちを引き連れて、私たちと共にこの行進の中枢となる企画委員会を築く。この委員会はロスで私たちを代表とする顔ぶれとなり、そしてＢＬＭのロサンジェルスＤＮＡを構築する土台となる。

私たちは要求事項を挙げる。

・トレイヴォン・マーティンを殺害した者に連邦警察レベルの罪状を科すこと。
・ＤＶの犯罪記録をもつ夫から自分を守ろうとしたために刑期を下されたマリッサ・アレクサンダーに恩赦を与えること。
・ロサンジェルス地区内にこれ以上拘置所や刑務所を建てないこと。
・地域住民による全ての警察組織の監視権を打ち立てること。

最初の行進ではまずビバリーヒルズへ向かい、そこからほぼ白人ばかりの大金持ちが買い物や食事にさんざめくロデオドライブまで足を延ばすことを決める。それまで行われた行進はいつも黒人のコミュニティ内でだった。しかし黒人社会はすでにこの危機については十二分に経験を積んでいる。私たちは、生涯を通し生活の全域にわたって権力の監視のもとに過ごし、自分の命を標的にされて生きるという私たちの現実を全く認識していない人々の前で、自分たちのスローガンを訴えたいと願う。

この行進の計画を進める中で、私は自分が今まで接触したことのあるあらゆる協力者、支援者の人々や団体に連絡をとる。そして彼らは彼らでそれぞれの関連団体、賛同者などに連絡をとる。ストラテジー・センター、労働組合、地域社会連合、などなど。この行進のあと何年も経ってからだったが、ベテランのオーガナイザーの友人が、この行進計画の安全性について私たちがどのように行進の参加者に危害が及ばないような手段を講じたか、と私に尋ねた。

「え？ そんなことは、考えもしなかった」私の答えを聞いて彼女は涙する。

「そうやって、彼らは社会正義を支える論議の流れや私たちの努力を崩すのよ」彼女は説明する。「そうすることがＪ・エドガー・フーバーがＦＢＩと対諜報プログラムを設立した時に意図した目的なのよ。差別廃止運動を推進する世代の人々は死ぬか、刑務所入りするか、またはあまりにトラウマ化されてしまって、次の世代にどうやって自分たちを守ればいいのか、伝えることができなくなるのよ」

いかに考えが足りなかったにしても、二〇一三年の段階でビレッジで持たれた会合では、私たちの政治力を築いていくことや私たち共同体が必要としている癒しの機会を確保することなどをどうやって一般の人々に伝えることができるかに議論が集中していた。私の家での集まりの参加者は女性が主であったが、私たちが当然持つべき権利について話し合う。持つべき権利、それは〝別の次元での認識〟と呼べるだろうか。自分の人生が長く続き、旺盛で、健康的であると想定できることで初めて得られる認識のことだ。刑務所や刑罰のない世界、そういうことが必要ではない世界、相互援助に根付く世界、そういう世界を想像することは、私たちの権利だ。少なくともそれを目指す権利があって然るべきだ。自分が、もしくは自分の周りの人間が長生きしないだろうと想定することは、その者の中で、その共同体の中で、その人種の間で、化学連鎖反応のような意識の変換を起こす、という仮説に私たちは賛同する。その連鎖反応は、ある種の態度、希望を否定し夢を捨て去る心的態度につながる。

私たちは結論する。〔私たち黒人には〕この社会の中の多くの人々が当たり前だと思っているようなことを確保する権利がある。例えばまともな食品、私が育ったような地域にごまんとあるセブン－イレブンやタコベルよりもっとましな食べ物。身体を、頭脳を健全に育て養う健康的でオーガニックで加工されていない食料を消費する権利がある。社会的秩序に守られ、愛と夢とに満ちた平和な一日を活動的に過ごし、夜はゆっくりと安息できるように私たちの健康を確保するような食べ物を購入できる環境が必要だ。私たちは、近くに店がなくて、または自分に経済力がなくて健康を冒すような食品しか手に入らないところに住んでいるが為に、五〇歳で心臓麻痺や脳卒中を起こすかもしれないし糖尿病になって視力を失うかもしれない。けれども、実はそういう心配をせずに過ごせる人生もあるということを知る権利がある。

そして住居。安全な住まいも、私たちの権利であるべきだ。アスベスト断熱材が入った壁や、または外の冷気を断つことのできないような薄っぺらな壁でできている家。ミシガン州のフリントやノースダコタ、ニューヨーク、ミシシッピ、そしてそのほかの名も無い、ニュースに載らない町の数々で、鉛のパイプを使ってあるために皮膚が、体内が汚染されてしまうような家。そんな家は要らない。私たちには、その重労働に見合うような住居を持ってしかるべきだ。安全で汚染されていなくて明るくて暖かい家を持つ権利がある。それは檻ではない。監獄の檻でもなければ一般市街地にある檻の代用でもない。自分の才能が活かされ、育つ余地を与えられ、自分たちの夢から収穫できるものを収穫しその種を植えることのできる安全の地となるような家に住む権利がある。

自分自身の庭師となるか、または庭師を持つことを許されるべきだ。メンターや教師は、日光や雨をもたらし、苗木に向かって囁き続けてくれる。育てよ、大きくなれよと。

私たちは〝愛〟に値する。分厚くて満々としていて生命力に溢れる愛。

こういうメッセージを、私たちはビバリーヒルズの人々に、ロデオドライブの人々に届ける。いまという時、ここという所で、敵意と最悪条件の生活環境が当たり前となり、残虐極まる攻撃された側の非となり、弱い者いじめが日常の出来事となり、次々にエスカレートしていくこの社会の中で、私たちは「その憎悪の対象には値しない」と宣言するために行進する。これがブラック・ライヴズ・マターの真の意味なのだと伝えるために。

拡声器を手に、いつもの黒いタンクトップに紫のスカート姿で行進の先頭に立つ。頭上にはお馴染みのヘリコプターが何台も飛び回る。私は叫ぶ。「ここでブランチを楽しんでいる皆さん。あなた方はいまヘリコプターの騒音や警官の所在に不快を感じておられるでしょうが、これは私たちにとっては日常のことなのです。私たちは自分の子供を埋葬するために生まれたのではない、あなたたちと同じように子供を愛し、育てるために生きている。だからこそ、今ここで行進しなくてはいけないのです。今まで子供たちを埋葬させられ続けてきました。あまりにも長い間。何世紀にもわたって。これらの死んでしまった子供たち、そして私たちの先祖は、私たちに訴えています。トレイヴォンも訴えています。変える価値のあること、変えるべきことを変えるように、そのことを忘れないように、訴えています」レストランで食事を楽しんでいる人々——おそらく私たち家族が一週間食べていけるほどの費用をそのランチ一食に費やしているだろう人々——に死んだ者たちのことを思い出してほしい、彼らは生きていた、そしてその人生は大事なものだったということを考えてほしいと訴える。彼らの生は意味があった、いまでもそうなのだ、ということを。

ビバリーヒルズのロデオドライブに進む。そこで買い物客、レストラン客たちに問いかける。**少し時間を割いていただけませんか。トレイヴォン・マーティンのために心の中の少しの隙間を開けてくださいませんか。彼と、言葉にすることのできない悲哀と苦しみに包まれた彼の両親のために。**そう言っている最中に、私はちらっとあたりを見回す。周りに立ち並んでいる警官たちは飛びかかろうと待ち構えている。私たちのいるところに一歩一歩近づいて来ている。恐怖が心を掴む。けれど、私は再びトレイヴォンのために黙祷の時をもってほしいと繰り返す。私に見える範囲で、私の声の聞こえるところにいる人々、それは全員が白人だったが、彼らは皆揃ってシャンパングラスを、フォークとナイフを、携帯電話をテーブルにおき、会話を止めて、一人残らず、全員が、頭を垂れた。

その後何ヶ月もの間、私たちの会話は続く。このグループは女性だけでというわけではないが、ほとんどが女性で成っている。多くはクィアで、何人かはトランスだ。私たちはガイドラインの原則に従う。

- 黒人の身体に振るわれる全ての暴力を止めさせること。
- 我々の中にある違いを容認し、尊敬し、称揚すること。
- 我々アメリカ黒人は世界の黒人家族の一員であると認識し、世界の異なる場所に生活する黒人たちはそれぞれの歴史の影響や社会の特権に関して異なる経験を経てきたという事実を忘れないこと。

・トランスとジェンダー・ノンコンフォーミンググループの指導力、その貢献を正しく評価すること。

・シスジェンダーの特権について反芻し、除去すべきものを除去すること。同時に黒人トランスグループ、特に不相応に反トランス暴力の対象となり続ける黒人トランス女性グループの地位を向上させること。

・ブラック・ライヴズ・マターのブラック・ライヴズは全ての黒人の生についてであって、実際のもしくは仮想されるセクシュアル・アイデンティティ、ジェンダー・アイデンティティ、性表現、経済的地位、能力、障害、信仰心または無神論主義、移民資格、または居住地の云々には一切左右されないという信念を貫くこと。

・ブラック・ライヴズ・マターのネットワーク内にあっては、性差別主義、女性蔑視や男性中心観念などに毒されない、黒人女性を公平に認める環境を保つこと。

・運動の場で同朋との共感を持つことに努め、彼らの環境について学び、連携する目的で会話を保つこと。

・トランスとクィアのメンバーを支援するネットワークを育てること。集会の場では、ヘテロノーマティヴ〔異性愛主義〕な考え方への固執から、または本人が公言しない限り、世界中の全ての人々はヘテロであるかのように思い込むことから自分を解き放つよう、十分に意識した上で活動に従事すること。

・年齢差別を排除し、あらゆる年齢層にわたる全員参加のネットワークを育てること。私たちは、全ての人々は年齢にかかわらず、指導し学ぶ力があると信じる。

・BLM外の人々と交わる時、正義、解放、平和の概念を身をもって示し、実行にうつすこと。

全国各地に分かれて、私たちは会合を開き、芸術や文化の要素をどうやってこの活動やユース団体や他の準備活動の細目に取り入れることができるか、考え続ける。コミュニティそれぞれの特有な要求項目を書き連ね、常時変動する全国的要求リストに加えていく。そのリストは、驚くまでもなく、まず警察の予算削減という点、そして何が実際に地域社会の安全を守っているか——就職口、良質の学校、緑地帯などが思い浮かぶが——という実態調査の二点で始まる。これらの要求の中に、そして仕事の上で出会う人々の顔の中に、私は母を、兄を、父を、妹を見出す。私に、そしてBLMの全員に明らかなことは、私たちアメリカに住んでいる黒人の一人一人はもちろんのこと、その国民の全てを救うであろう最も重要な改革は、現行の刑罰と投獄の制度についてであるという確信だ。その制度を解き放とうという私たちの決意は、揺るぎないものだ。

私たちの生は価値のあるものであると、かたく信じている。それは私たちがこの世に生まれて来たという事実そのものが証明であり、また他人に組織に社会構造に貢献してきた私たちの労働が勝ち得たものでもある。もちろんその社会は私たちを愛しもしなかったし敬意を払ったりなぞしたこともなかったが。それぞれの会合でそれぞれのチームにおいて、この視点を発展させる努力を続けるが、アリシア、オパルと私はそれぞれの地域の会合をリードしようとは思っていない。この運動が各々、まるで山火事のように広がっていけばいいと思っている。

しかし、私たちの当初の目的がまずは社会的意識を変えること、人々にBLMの考えに賛同してもらうこと、人々がBLMというフレーズを躊躇せずに言えるようになることだとすれば、最初の年はひたすら試練の一年だった。何といっても惨事には事欠かなかった。ほぼ定期的に黒人は殺され、BLMのハッシュタグをつけた彼らの名前は次々にネットに載せられる。

レニシャ・マクブライド、一九歳の女性。二〇一三年一一月二日、運転中に事故を起こす。意識朦朧でかつ痛みを我慢しながら、ミシガン州デアボーンに住むセオドア・ウェイファーの家のドアを叩く。彼女の助けを求める声に、ウェイファーは散弾銃で応える。事故で負傷して武器を持たないこの若い女性は、なんの疑いもなく即座に射殺された。

ジョン・クローフォード。二二歳の若い父親。二〇一四年八月五日、オハイオ州ビーバークリークにあるウォルマートの子供の玩具売り場でおもちゃの銃を買おうと手にしたところを、非番中の警官に撃たれて死ぬ。マイケル・ブラウンが殺される二日前だった。その警官は起訴されていない。

そして二〇一四年七月一七日。あの驚愕のエリック・ガーナー殺害事件が起きる。しかも公衆の面前で。彼の声が私たちの耳の中に響く。国中に沁みわたる。**息ができない、息ができない**、と。

これらの事件、特にその場に居合わせた歩行者がビデオに撮ってそれがネットで爆発的に拡散されたエリック・ガーナー殺害事件は、私たちの痛みと怒りと決意とを掻き立てる。だが、社会はその一つ一つの事件を別々に扱っていた。もちろんそれぞれが非情極まりない事件だが、その時点ではこれらの事件を共通の起因に結びつけ、ブラック・ライヴズ・ドゥーノット・マター〔黒人の生は大事じゃない〕という考え方の表れなのだという見方をする者は少なかった。

トレイヴォンの殺害者が無罪放免になってちょうど一年と四日後に、ブラック・ライヴズ・マターの組織が誕生した。私たちの懸命な努力は、いま現在正義を追求して様々な進歩的活動が行われているのは事実だが、それと同時にその正反対の方向に向かう、つまり社会のわずかな人数でなるグループの命だけが大事と見なす動きが同じように進められていることも事実なのだ、と皆に知らしめることに費やされた。

もしこの国全体にこの不平等さを示すことができたら、国中の人々にブラック・ライヴズ・マターの意味をわかってもらうことができたら、すべての人々の生命が尊重されることになるだろう。黒人はこの国で法的に人間以下と定められた唯一の人種である。他の人種に課された、または課されている苦痛を無視するわけではない。特にファースト・ネーション〔北米先住民族〕対して下された民族集団虐殺の事実。ただここで敢えて言いたいのは、黒人は完全な人間ではない〔一個の人間としての権利を備えていない〕という考えの中で育ち、その偏見によって益を被った人々の心の中で、そういう文化の中で取り上げられなくてはならない根本的な問題がある、ということだ。

以前アメリカ国内の黒人の生の軽視という問題を認めようとする者がそう多くはいなかったとしたら、二〇一四年八月九日、それは一転した。

その日、ミズーリ州ファーガソンの町で、一八歳の少年マイケル・ブラウンはダレン・ウィルソンという警官に追われる。その理由は不明だ。後になってマイク・ブラウンが近くのコンビニでいざこざを起こしていたという報道が出る。その報告の信憑性はどうであれ、はっきりとわかっていることは、ウィルソンがトレイヴォンの殺害者のようにマイク・ブラウンを追跡した時点で、彼はコンビニでの出来事については何も知らなかったということだ。ウィルソンは後になって、この大学入学を数週間後に控えた一〇代の少年と直面した時に自分の命の危険を感じた、と申し立てている。しかしマイク・ブラウンは何の武器も携えていなかった。検死解剖の結果は、手と胸に弾丸が撃ち込まれ――もし少年が警官を襲おうとしていたとしたらそれを止めるのに十分な防衛処置であろう――加えて、頭の上部も撃たれている。二回にわたって。更に、マイク・ブラウンの身体は殺害されたのちミズーリのギラギラ照りつける午後の太陽のもとに四時間半も放っておかれた。

　マイク・ブラウンは、いろいろな意味で兄モンティを思い起こさせる。身体の大きさ、色、警官に追われ殺された時の年齢。彼のニュースを読んでいて、兄の身に起きていることのように思えてならなかった。このような事件の内容は、読む者によっては滅多にない空恐ろしい出来事のように聞こえるだろう。しかし私の仲間たちにとっては、このような事件は公の場での家族の一員、自分の愛する、自分を育ててくれた者に対する攻撃だ。処刑そのものだと言ってもいいくらいだ。マイク・ブラウンが、モンティであっても不思議はない。彼らは警官に殺されるのみならず、その身体を道に何時間もほったらかされ、権力によって陵辱される側の人間なのだ。

　検死報告に出てこないことは、ダレン・ウィルソンのとった行動がファーガソンに住む二万一〇〇〇人の殆どが黒人で貧しくて物資に事欠く市民たちの経験してきた虐待の歴史の一部分であるということだ（その貧困率は近隣のセントルイスの二倍である）。何十年もの間、ファーガソンやそれと同じような町で、警察は自分の好き勝手に振る舞ってきた。誰も貧しい黒人の身になって意見を述べてくれるような人間がいなかったから。構ってくれるような人間が一人もいなかったから。

　黒人に対する扱いがあまりに酷いという実情について、ファーガソンでの日常茶飯におこる虐待に関する法務省の報告に続き、アトランティック誌はジャーナリスト、コナー・フリーダースドーフによる六〇〇〇単語にわたる記事★65を載せる。

長年にわたって、ファーガソンの警察は暴力を行使し、公民権を侵し、ファーガソン市の役人たちが黒人のコミュニティを搾取することを援助してきた。まるでマフィアのボスたちのように恥を知ることなく。

警官たちは人々、つまり黒人たちを治安とはまるで関係のないような些細なことで呼び止めるだけではなく、彼らにできるだけたくさんの規則違反の書類を発行するよう強要された。それは一種のゲームとなる。誰が一番多く違反書を出すことができるか。違反書には罰金がつく。そして罰金からの収益は市の予算に還元される。この経済〔搾取〕戦争に対抗して戦うことは到底無理だ。なぜなら、命令に従わなければ、それは逮捕に繋がりムショ務めとなるからだ。警察署長は市の裁判所も管轄していた。

ある時、一人の黒人女性は（もちろんほとんどすべての件で対象になるのは黒人ばかりだが）駐車違反を犯したことで刑務所に送られる。それも初めての違反書で。違反書には二項目あって、一五一ドルの罰金が課されていた。彼女は貧しく、住むところも定まっておらず、であるがゆえに出廷日を知らされず、その日出廷し損なう。それが理由で逮捕される。刑務所に送られる。持っている範囲の金額で、罰金の一部だけでも払おうとするが、そういう手続きを取ることができないために、再逮捕の可能性が生じる。後になって法廷は罰金を何度かに分けて払うことを許すが、駐車違反が起きた七年後、すでに五五〇ドル払いこんでいるにもかかわらず、彼女は未だにファーガソン市に五〇〇ドル以上の罰金を負っている。

またフリーダーズドーフは、法務省の報告書に出てくる若い黒人男性のケースを描く。彼は逮捕された後、仕事を失う。

二〇一二年の夏、三二歳になるアフリカ系アメリカ人の男性はファーガソンの公園にあるコートでバスケットボールに興じた後、自分の車の中に座って涼んでいた。その車の後ろにパトカーが乗り付ける。警官は男性に社会保障番号〔マイナンバー〕と身分証明書を見せるよう要求する。次には、公園に子供たちが遊んでいることを指して男性がペドフィリア〔児童嗜愛〕だと咎める。男性が武器を持っている様子がないにもかかわらず、車の外に出るよう命じ身体検査を行う。警官が車内検査をしようとするに至って、男性は憲法に守られている権利を主張して拒否する。男性の証言によると、それに応じて警官は銃を突きつけて彼を逮捕する。ファーガソン市の規則を八つにわたって犯した罪として。その一つは虚偽の声明をした——最初に名前を聞かれた時、彼は略称、つまりマイケルと言わないでマイクという省略された名前を言うような——を述べた。また彼が告げた住所は、それは正しい住所だったのだが、免許証に書いてある住所とは異なっていた。その上、車の中でシートベルトをつけていなかった、という罪状。車は公園に駐車してあって、男性は運転していなかったというのに。

★65　Conor Friedersdorf, "Ferguson's Conspircy Against Black Citizens", March 5, 2015, *Atlantic Magazine.*（コナー・フリーダーズドーフ「黒人市民を陥れるファーガソンの陰謀策」『アトランティック誌』二〇一五年三月五日）。

ジム・クロウ法が廃棄された時、アメリカの政治家たちはその代わりとなる何百という異なった手段を見出す。どれもが法定化され、合法行為内に収まるものだ。アメリカに住む黒人たちが最初から経験してきたテロリズムを存続させるために。そして、最も傷つけられた人々、つまり私たち黒人の沈黙の中でその暴力は続けられた。強盗だとか、麻薬のために売春する輩だとか、福祉金女王[★66]などと呼ばれ見下されながらも、私たちは皆で大挙して抵抗しようなどとはしなかった。

実際、こういう蔑視的な呼称を自分たち自身が使っていたのだ！　政治家も牧師もこういう言葉で黒人を呼んだ。奴隷制とジム・クロウとは黒人に充てがわれた拷問——殴られ、鞭打たれ、リンチにあい、バラバラ遺体にされて衆人の目に晒された——を公共の見世物とした〔ことで黒人を黙らせた〕のだが、二〇世紀末から二一世紀にかけての時期についていえば、私たちは虚偽の希望で黙らされただけに過ぎない。つまり、ただ口を閉じて言われたようにしていさえすれば、自分だってオプラだとかパフィとかルブロン[★67]になれるかもしれない、もしかしたらバラク・オバマにだって、などと思うよう仕向けられたにすぎない。そういう儚い夢を見せられている間に、実際に知ってか知らずか、私たち黒人の大半は実は日がな白人至上主義と戦い続けているのだ。

ファーガソンでは、いやファーガソンのみならずアメリカの多くの都市では、警察は些細な規則違反で罰を下す権力を濫用して黒人人口を搾取するだけでなく、財産没収を可能とする長々と羅列された法令を行使する力があった。この法令行使は、ドラッグ戦争の資金調達の一部として設定される三〇億ドル産業となる。

財産没収令は、麻薬の売買に関与していると疑われる人物の所有物、財産の全てを取り上げる権力を警察に手渡した。現金、車、家などを取り押さえるのに何の証拠も起訴状も要らなかった。ただその疑いがあれば、それで十分だった。この法令は全国を通して頻繁に執行された。麻薬売買に関与していないということを証明する重荷は、ひたすら疑われた側の責任だった。容疑者は何もしていないということを証明しなくてはいけない。何もしたことがない、ということをどう証明すればいいか、これはほぼ不可能に近い。万一運良く、その不可能な戦いに勝ち得たとしても、没収された財産を取り戻そうとすると、そこには次から次へと信じられないほどの法的障壁があって、没収したものの八〇%を手にすることが許されている警察は、没収騒ぎに浮かれ続ける。その資金を使って彼らが何を購入したか、想像できるだろうか。そう、軍事装備だ。他の見方をすれば、ファーガソンの警察は住民から資産を盗みとり、その金で戦車、催涙ガス、機関銃を購入し、八月九日マイク・ブラウンの死に対しての抗議デモに集まったその同じ住民に向かって、武力行使に使ったというわけだ。

その通りで起こっている画像を見て、私たちは驚愕する。特に一人の若い黒人少女のイメージ。

★66 Welfare Queen：一九七〇年代に現れた蔑称で、虚偽の手段で福祉補助金をだまし取る犯罪者を指すが、一九七四年に当時大統領選の際にロナルド・レーガンが福祉政策を削減するためにシカゴに実在した黒人女性リンダ・テイラーを福祉金女王として例に挙げたことで、貧困黒人を侮蔑する意味合いをもつ。

★67 Oprah Winfrey（一九五四―）：女優、テレビプロデューサー、著述家、慈善家。二五年にわたりオプラ・ウィンフリーショーというテレビ番組の司会を務める。アメリカ黒人女性として最も有名な成功者、また世界で最も影響力のある女性という称号も与えられる。

Sean Combs（一九六〇―）：アメリカ黒人。ラッパー。レコード会社経営者。パフダディやパフィとも呼ばれる。

LeBron James（一九八四―）：アメリカ黒人。ロサンジェルス・レイカーズ所属のバスケットボール選手。アメリカのバスケットボール史上、最優秀プレイヤーの一人と考えられている。

彼女は戦車の前に立っている。街中に侵攻する戦車！
彼女の手にはサインが掲げられている。
その言葉はたったの三つ。ブラック・ライヴズ・マター。
私たちは行動を起こす世代。

第14章　#SAYHERNAME（彼女の名前を言え）

私たちはお互いを選んだ
そしてお互いの戦いの輪の中で肩を並べる
戦いはどれも同じ
もし、いつか負けるとしたら
女たちの血は凝固するだろう
死に絶えた星の上で
もし、勝つとしたら
さてどうなることか

オードリー・ロード

ファーガソンに出向かなければいけない。それは明らかだった。皆で一致団結するために行かねばならない。アリシア、オパルと私の三人はどうやって私たちの使命を達成するか、会話を続ける。そこに活動家で大学教授で広報通信手段に精通しているダーネル・モアが加わる。ダーネルはＢＬＭネットワークを築く手伝いを快く引き受けてくれる。が、それはまた後での話。いま、ファーガソンは燃え上がっている。

セントルイス〔ファーガソンに一番近い都会〕のオーガナイザーの知人たちに連絡を取って、私たちが訪れることについて打診をする。その反応は一様ではない。何といっても、今彼らは戦闘の真っ最中だ。今すぐ来いという者もいれば、来る者たちの役目に明確な制限をかけるべきと主張する者たちもいる。つまり、弁護士、ユース活動団体のオーガナイザー、政策に精通している者、医者やその他の医療従事者、それかジャーナリストに限りたいという意向だ。その場で抗議運動している者たち、母親たち、父親たち、家族のメンバーたち、マイク・ブラウンの友人たち、彼の町の人々は、主要メディアの報道で火事場泥棒のように描き出されている。私は国中のオーガナイザーたちに状況を伝える。そして、ダーネルの助言を入れて「ファーガソンへのフリーダムライド」を企画しようと決める。レイバー・デイ★68の週末に実施する予定だ。それまで二週間。

フェイスブックで公開範囲に一定の制限をかけて案内状を載せる。各地域のリーダーたちがファーガソンに向かってバンやバスの手配をする。北カリフォルニアから、南カリフォルニアから、テキサス、ニューヨーク、全国各地から。ブルックリンのモニカ・デニス、テキサスのローガン・コットン、そして数多くの人々が無償で睡眠時間を犠牲にしてまで、ファーガソンで抗議運動を展開している人々に必要な支援を確保すべく力を尽くす。この企画の案とその業務内容を全国に向けて呼びかける。何百という人々が集まってくる。

フェイスブックの資金集め機能であるクラウド・ライズを通して、五万ドルを集める。バスなどの交通費や、皆が到着した後に必要な食料の費用などを賄う資金だ。ファーガソンやセントルイスの活動家たちの一五人から二〇人と常時連絡を取り合う。その中で際立って私たちに協力してくれたのはシェラーズ・ゴーモンという女性。彼女はマイク・ブラウンが殺されたその日から活動を開始し、私たちの誘導灯としてファーガソンでの運動を助けてくれる。

ダーネル、その従姉妹であるタマラ（彼女は実務管理の魔術師だ）、私の高校の時からの友人であるターニャ、そしてコアース（ダーネルの友人で元々はセントルイス出身だがいまはロスに住んでいる）の面々でレイバー・デイの週末の一週間前、セントルイスに飛ぶ。そこでレンタカーを借りてファーガソンに向かう。まるで占領地に赴いているような気がする。ファーガソン市だけでなくいくつもの自治体から送られて来た警官たちがいる。国家警備隊[★69]の姿もある。街角には戦車が並んでいた。ロサンジェルスのヘリコプターやパトロールの間段ない警察監視の元に育った私でも、この光景には度肝を抜かれる。気違い沙汰だ。コミュニティを押さえつけるために注ぎ込まれるその経費の総額は一体どのくらいの金額に達するのだろう。その額よりずっと少ない出費で、街を活性化することができるのに。こんなことを許している政治家たちはいまどこでのうのうとしているのか。深く息を吸い込む。そうする必要に応じて。私たち皆が深く息を吸い込み、来るべきものに気構える。そしてフリーダムライド企画の準備のために地元の活動家たちに会いに出かける。

思いがけなく、その車の中で私たちの心を昂めるような出来事がおこる。偶然選んだ地元のラジオ番組のヒップホップ音楽の合間に、アナウンサーがマイク・ブラウンについて話していた。明らかに彼の死を嘆く声だ。信じがたい。ロスの地元の人気ラジオ局のパーソナリティが黒人について

★68　九月の第一月曜日。アメリカの労働者が築いた社会経済上の業績を祝うための祝日。一八八二年にニューヨークの一労働組合が休日としたことを機として、始められる。

★69　連邦政府の陸軍および空軍の補助兵力組織で、連邦政府および州政府の二重管理下にある。国家緊急事態にあっては大統領または防衛長官の指揮に従うが、通常は自然災害救済、治安、国境警備などの義務があり、その予算や指揮系統もその組織形態によって異なる。

話すことがあるとすれば、それはいつも必ず侮蔑に満ちた言葉だった。この地では、黒人でも人間視されているということなのだろうか。

同乗の皆が即座にこのことを感じ取る。車の中の会話は、ファーガソンとフロリダのサンフォードの際立つ違いに終始する。トレイヴォン・マーティンはゲイティッドコミュニティ[★70]で殺された。そこでは住んでいる人々の間で近所付き合いがあまりないのが普通で、むしろ人々を分離し、個別に保つように仕組まれているようなところだ。もちろん、その住民たちがトレイヴォンの死について怒りを感じていないと言っているのではない。けれども彼らの声があがったのは、部外者たちがこの事件を問題視し始めてからだ。トレイヴォンの両親や友人たちが自分たちだけで対処するよう放って置かれたその苦しみを、部外者たちが皆の問題として持ち上げてからのことだった。

しかしここファーガソンでは、マイク・ブラウンは地域社会を織り成している構成要素の一部にしっかり含まれていた。門や塀で分離されていなかった。彼は地元の人々に知られていたし、愛されていた。人々は街頭に立っている。少人数で、大きなグループで、または一人一人で。皆が、マイク・ブラウンのTシャツを着ている。彼らは小さなグループで抗議デモを行なったり、座り込んでティーチインに専念したりしている。ダレン・ウィルソンを起訴せよというサインを掲げている者もいる。壁に書き殴られたサインがある。それは単に、けれども力強く物語っている。「We Love Mike Brown」と。ゆるゆると車を進める。道に立っているオーガナイザーの皆に頷き、敬意を表する。

地元のＨＢＣＵ[★71]であるハリス・ストウ大学でシェラーズと合流する。彼女はそこで大学学長との会合を設定してくれていた。学長はその週末、フリーダムライドの集会のために大学のキャンパスを利用することを許可してくれる。ありがたい限りだ。そのあとで街に戻り私たちのチームが泊まるホテルを選ぶ。それからドリームディフェンダーズのメンバーやブラック・ユース・プロジェクト100〔以下BYP100〕を加えての地元のオーガナイザーたちとの初顔合わせの会合を持つ。ここでBYP100の創始者、ウミ・アグニューとシャーリーン・カラザーズに会う。BYP100は一八から三五歳までの若いオーガナイザーたちを活性化し、特にクィアやフェミニストの視点からの活動を展開していく目的で作られた。初めて会ったのに、まるで長い間会っていなかった家族に再会したような気がする。二日ほど準備活動に費やして、大体の地理感覚が掴めてくる。その後でフリーダムライダーたちの準備をするためにロスへ戻る。

ところが、フリーダムライドの人々がファーガソンに到着する二日前になって問題が生じる。私は打ち合わせるために必死になってハリス・ストウの学長に電話をかけ続けるのだが、彼がどうしてもつかまらない。やっとの事で誰だか知らないが、ある女性が学長の代わりに電話をとる。**何のことをおっしゃっているのかわかりません。そのミーティングで何が話されたのか私は知らないけど、レイバー・デイの週末はキャンパスは閉鎖されています。あなた方はここを使うわけにはいきません、**と彼女は言う。邪険ではないにも、懇願の余地もない。シェラーズに電話して、どうにかするから

★70 治安やプライバシーのために塀で囲まれた集団住宅地。中流から上流階層に偏る。アパート群もあり一戸建ての住居の場合もある。入り口には門があり守衛が出入りを監視している。

★71 Historically Black College and Universities の略語。南北戦争後、自由となった黒人の大学教育を提供するために主に南部に建てられた大学の数々。一九六四年の公民権法の設立でその必要度が薄れるが、現在も一〇〇校あまりの大学がHBCUとして存在する。

と告げるが、実のところどうしていいかわからなくて、心はパニック状態だ。そこへ突如、電話がかかってくる。

「もしもし？」その声に心当たりはない。「パトリース・カラーズさんですか」

「そうですけど」

「私はスタースキー・D・ウィルソンという者で、北セントルイスにあるセントジョンズ・キリスト連合教会の牧師です。あなたがフリーダムライダーのための集合場所を探しておられると聞いたのですが。よかったら、私の教会を使ってください」

私は一瞬、思いを巡らす。

「私たちの中にはクィアやトランスやジェンダー・ノンコンフォーミングの仲間がたくさんいますが」

スタースキー牧師は間髪を入れることなく答える。

「私の教会では、あなた方みんなを歓迎いたします」と。

すぐさま、会場変更の知らせを送り出す。SMSで、フェイスブックで、ツイッターで。報道関係者にもプレスリリースを送る。そして全国の六〇〇人近いオーガナイザーたちに最終連絡の呼びかけをする。センジウェとモリース——彼らは後にまた別のオーガナイザー、マーブと共に「ブラックバード・コミュニケーション」を創立することになる——は、現場で地元の主流グループ、「黒人抑圧対抗団体」と協力して寸分を惜しまず準備に専念していた。私たちに居場所を提供してくれる北セントルイスの牧師の情報を伝える。ただ単にその住所だけではない。彼の精神、彼の輝き、彼の愛について、言葉を広める。

レイバー・デイの前の木曜日にバスやバンは出発する。ニューヨークからは一四時間、カリフォルニアからだと三八時間かけて、やってくる。トロントからのチームがやってくる。オハイオからは黒人のトランス女性たちのグループがバンで到着する。アーリン・ラング、リップリー・ベネット、チャーノ・ビコ。ファーガソンの人々を支援するために、マイク・ブラウンに敬意を表すために、手を取り合うために、この者たちは自分たちの安全地域から敢えて外へ踏み出し、命をかけてアメリカの〔保守的文化地帯である〕中部を通って旅する。この週末の企画の後になって、この者たちは自分たちの姿に光を当てるような、また驚くほどの数のトランスの男性や女性たちがこの運動を支え前進させていることを広報するための努力がなされなかったことを指摘する。この地上で最も犯罪視される人々のグループは、見た目にすぐは女性と見えないような黒人トランス女性だ。私たちは、この運動を通してそういう不運な出来事――このグループの貢献がきちんと明示されずに終わってしまうこと――が二度と起きないよう決意を新たにする。実際、ファーガソン後にはこの活動団体について語る時は、この信念を必ず謳いあげる。つまり、私たちは〝黒人であることを誇る〟――これはＢＹＰ100がモットーとした言葉だ――のみならず、クィアやトランスの存在を指導方針に組み入れた、非家父長的団体であると公言する。トランス・ウィメン・オブ・カラー・コレクティブの全国本部部長であるルアデス・アシュリー・ハンターとはいつも連帯して事業を行う。マーシャ・Ｐ・ジョンソン協会★72の執行長であるエル・ハーンズとも足並みを揃える。ＢＬＭは黒人のトランス女性の指導陣と協力体制をとる。時にはうまくいかない時もある。時にはうまくいく時もある。ファーガソンの後で、ＢＬＭの政治的な枠組みは常に進歩を続けるものだという認識、およびこの社会での黒人の位置は常に変化を続けるのだから、私たちの仕事、私たち自身も変化を続ける必要があるという認識を確立する。

ともかくも、いまファーガソンにあって、六〇〇人からなるオーガナイザー、弁護士、政策研究者、ユース活動の組織者、癒療者たちの情熱に満ちたグループの面々は、金曜日の夜までにスタースキー牧師の教会にたどり着く。ここで初めて、私はオパル・トメティとの対面を果たす。それまでずっと電話で繋がってきた仲間。抱擁を交わす。が、予想に反して劇的な出会いとは言い難い。何と言ってもここは戦場で、やらなくちゃいけないことが山のようにある。

ダーネルと私がステージに立って、皆を歓迎する。どのようにグループのままで参加し、どういうことに気をつけて自分たちを、また他のグループを危険から守るかなどのガイドラインを確認する。そしてスタースキー師の教会の集会室で、食事をともにする。その後皆はホテルやAir bnbなどの宿泊施設へと解散し、翌朝ファーガソンへ向かうための英気を養う。ファーガソンでの抗議デモはほぼ一日を通して行われており、ブリトニー・クーパーやアキバ・ソロモンや、ジャミラ・レミューらジャーナリストを含めた私たちは、午前一〇時までには現地の人々に混じって、戦車や機関銃に向かって肩を並べて立ち向かう。パレスチナの人々から、催涙ガスをかけられた時は、水ではなくミルクで目を洗うよう助言を受けていた。

土曜の夕刻にはあちこちで小規模のデモが起きていて、私たちのグループの人々も本隊から分かれて参加していた。あるグループは地元のオーガナイザーについて警察署へ向かい、占領しようと企てる。もちろんこの占領は、警察がやる占領とは違って武装なしだ。正義を求めるための行為だ。ダレン・ウィルソンはマイク・ブラウンの殺人に関して逮捕されていない。ましてや起訴もされていない。最終的に彼は法の許容内で行動したという解釈で放免されるが、それがわかるのは何ヶ月か先のことだ。

警察署へ向かわなかった仲間たちは、地域の人々のための休息の場所を作り出そうと決める。シェラーズがそのニュースを広めてくれる。私たちは教会で再合流し、夕刻には地域の住民たちが三々五々と集まってくる。彼らはこの時点で街頭に出て体制側の攻撃のもとにすでに四週間を過ごしている。メディアは、彼らを極悪人であるかのように描く。彼らは、そして私たち皆が、声をあげ、耳を傾けてもらい、息をつく場所を必要としている。参加した人々はほとんどが女性たちだ。ジョネッタ・エルズィー、アシュリー・イェーツ、ブリトニー・フェレル、アレクシス・テンプルトンらが現れる。そしてラリー・フェローズも。彼らは皆主だった抗議運動のオーガナイザーたちだ。

教会の部屋に集まった皆の中には、その八月九日に至るまでの死や差別的不法行為の数々に息詰まる思いで押し倒されてしまいそうな雰囲気が漂う。その部屋で、私たちはチェチェ・マクドナルドについて話す。バイセクシュアルのトランス女性で、バーで居合わせた男から自分を防御しようとしたために刑務所に送られた。男はまず、飲み物をチェチェの顔にぶち巻ける。彼女は男から逃れようと走り出す。男は追跡し、二人は組み合う。チェチェはハンドバッグにあったハサミを取り出し、男を刺す。男は死ぬ。彼女は傷害致死罪で刑務所に送られる。メリッサ・アレクサンダーに

★72　Marsha P. Johnson Institute：マーシャ・P・ジョンソン（一九四五―一九九二）はアメリカ黒人のゲイ・レズビアン活動家で、この協会は黒人トランスグループの安全と公平平等な待遇の確保、向上を目的として立てられた。

ついて話す。彼女はＤＶ男である夫に警告するために宙に向けてピストルを撃った。その夫には拘束命令がおりていた。誰も傷ついたものはいない。しかし、トレイヴォン・マーティンの下手人を無罪とした同じ州で、メリッサは刑務所送りとなる。彼女には〝自己防衛〟の権利がないというわけだ。トレイヴォンについて話す。仲間の中で弟のいる者たちが発言する。自分の恋人について語る者もいる。オスカー・グラントの名前も挙がる。自分の父親について話す者もいる。そして私たちはエリック・ガーナーを思い出す。そしてモンティ。モンティはいま私と一緒にこの部屋にいる。このファーガソンの町に来ている。

そして一人、また一人と、女たちは自分自身の経験について話し始める。私たちみんなが共有する経験だ。貧困、虐待的関係、抑圧下のコミュニティ。また再び、私は決意を深める――私たちの仕事には過去のトラウマに立ち向かいトラウマを起こさないですむような対策を考え出すための場、機構が絶対に必要であるということ。その基本線を常に要求することが重要だ。女たちはまた、疑問を投げかける。どうして自分たちの存在やその活動が一向に社会の目に映らないのか、メディアはいつも男たちにカメラを向けるが、実は女たちこそがこの抗議の場に集まっているというのに。これは事実だ。ここに集まっている人々は、圧倒的に女性が多い――五〇年代に始まった公民権運動の場でもいつもそうだった。女たち、全ての女たち、トランスの女性も含めて、ファーガソンの戦闘区でその脅威に立ち向かっている者たちの八〇％は女性だ。彼女らはこのコミュニティの世話をして来たのは私たちだ、と言う。彼女らはこういう公共の場に出てくる。子供たちを引き連れ、警察の暴力を止めようと声をあげて、自分たちには恐怖を感じることなく子供を育てる権利があると要求して。しかし、メディアで注目を浴びるのは彼女らの勇気ではない。一人の女性が発言する。

警官たちが押し寄せてくる時、私たちは走って逃げたりしない。そこにとどまる。そのことだけでも、私たちは認識されて然るべきだ、と。

彼女らの言葉は私たちとともに培われる。ファーガソンが全国ニュースに載り始め、世間の注意がアリシア、オパルと私の三人が始めたこの運動に向けられてくるその過程で、彼女たちの言葉は私たちの中に培われる。BLMの運動が初めて肯定的な評価を受けたのは、メリッサ・ハリス゠ペリーの番組でだった。彼女は、私たちを呼んで話す機会を与えてくれたわけではなかったが。ただそれは故意にではなかったと思う。実際、ほぼ一年経ってから彼女は私たちを番組に招いた。ともあれ、BLMに関して当初の報道では、その創始者が私たち三人の女性だということを持ち出すのに、随分と長いこと時間がかかった。アリシア、オパルと私の三人が成し遂げたことを見た現場の人々には衆知の事実であったし、**〝また業績を認められるのは男でも、仕事をやり遂げるのは女だ〟**ということは歴史の記録のあちこちに残されているにもかかわらず。家父長制の社会に生きるということは、男を中心にし、彼らの声だけを伝えることに何の疑問も持たず、女たちの貢献など想像すらもされないということなのだ。

今日の社会では、このことは以前にも増して深刻化しているように思える。ツイッターでの存在、つまり何人フォロワーがいるか、その数字は、毎日人知れず働き続ける人々の功績を乗っ取ってしまうことを可能とする。その無名の人々は仕事に専念するが故に、常時ツイッターにメッセージを載せたり、商品化されやすいように自分のブランドを磨き上げ人の注意を引く努力をするような時間がないかもしれない。その昔、女たちは組織を立ち上げ、政策を練り、行進し、料理を作り、タイプを打ち、公民権運動を前進させるべく努力し続けた。彼女たちの名前はどこにも残っていない。

彼女たちの話は知られないまま消えてしまった。ＢＬＭ運動はすぐに立ち消えてしまうようなものではないと国中が意識し始めた時、また同じような現象が起きつつあった。

オパル、アリシア、そして私もこの運動への関心のど真ん中を占めたいなど、これから先も思っていない。その必要もない。だからこそ、この運動を分権化することは最初から意図していた。しかし私たち三人の存在を消されてしまうことは望みもしなかったし、またそれはフェアではない。私たちの元々の夢や立ち上げるための努力などに全く触れずにＢＬＭについて物語られているのを聞くのは、かなりこたえた。というより、それはもろ侮辱でしかない。

私は黒人女性のジャーナリストたちに、この問題について話した。その中の一人、カラーラインズ誌のアキバ・ソロモンはこのことを私たちの共通の友人、そしてこの本の共著者であるアーシャ・バンデリに伝える。アーシャはエッセンス誌に一五年近く勤めている。

全部話してくれない？ 二〇一四年も終わりに近づいた頃のある日アーシャは私に言う。**みんなが聞きそびれていることを話してくれない？** 彼女は私との会話の中で私の考えていることや、記憶にあることや、歴史の出来事などをメモに取る。それを短いエッセイにして私の承認を得るために送ってくる。二ヶ月後、エッセンス誌はＢＬＭについての特集を出す。この雑誌の創始以来初めて、その表紙には有名人らの写真の代わりに「ブラック・ライヴズ・マター」という文字だけが現れる。そして私自身の言葉がその記事に載る。アリシア、オパル、私の話が全国に向けて出版される雑誌に出たのは、これが初めてだ。もちろん、これは驚くに及ばない。エッセンス誌は黒人の女性の地位や認識を向上させる目的の雑誌なのであるから。

どのようにことが進展したか、人々に物語る。誰が私たちに語る機会を与えてくれたか、誰が私たちの貢献に意義を見出してくれたか、あちこちで話し続ける。自分たちの仕事をやるためには、〝聖なる輪〟が必要なのだと語る。それは恋人やＢＦＦ〔ベストフレンド・フォーエバー、永遠の親友〕に加えて、私たちが活動を続けていくこと以外何の見返りも期待することなく、愛と支援を与えてくれる人々が必要だと。アリシアとオパルはそれぞれ愛と支援の輪を持っている。私はこの旅に踏み出した時から今日に至るまで、三人のベテランオーガナイザー／著述家に支えられて来た。アーシャ・バンデリ、ドリーム・ハンプトン、そしてロサ・クレメンティ。彼女らは助言を与え、関連者を紹介してくれ、私が何か考え貫かなくてはいけないことがあるような時に黙って聞いてくれる。ここでその名前を記しておきたい。私自身が彼女らの見守る中で消されてしまわないように、私も彼女らを消してしまいはしない。

日曜日の朝、スタースキー師は礼拝を行い、私たちの仲間の多くも通例の会衆に加わる。この日の説教はブラック・ライヴズ・マターとその活動に焦点を当てた特別な話だ。まず最初は聖歌隊の「生き延びるために神のご加護が必要」という題の歌で始まる。続いてスタースキー牧師の説教。それはこの地上で書かれたものだけど、天上で書かれたと言ってもいいくらい素晴らしいものだ。皆に活動に参加せよと促す。共にお互いのため、共同体のために立ち上がれと励ます。そして説教の最後、通常ならば会衆の皆が前に出てイエス・キリストに忠実であることを誓う段になって、スタースキー牧師は私たちの誓いを読み上げる。そして教会のメンバー全員にＢＬＭの運動に賛同し協力することを乞う。

礼拝後私たちは教会を出る。ある者たちは抗議集会へと赴き、ある者たちは検察官ボブ・マッカラの家の近所へ出向き、パンフレットを配ったりそこにいる人々に話しかけたりする。**検察官に殺人犯の警官ダレン・ウィルソンを起訴するよう話してください、と。**

ファーガソンでの最後の日、このコミュニティへの支持の一環としてこの運動内での家父長制についての討論を催す。ダーネルが司会する。彼はゲイで黒人男性のフェミニストなのだが、いろいろな運動の中で実は自分の貢献には分不相応な場を与えられることがよくあると述べる。そこに集まった地域のオーガナイザーたちと意見を交わし、一歩引き下がるという行為の意味についてや、同朋であることの意味について語り合う。

この討論が行われている間、マーク＝アンソニー、プレンティス・ヘンプヒルとアダク・ユタは教会の集会室を癒しの場と変える。何週間にもわたって抗議運動を繰り広げてきた人々の疲れ切った身体と心を癒す場。ロウソクの明かりだけが灯されたその薄暗い部屋の中で、施療者の皆は彼らの身体の凝りをほぐし、鍼を施し、また彼らの溜まり溜まった感情のはけ口を提供する。アートのためのテーブルもあり、そこで人々は絵や線画を描いて、自分の気持ちを表すことができる。死んだ者たちを追悼する祭壇もある。横になりたい者たちのための寝具もおいてある。私たちは、人を〝人間性の総体〟として認識することを阻害するような者や条件を一切拒絶する。そして人が〝人間性の総体〟であるためには、抗議運動や討論や政策推進や理論に加えて、この休息の場も必須だということを忘れてはいけない。休息の場、それはつまり、自分を蘇生させ、回復させるところだ。

そしてこの地を離れる前に私は最後のスピーチを行う。そこに集まった皆の前で、国家が消し去ろうとしたけれども消し去ることのできない女性の名前を力一杯、叫ぶ。アサタ・シャクール。[★73] 部屋の中央に立ち、出せる限りの大声で、公共の場では初めて、叫ぶ、彼女の残した言葉を。皆は一行、一行、私の後につけて繰り返す。

自分たちの自由のために戦うことは義務だ！
その戦いに勝つことは義務だ！
お互いを愛し合い、お互いを助け合わなくてはいけない！
そこに、失うものはない！　私たちを縛り付ける鎖以外は！

ＢＬＭの仕事量は加速度的に増え続ける。マイク・ブラウン殺害後の一二月、アリシア、オパルと私はロサンジェルスのサウスセントラルで落ち合い、ネットワークを広げていく計画について話し始める。人々は地元の現状に合う自分たちのＢＬＭ支部を立ち上げたがっている。セントルイスでの最終日に、地元のグループごとに集まって自分たちのやりたいこと、できることについて話し合った。と同時に、弁護士、ジャーナリスト、施療者などのいろいろな分野の専門家にもそれぞれのグループで集まってもらい、彼らがこの運動に貢献できることをどう組み入れていくか話し合った。ファーガソンの後で、全国各地から集まったオーガナイザーたちは自分のコミュニティへ戻り、そこでファーガソンの抗議運動の中で人々がどんな行動を行ったかについての集会を開いた。その

★73　Assata Shakur（一九四七―）：アメリカ黒人。「黒人自由軍」（反体制過激派地下組織）のメンバーで一九七三年に起きた州警察官との射撃戦およびその他の強盗、誘拐などの罪状で逮捕され無期刑となるが、一九七九年に刑務所を脱獄する。その後キューバへ渡り政治亡命を認められ以来キューバ在住。

流れの中で、主流メディアが好き勝手に選んで流したＢＬＭについての不完全なニュースではなく、私たち自身が発するメッセージそのものに報道が移っていく。最初の一年は――何百人もの人々が――月に二回は集まって、次のステップについて話し合う。もちろん第一の課題はダレン・ウィルソンを起訴に持っていくことだ。

しかしながら、組織が拡大し、人々も黒人の生命が大事だと口に出すことに躊躇しなくなり、更にＢＬＭとして知られるようになったこの運動に参加しようとする人々が外国にまで広がってくると、各地での活動支部と私たちとの連携を緊密に保つことが困難になってくる。

生涯を通して母の生き方を見つめてきたその結果であろう、私には労働は愛情の表れという観念がある。母は子供を抱きしめるタイプではなかった。自分の感情を表に出す人ではなかった。母がアルトンと別れて、私が高校卒業近くなるまで、母にパートナーはいなかったしデートに出かけることもなかったから、勝手に彼女には性的な必要性がないのだろうと思っていた。感情表現という意味では、私は母よりもずっとあからさまでガブリエルの血筋を引いているのだが、そういう私にも母と同じ面が一つある。母は家族を養うために一日中働き続けた。私も同じだ。そうして仕事に打ち込むことで、純粋な愛と尊敬の上に成り立ったつながりであるにもかかわらず、私とマーク＝アンソニーの関係は愛し合うカップルだとか夫婦というよりも、だんだんと友達同士のようなものに移り変わっていく。

六ヶ月ほどにわたって、夫婦のカウンセリングに行こうと頼み続ける。彼はその度にわかった、そうしようと答える。が、腰をあげることはない。ロマンチックな雰囲気、身体の密着感は、あんなに私たちの生活の重要な部分であったのに、いまは次第に薄れていく。まるで人生のある時期やある場所を思い起こさせる流行りの歌のように。もちろん、次に起こるかもしれない、起こるであろう危機を恐れながら生活をしていることが、関係を危うくする要因であることは間違いない。社会全体がまるで攻撃下の町であるような気がしてきて、いま考えてみればあの頃の私たち二人は、どうやって一緒に仕事を続けるかにだけ専念し、どうやって愛を保つかということには注意を払わなかったように思う。外の世界に密着している時、誰か一人の人間に密着するというのは、かなり難しいことだ。

マーク＝アンソニーと私は、決して喧嘩などしない。喧嘩という手段で相手に意思表現することなど、私たちの間には起こり得ない。彼は私と一緒に戦う、いつも。でも私のために戦うということはないのではないか。私を妻として恋人として保つために戦うなんてことはしないのではないか。そういう疑いが心にあったことは確かだ。その時、そしておそらく最初からずっと、彼が私を愛するより私が彼を愛した気持ちの方がずっと優っていたように思う。

ある晩、お気に入りのレストランへ夕食に誘う。うちの近くにある韓国焼肉レストランだ。

「私たち、うまくいってないね」

「そうだね」

「愛している、マーク＝アンソニー」

「僕も君を愛している」

この関係を別のやり方で保たなければ、という点で二人は合意する。その後は、ほとんど黙ったまま。沈黙、そして悲哀。私は悲しくてならない。私たちは次の段階へ移りつつある。それは必要なこと。でもその過程が必要だろうが必要なかろうが、心の痛みは避けては通れないもの。私たちはお互いのいままでの生涯と成長の中でお互いが演じた重要性を軽んじたりはしない。それは深く深くお互いの心の中に刻み込まれている。けれども、家族のふりをすることはできない。何か違う形の家族とならなくてはいけないことをお互いに認め合う。

そうして、夫婦として恋人として関係は終わってしまうが、マーク＝アンソニーと私は仕事上では大事なパートナーであり続ける。特に「尊厳と力を今」のグループでは協力一致態勢だ。私は資金の確保に走り、彼は健康と癒しのプログラムの数々を作り出す。この関係の中で、私たちは飛翔する。飛翔することをやめない。

私は再びデートし始める。誰かを愛したい。愛することは私にとって必要なこと。家族がほしい。愛に満ちた安定する中核となるところ、仕事の後で戻るところ、目覚めるところがほしい。カーラが私をレイに紹介してくれる。トランス男性で、パラグアイ人と日本人の親を持つ。素晴らしく頭の切れる都市計画家で活動オーガナイザーでもある。だが、私は一人に限りたくない。それはレイには受け入れられない。私はＪＴとも付き合う。長いこと友人づきあいをしてきた。彼はマーク＝アンソニー以外唯一のシスジェンダーの異性愛者の相手だ。ＢＬＭの早い段階から参画していてその成長を助けた欠かすことのできない人材であり、私たちは非常に親しい。彼のことを深く心にかけているし、彼の娘のことも深く慈しんでいる。あのセントエルモズビレッジで警官たちの襲撃を受けた時の幼い芸術家だ。ＪＴと私は、二人で子供を持つことについて会話を始める。彼はもう一人子供がほしいし、私は母になりたい。結婚することなしに親としてパートナーとして関係を持つ方法を考える。進歩的で結束を感じるＪＴとともに生活の場を持つのはやぶさかではない。

子供や家族についていろいろと話したり考えをめぐらしたりしている間に、また新たな七月一三日が訪れる。年は二〇一五年。とある若い女性の名前がニュースで流れる。彼女は新しい仕事と新しい生活を始めるためにテキサスへ車で移動しているところだった。大学の管理事務の仕事をすることになっていた。「サンディは語る」という題のビデオブログを発している。アメリカの日常生活についての意見や解釈を発する場だ。彼女は私たち観衆に問う。「今日、何か生産的なことをしましたか」と。

黒人女性。名前はサンドラ・ブランド。彼女の名前がニュースに載った理由は次の次第だ。二〇一五年七月一〇日、彼女は州警察官、ブライアン・エンシニアに取るに足らないような交通違反の疑いで停められる。エンシニアは、このシカゴ出身の二八歳になる女性が方向指示器をつけずに車線変更した、と主張する。エンシニアは違反書を書くのに必要な書類を出すよう、彼女に要求する。その命令に従って彼女は書類を取り出す。が、彼女が自分の車に座って、命令に従って行動しているその時、エンシニアは彼女に吸っているタバコを消すように言う。彼女は拒否する。エンシニアは彼女を車から引き摺り出し、道路の路肩に投げ倒す。パトカーの前方カメラのビデオは後日公開される。そこにはエンシニアが逮捕する際、彼女をいかに乱暴に扱っているかが写っている。エンシニアは「撃つぞ」と脅しもしている。

最終的にはエンシニアは虚偽の証言で起訴され仕事を追われることになるが、サンドラ・ブランドを救うには遅すぎた。二〇一五年七月一三日、独房の中で彼女が首を吊って死んでいるのが見つかる。その死は自殺とされる。ちょっと考えれば、これはとても信じられないことだ。苦痛、不満、悲哀などを彼女が口にしていたか。もちろんそういう感情は、黒人をあからさまに敵視するこの国に住んでいる黒人たちには日常のことだ。しかしサンドラの動向の中に自殺を示唆するような動機は何一つ見当たらない。何、一つ、ない。彼女は新しい職場へと向かっていた。ブログを通して自分や他の黒人たちのために、その立場を公に擁護していた。闘争心があった。刑務所から自分の姉と電話で連絡を取り、保釈金を集める手筈を整えていた。

サンドラ・ブランドは決して、絶対に、自殺したのではない。

サンドラ・ブランドは自分のブラック・ライフ、そして全てのブラック・ライヴズが大事だと、信じていた。

私たちのために、彼女は立ち上がった。彼女は私たちの一員だった。

私たちは、黙ってこれを見逃しはしない。

即座に、キンバリー・クレンショー弁護士——彼女は公民権問題に関するエキスパートだが——が率いる「アフリカ系アメリカ人政策フォーラム」は権力側の暴力によって殺された黒人女性の多くを公に追悼するために「#SAYHERNAME」(彼女の名前を言え)というハッシュタグを使い始める。恐ろしいことに、サンドラ・ブランドが牢獄で首を吊って死んでいるのが発見されたその翌日、アラバマでは一八歳のキンドラ・チャップマンが牢獄で首を吊って死んでいるのが発見される。彼女は携帯電話を盗んだ容疑で、そこにほんの一時間半ほど入れられていた。

まだまだある。数え切れないほど。

タニーシャ・アンダーソン：

三七歳。精神疾患患者。家族の家のすぐ外の歩道でクリーブランド警察の警官に頭を道に打ちつけられて死亡。

ミリアム・ケアリー：

三四歳。歯科衛生士。二〇一三年、不運にもワシントンDCホワイトハウス近郊で道を間違えチェックポイントを抜けてしまったところで、連邦警察の警官らに銃殺される。車には彼女の赤ん坊も乗っていた。

シェリー・ヒリアード：

一九歳の黒人トランス女性。デトロイト出身。マリファナ吸引の罪で逮捕される。売人を告白しなければ男性刑務所に入れると脅かされ、密告する。しかし警官たちは売人に誰が密告したかを明かしてしまったために、売人グループに惨殺され、そのかけがえのない身体は切り刻まれて焼かれてしまう。

レキア・ボイド：

二二歳。シカゴ市民。友達と公園で座って談笑しているところを非番の警官に射殺される。騒音妨害の苦情が出ていたから、という説明。

シェリー・フライ：

二七歳。二児の母。ウォルマートの警備員に万引きの疑いで撃ち殺される。

アイヤナ・スタンレー゠ジョーンズ：

七歳児。銃を構えて自宅に躍り込んできた警官に殺される。弾丸は頭を貫通していた。

キャスリン・ジョンストン：

九二歳。麻薬に関する家宅捜査をするアトランタ警察の警官たちに撃たれて死ぬ。警官らは射撃しながら家に飛び込んできた。その後、住所を間違えていたことが判明する。

これらは、長いおぞましいリストの中のほんの一部にすぎない。この国の黒人リンチの忌まわしい歴史の記録と同じように、その話が語られる時、女たちも同じようにリンチにあったのに男たちとは同等の扱いを受けない。殺された女たちの中には妊娠している者もいた。腹を裂かれ、胎児を切り出された者たちもいた。

そしてサンドラ・ブランド。いま私は立ち上がる。サンドラは私たちの会合や行進に参加したシスターの一人だったとしてもおかしくはないから。

そして、この運動はクィアだろうがストレートであろうがシスジェンダーであろうがトランスであろうが、女たちが先頭に立って率いてきたから。

そして、彼女はそれまで一生懸命に、聞く耳を持つ者たちに向かって自分の声を投げかけてきた。黒人の生は価値があると言い続けてきたから。

そして、服役中の家族を虐待された者たちがあまりにもたくさんいて、しかしその虐待、つまり拘束――拷問――殺害の反復はアメリカの投獄のシステムの中にしっかり定着しているということが、一般市民の間で社会的問題として取り沙汰されることはないから。

そして、また一人、仲間が消されることにもうこれ以上我慢ならないから、私は立ち上がる。ニュースを聞いてすぐに悲しみに襲われたその暗闇から足を踏み出す。サンドラは私たちの仲間、家族の一員だ。彼女の名前を世間に知らしめなければ。彼女の名前を言わなくては！ サンドラが私たちBLMの目的のために声をあげたように、私たちは彼女のために声をあげなければいけない。世界は彼女の身に何が起きたのか、知らされなければならない。サンドラは私たちのシスター、私たちの家族。

ドリームディフェンダーズの仲間やBLMのロサンジェルス支部の皆と討議する。この時点でBLMは二〇の支部に成長していた。ミヘンテ・グループ[★74]の中で働いている友人らとも連絡を取る。彼らの同朋でアリゾナのフェニックスで活動している有能なグループがいる。フェニックスは反移民主義や偏狭さの震源地と言ってもいい。そのフェニックスで催されるネットルーツ[★75]の年次総会に皆で集合することに決める。その会議でテキサスのウォーラー刑務所の独房で縊死した二八歳の女性の話題を持ち出す者がいるとは考えられない。であるがゆえに、私たちはまさにそのことを実行する予定を立てる。

今ではやり方をすっかり変えたのだが、その当時はかなり無鉄砲なことをやった。ネットルーツ

★74　Mi Gente VAWA Legal Solutions：主に移民グループ内での家庭内暴力や精神的虐待に対応するための法的援助を与える組織で、Violence Against Women Act (VAWA) という法令を基盤としている。

★75　Netroots Nation：アメリカ進歩的政治活動家たちによる政治代表者大会。

の企画のことを、私はBLM全体のネットワークへ流さない。アリシアとオパルにさえも伝えない。私は全国を舞台としてそのスポットライトの中に立つことにまだ慣れていなかった。実際、サンドラについてのメッセージをどのようにして発信すればいいか、ちゃんとした計画はまだ立っていなかった。でもサンドラが亡くなって一週間後の日曜日の晩、私たち皆はフェニックスのソウルフードレストランで落ち合う。「ロロのチキンとワッフル」という名の黒人経営者の店だ。

店の人は私たちのことを承知で、人に聞かれずに話し合えるよう店の奥のスペースを開けてくれる。計画をたて準備策を練る合間に、私たちはゴスペルの歌を歌い、嘆きの言葉を交わす。皆で笑い、皆で泣く。ミーティングの終わりかけに、LGBTQ人権促進機関であるGeTEQUALから参加しているアンジェラ・ピーポルズが言う。**ねえ、みんな。明日政治候補者のフォーラムがあることになってて、バーニー・サンダースとマーティン・オマーリーがくる予定でね、それに乗り込もうじゃないの。**

私も声を合わせる。**乗っ取ろう!** それで決まり。

翌日、私はホゼ＝アントニオ・バーガスに連絡を取る。彼はバージニア工科大の集団銃撃事件をカバーした『ワシントンポスト』紙のチームの一人で、気骨あるジャーナリストだ。その報道で彼のチームはピューリッツアー・ジャーナリスト賞を獲得した。その上、彼は自分が非合法にアメリカ入国した違法外国人であることを公表する。子供の時アメリカにいる祖父母と住むためにフィリピンから送られた。その彼が候補者のフォーラムの司会を務めることになっている。私の前からの知り合いだから、彼には伝えておかなくては。

ＯＫ、と彼は言った。

そして、ＢＬＭの運動参加者と移民権利保護運動からの一〇〇人ほどが徒党を組み、二列に並んで候補者たちが話している会場に現れる。アンバー・フィリップス、オーガナイザーで女性で誰もが聞いたことのないような素晴らしく響き渡る声の持ち主が歌い始める。

アンバー‥あなたたちは、どちらの側に立っているのですか。どちら側ですか。

私たち全員‥私たちは　自由の側です！

ティア・オソが舞台に上がる。彼女はアリゾナから来たナイジェリア出身の女性。オパルが率いる「正当な移民政策のための黒人連合」で働いていた。まず最初にアリゾナ州が支持している反移民・反人権的態勢に真っ向から挑むことで始める。ティアはアリゾナにいる黒人の移民状況について語り出すと、聴衆はブーイングし始める。民主党派の参加者すらもそれに加わる。私は怒りで我を失いそうだ。彼女は真実を語っているのに、どうして臆面もなく批判できるのか。私の頭の中は次に取る手段を考えつこうと焦って思い乱れる。私は裸足で立っている。それは次に予定されている演目のためだ。ここで舞台に上がることにはなっていなかったのだが、ティアをこのようなひどい目に遭わせるわけにはいかない。私は舞台に駆け上がり、ティアの隣に立って聴衆に向かって叫び返す。**どういうつもりなんですか。どうして彼女にブーイングなんかできるんですか。私たちは死につつあるんです。殺されつつあるんですよ。私たちは、いま、緊急、事態に、あるんですよ。**

聴衆のブーイングが止まる。彼らは耳を傾け始める。私たちは行動を続ける。

私たちは一人一人、空いている椅子を見つける。このために裸足で会場に入ったのだ。そこに立って、私たちは声を合わせる。

もし私が警察の拘留中に死んだら、彼らが私を殺したと考えてください。

もし私が警察の拘留中に死んだら、刑務所に現れて、声をあげ、抗議し、私の母に伝えてください。

もし私が警察の拘留中に死んだら、世界中の皆に伝えてください。私は生きていたかったのだ、と。

この抗議のビデオは国際的に報道される。私にとって、ＢＬＭの運動の持つ影響力を自分で真に把握し始めたのはこの機会だったと思う。そう考えながら、そして次の企画を想像しながら、私はフェニックスを離れる。次の企画は国の暴力を排除しようと決意しているいろいろな違う分野の黒人団体や組織と協力一致して行われるべきだ、という思いを募らせながら。

ＢＬＭの全体集会はほんの一週間先だ。私たちみんなが一堂に会するのはこれが初めてのこと。オハイオのクリーブランドを選んだ。そこはいわば聖地である。まだ幼いタミア・ライスが殺されたところ。タミアのことに考えを集中させてこの一週間を過ごすつもりだ。そして私たち自身の力とその責任について。だが、その課題にしっかりと身を落ち着ける前に、一つやらなくてはいけないことがあった。今すぐに。いつもより遅い。一体どうして?

テストを試みる。

結果は、妊娠六週間だと。

第15章　黒人たちの未来

恋に落ちたのではない。それに飛び乗ったのだ

トニ・モリスン

オハイオの集会からロスの自宅に戻る。どうしようもなく具合が悪い。JTに、薬局で買った妊娠テストを試みると告げる。どう解釈するべきか、彼はろくろく表情も変えない。バスルームに向かう。そして数秒もかからず、あのプラスサインが現れる。バスルームから飛び出してJTのもとへ走る。「やった！」私は叫ぶ。

彼は私に背を向けて、ラップトップで何かしている。振り返らない。私が話しかけたことにも応えない。

「聞こえた？　妊娠したって言ったのを」

「ああ、聞いたよ」彼はやっとこちらに向きを変える。彼の顔に浮かんでいるのは怖れの表情だ。そして底知れない悲しみが目に湛えられている。どうして？　私は驚きと困惑と苛立ちに包まれ、身を引く。

彼の態度にどう応えていいか、何を要求し、何を言えばいいのかわからない。結婚もせず、またお互いに一夫一妻関係にとどまるつもりもないけれど、一緒に子供を育てようと話し合った。この狂気の沙汰の最中であっても、家族を作ろうと話し合った。なのに、この反応は一体何なのだろう。何年もの間親しい友達だった。あのセントエルモズの襲撃を一緒に乗り切った。そしてロマンチックな関係に至った。私は家を出る。外からトロントでBLMを率いるフューチャー〔人名だが、同時に〝未来〟という意味もある〕に電話する。

フューチャーとは二〇一四年、ファーガソンの後で知り合いになった。といってもグーグルのハングアウト機能を通してだが。二人とも仕事にのめり込んでいて、黒人の正義のために身を投げ出している。その年、トロントでもBLM支部を打ちたてようという願いが高まっていた。カナダでも警官による黒人殺害は珍しいことではなかった。犠牲者たちの大半は銃を持っておらず、多くは精神疾患を持っている。最近の例では、一人の犠牲者は警官に撃たれた時、丸腰でかつ自殺したがっていたことがわかっている。

フューチャーはジェンダー・クィアで、私は即座に好意を抱く。グーグル・ハングアウトで初めて話した時、私たちの情熱、黒人のために公平な世界を創造しようという決意は全く同一だと感じた。その時から何度も会話を重ね、私たちの関係、お互いに対する気遣いや尊敬の念は揺るぎないものとなっていた。そして二〇一五年の六月、妊娠がわかる一ヶ月半前に、初めて実際に対面する。

それは連立メディア大会に出席し、またプライド・フェスティバルに参加するためにカナダへ出かけた時だった。フューチャーを初めて見た時、私はその美貌に息を呑んだ。グーグル・ハングアウトではその見目麗しさが正確には伝わっていなかった。私は何とか呼吸を取り戻す。二人の間に弄った何とも言えぬ化学反応の電気ショックのような衝撃をかろうじて乗り越える。その時、私はJTと同棲していたし、二人で子供を成そうと話していたわけだから。

フューチャーにはJTとの関係について話していた。赤ん坊を産もうと考えていることも。フューチャーは嫌味のないさっぱりした態度で、丹念にその話を聞いてくれた。そして私たちの関係は、個人のレベルでも活動家としての仕事のレベルでも徐々に強まっていった。トロントの滞在中に私の三一歳の誕生日が訪れる。六月二〇日だ。フューチャーに、この時間を一緒に過ごさないかと聞いてみる。二人で、静かに何も大げさなことをせず、太陽の周りを回る三一度目の旅の始まりを祝う。家族について語り合う。ガブリエルについて話す。モンティについて話す。どんなに自分の子供がほしいか、切に語る。フューチャーは自分の子供時代のことを話す。双子の兄と姉がいて、三人の兄弟は里親制度の中で別れ別れになる。母親は精神障害を患っていた。

「結構、大変だったよ」と言うと、フューチャーは向きを変えて加えた。「子供を産むのがあなたの希望なのなら、私も支援するからね」

私たちクィアは、普通のヘテロのカップルのように子供を持つということを当たり前のように考えるわけにはいかない。そしてその後、JTが私と縁を断ち、子供から縁を断ってしまうと、フューチャーのその言葉がいかに真実であるか、身にしみてわかることになる。フューチャーだけが私と一緒にその場にいてくれる。その日、ロスの家の外でフューチャーに電話をかけたのは、自分では意図していなかったけれど、無意識のうちに賭けをしていたのかもしれない。人の言うことが本当にそのつもりがあってのことなのかどうか。信じられるのかどうか。結局のところフューチャーはその賭けに悠々勝つことになる。それも、期待をはるかに超えて。

実際、ＪＴに拒絶された時、フューチャーに電話して妊娠のことを伝えたその行為は、私にとってはいたく自然な、真っ当なことに思えた。心を安らかにするために必要な行為だった。人と人をつなぐもの、それを何と呼ぶのか知らないが、知り合ってからほんの少しの時間しか経っていないにもかかわらず、私たちの間にはその絆があった。ＪＴが私に背を向けたその朝、私はフューチャーに妊娠したと告げる。ただし、フューチャーに伝えたということを私はＪＴには話さない。彼の行為はあまりに浅ましいと思った。そしてそのことが私という人間について何を物語るのか、情けなく思った。

「あなたが心から望んでいたことだもの、よかったね。おめでとう」フューチャーの言葉は率直で、落ち着いていて、明確だ。「何か要るものは？　どうやってサポートしてほしい？」私は大きく息を吐き出す。涙が目に溜まる。きっと大丈夫。うまく行く。その気持ちを私の中にいて形成されつつあるこの小さな人に送ろうと念じる。

しばらくして初診の日が来る。ＪＴは一緒に来ると言ったが、出発の時間になってもバスルームから出てこようとしない。ここで泣きついたりなどしない。でも酷い、約束したこととは違うじゃないかという気持ちは抑えられない。カーラに電話する。カーラはすぐに現れて車でクリニックまで連れて行ってくれる。心音、成長の度合い、全てが順調だ。やってみよう、赤ん坊を産むことを。この赤ん坊を産もう。私はもうすでにこの子を愛してやまない。それから時をおかずに、私はフューチャーに尋ねる――この時点で、私たちは毎日話していた――私にとっては大事な質問。

「出産に立ち会ってくれる？」

「もちろん」

一人で、妊娠していて、黒人の子供たちの生命のために戦う運動のさなかで、私は不安で仕方ないことを告白する。フューチャーは家族について物語る。そして、家族を失ってしまうことの意味について。自分たちが里子に出された時、そうだったから。私たち二人はこれが子育ての旅の始まりとなるなんて夢にも思わなかったと、その感動を分かち合う。私たちはお互いを愛し合い、そして私の中で成長しつつある奇跡の生命をもすでに深く深く愛していることに、共に胸を詰まらせる。

何ヶ月か経って赤ん坊が生まれた後で、JTと二人で関係の修復を目指し貴重な話し合いの場を持つ。そこで初めて、彼が一人で抑え込んでいた悲しみについて知る。彼はどう話していいか、どう理解していいかもわからずに苦しんでいたということを。自分が一番なついていた祖母が死の床にあった。その上最も関係の深かった叔父、彼は父親の双子の兄弟だったのだが、ちょうどその頃その叔父が亡くなった。**いろんなことが起きていたんだ、と彼は言う。親戚一門でその訃報を嘆きはしていたが、自分自身の悲しみや喪失感について自覚する余裕がなかったんだ、と。**

出産後、そして子供の成長の過程で、二人一緒に協力してかかることを誓う。妊娠中はここまで到達できなかった。最初の会話のほぼ直後に私たちは同棲生活をやめ、妊娠最初の三ヶ月ほど私は友達のうちを渡り歩く。だいたいにおいてカーラの世話になる。昔からのパターンだ。カーラは私をしっかり地に繋ぎ止めておいてくれる。できる限り私はトロントへ出向き、フューチャーと時を過ごす。細かく私の世話をしてくれる。ちゃんと食べているかと注意を払ってくれる。常時吐き気や疲労感に苛まれるが、なんだかんだと気を遣ってくれるのがありがたい。私たちはお互いの愛の中でより高く舞い上がる。

それまでいろいろな人間関係を持ったけれど、これは初めてだ。完璧にケアをしてくれる相手。

情感的にも身体的にも精神的にも。もちろんいままでの素晴らしいパートナーたちもそこここ面倒を見てくれた。けれどこのように完璧に心底尽くしてくれる相手に会ったのは、フューチャーが初めてだ。三人の将来のために、ウエストハリウッドに二寝室のアパートを見つける。窓からの景色が素晴らしくて、すっかり気に入ったところだ。ここが私たちの愛の住まい。但し、まずはフューチャーをトロントから移住させる手配が必要だ。

妊娠五ヶ月の時、私たちはこの新しい住まいに移る予定だった。が、その前に私はまずトロントで休暇を取ることにする。その何日めだったか、フューチャーは自分の友人が何かの賞を受賞することになったと告げる。私がその授賞式に出られるように、身体にピッタリした素敵な黒いドレスを買ってくれる。妊娠五ヶ月であるにもかかわらず、それを着るとなかなか素敵でセクシーな気分になる。フューチャーは車を運転し、友人の家に迎えに行く。変だな、という気がしたのはした。なんで、自分たちで運転しないんだろう。でもあまり深くは考えなかった。そして、彼らの家のドアを開ける。「サプラ〜〜イズ!」みんなが一斉に叫ぶ。

フューチャーは自分の一番親しい友達を一五〜二〇人ほど集めてパーティーを開いてくれたのだ。なんて素敵なコミュニティだろう、ちょうど私の友人たちの輪みたいに。この何ヶ月もの間、私とフューチャーの関係は一対一だった。二人だけの内側の関わり合いだった。けれども、もちろんフューチャーにはフューチャーの友達の輪があるわけだ。これはフューチャーのサヨナラパーティーなのだ。ＬＡで私と一緒に住むためにこの地を離れるフューチャーのための送別会。その途中でフューチャーは皆の前に立ち、出席者たちに感謝の辞を述べる。**このパーティーに来てくれてありがとう、いつも私を支えてくれてありがとう、私たちを支えてくれてありがとう。**というと、突如床に片膝をついて私を見上げた。「パトリース。あなたは私の生涯の愛そのもの。最初にあった時から自分にはわかっていた。結婚してくれますか?」

涙と笑いの合間に、私は声をあげる。**イエス! イエス!** そしてフューチャーは私の指に指輪をはめる。何も飾りのないローズゴールドの指輪。

それが、私たちの婚約の式だった。

数日後、まだトロントにいる間のことだったが、朝堪え難い痛みで目が覚める。立つどころか身体を動かすこともできないほどだ。骨盤の下のあたりから刺すような痛みが広がって、私は全く動けない。フューチャーは私を抱えてクリニックへ走る。そこでは信じられないくらい素晴らしい医療対応を受ける。アメリカでもし救急室へ駆け込んだら、まずは会計の窓口に送られる。カナダでは到着するやいなや助産婦が現れて、触診やエコーで検査をする。その結果、胎児は順調で心配する必要がないと告げられる。経費は、移民特別許可法だかなんだかいう規則によって免除される。信じられない! ただ、医者が言うには私には骨盤底障害があって、痛みを抑えるために腹帯を着用するよう薦められる。予定より早めにフューチャーと二人でロスへ飛ぶことにする。

トロントの空港で私たちは別々の列に並ぶことになる。パスポートが違うからだ。私はアメリカ人で、彼女はカナダ人。私は車椅子に乗せられて難なくセキュリティーを通過する。そこでフューチャーを待つ。待って、待って、待ち続ける。が、フューチャーは現れない。私はパニック状態だ。何度も電話した挙句、やっとつながる。

「アメリカに入国させてくれないって」フューチャーが言う。「質疑のために止められていて。だから、電話できなかったんだ」

どんな気分になるか説明せよと言われて、そう簡単には説明できない種類の敗北の体験というものがある。身体全体を覆い包み、あまりに残酷で、そこから通常に戻ることが不可能のように感じる、そういう感覚。私は車椅子に座り、歩くことができなくて、妊娠六ヶ月めで、私の最も愛し頼りきっている婚約者は捕らえられている。フューチャーこそは、私のこの不安定な妊娠期間の中でただ唯一の不変の拠り所だと言うのに。お金も家も、その比ではない。そこでわっと泣き崩れたい限りだが、それで事が動くわけではない。車椅子を押してくれている空港の係員に、セキュリティーに戻ってくれと頼む。彼は承諾して、私たちはもと来た方向へ向かう。

うちへは帰れない。少なくとも今はまだ。タクシーに乗って、フューチャーの友達のうちへ戻る。フューチャーがアメリカへの移住の準備にかかったところだ〔自分のアパートはすでに引き払っていたから〕。数日後、私は一人で境界線と壁に囲まれた母国へ戻る。私のフューチャーなしの国。

カーラが空港で私を迎えてくれる。フューチャーと二人で借りたアパートに戻る。そこは悲しいほど空っぽだ。カーラが腹帯を手に入れてくれる。それをつけた途端に、骨盤底障害から起きる痛みが八〇%は消える。私は目をつぶって三度おまじないを唱えたら、フューチャー無しで過ごさなければいけない間私を守って支えてくれるチーム〔例えば、オズの国でドロシーを助けたカカシやブリキの木こりや臆病なライオンたちみたいな仲間〕が忽如として現れたような気分になる。友人のオーラとメサが訪ねて来る。カーラとターニャはもちろんのこと、ノニも現れる。ドリームもやって来る。そして母も。ご飯を作ってくれ、私の世話を焼いてくれ、何やかやと気を使ってくれる。それだけじゃない。愛するフューチャーをここに連れて来られるように、ものすごい量の書類の書き込みやら手配やらの仕事を移民専門の弁護士の指図に従ってこなしてくれる。

三週間後、フューチャーは機上の人となる。国境入国管理局で何時間も留められハラスメントを受けたために飛行機に乗りそびれ、新たな切符を買わなくてはいけなくなったけれども、そのあとでやっとやっと私たちは一緒になる。

二〇一六年二月、先祖と二〇人ほどの家族や友人たちに囲まれ、カリフォルニアのマリブにあるAir bnb を貸し切って、妊娠九ヶ月の私はフューチャーと結婚する。本当はもっと後に結婚する予定だったけれど、空港の入国管理局でのおぞましい経験の後で、できるだけ早く正式に結婚することに決めた。ドリーム・ハンプトンが式を取り計らう。フューチャーの双子の兄妹も出席している。カーラ、マーブ、ターニャ、ノニは私たちの誓いの証人となる。トロントからやって来たフューチャーの大の親友、アリックス、アヌ、そしてマットもだ。集まった参加客の中にはマーク＝アンソニーもいる。私の永遠の家族の一員、最も大切な友達。彼は私の手をとって式の通路を歩く。「幸せそうで、本当に嬉しいよ」と囁く。その背後には力強く太平洋の波が打ち続ける。

その三週間後の三月二一日、予定日より一日早く真夜中に産気づく。家族や助産婦のチームに連絡を取って、うちに来てもらう。最初から自宅出産のつもりだったから。一五、六時間、陣痛が続く。そして突然全てが止まってしまった。子宮収縮が止まって、それ以上開口しなくなってしまう。胎児が逆子であることは知っていた。逆子を専門に扱う産科医にも事前に連絡が取ってあった。収縮が止まっても、医者と助産婦は心配しなくていいと言う。**少し寝なさい、そしてその後どうなるか見てみよう**、と。

翌日、目を覚ます。が、子宮に何の動きもない。母とフューチャーが付き添ってくれている。自宅で出産するのが私の希望だったが、この段となっては致し方ない。病院へ走る。三月二二日、午後一時。シャインが生まれる。帝王切開の間ずっと、フューチャーが私のそばに立つ。このかけがえのないもののために私たちは二人して労を厭わず頑張ってきて、その奮闘は今終わる。出産後の痛みに身は割かれそうだ——医者たちは、必要なだけの痛み止めの薬を処方してくれない——それでも、私はシャインから目を離す事ができない。この子は私たち黒人の未来。

結局病院には四泊五日入院して、五日目にやっと退院を許される。母が一緒についてきて、最初の二日は泊まりがけで付き添ってくれる。私たちは皆この小さな人に見とれてしまう。この子は柔和であどけなくて、泣き叫んだりなどしない。永遠に腕の中に抱いていたい。危険な外の世界から守って、愛のみで満ちているところに連れて行ってしまいたい。私は母となった。そして全ての母親がそうであるように、常時心労し続けるという弱さから逃れられない。が、それと同時に何事にも立ち向かうという心の強さも備わった。

シャインが生まれた二週間後、早くもフューチャーと私は辛い決意をしなければいけなくなる。トロントでBLMが警察署を占領する事件が起きた。黒人を殺した警官を起訴せよと要求していた。その犠牲者は、アンドリュー・ロク。スーダンから来た移民で、五人の子供たちの父、もちろん武器を所持してなどいなかった。フューチャーはトロント支部を立ち上げた仲間の一人で、支部のリーダー役を務めていた。「今あそこにいなくちゃいけないと思う」と言う。「私もそう思う」と答える。生まれたばかりの赤子を腕に抱いて。私たちは二人でフューチャーが旅立つことを決める。そして、フューチャーはトロントの戦場へ向かう。三週間の予定だ。私は赤ん坊とLAに残る。

また新たな虐待がいつ起きても行動できる覚悟で。

第16章　テロリストと呼ばれて

犬の吠え声が聞こえても、歩き続けなさい
森の木々を通して松明の灯が見えても、歩き続けなさい
叫ぶ声が後ろから追いかけて来ても、歩き続けなさい
立ち止まってはいけない。歩き続けなさい
自由を味わいたいのなら、歩き続けなさい

ハリエット・タブマン

二〇一六年一一月八日、選挙の日の夜、私たちはロサンジェルスの中心部にいた。その集まりはリン・ライマンとアーシャが開催した。カリフォルニア州のマリファナ合法化のための政治運動に私を招いてくれた仲間だ。麻薬戦争の影響を最も受けたコミュニティの声や意見をその活動に盛りいれるのが目的だ。「これは単にこの発案を合法化するという目的を果たすことだけじゃない」リンは語る。「でもその過程はこの共同体の仲間たちがともに進む旅であって、その勝利は共同体の皆が勝ち得たものじゃなきゃいけないのだから」と。

マリファナは、往々にして若者たちが最初に警察と関わり合うきっかけとなる。それを起点として、彼らは次第にらせんを描いて下降し始め、刑務所産業の鉤爪にがっしり掴まれることになって

しまうのだ。カリフォルニアでは麻薬所持は国外追放令の罪状リストの四番目に挙げられているもので、またロサンジェルス郡の刑務所には麻薬所持というだけの理由で、実に毎晩五〇〇人が送り込まれる。幾ら何でも度が過ぎる。私たちが推している合法化の法案が通れば、マリファナ所持で刑務所に突っ込まれる若者がいなくなるし、マリファナ所持の罪を経歴にもつ者たちはその理由で経済活動〔就職なり銀行ローンなり〕から締め出されてしまうこともなくなる。その上、合法マリファナの販売がもたらす五億ドルにのぼる税収入は、麻薬戦争で害を被ったあちこちのコミュニティへの投資金となり得る。何ヶ月もこの法案の提起を推し進め、投票に参加するよう住民らに働きかけ続けて来た。一時期、投票の予想数が落ち込むが、最後の二週間でまた勢いを持ち返す。投票日の午後八時には勝利が確実となり、そのおかげで、ほとんどが有色人種の若者たちを投獄や犯罪者化することから救い出すための道具が増える。

しかしながら、〔大統領選の開票の方は〕ドナルド・トランプへの票が増え続ける。夜が更けていくに連れ、彼の勝利が免れない事実になる。偏見と白人至上主義と女性蔑視の態度を明らかに示す選挙運動を展開して来た男、それが今世界で最も影響力を持つ地位の一つに就こうとしている。部屋のすみの壁に寄りかかっていたのが、ずるずると床に滑り落ちる。アーシャは皆にペットボトルを持って来てくれて、彼女自身その一本から水をゴクゴクと飲み干す。アーシャとリンはこの凶報にめげずに、私たちをグループとして支えなくてはいけない。公にマリファナ合法化の勝利宣言をしなくてはいけない。そして真夜中、一二時の鐘が鳴ると同時にこの法の最初の申請者、イングリッド・アーチーがマリファナ所持罪を自分の記録から消し去ることを盛大に祝わなくてはいけない。この法令、プロポジション64は過去の罪状にも適用できるようになっていた。このたった一つの法令でできるだけ多くの被害を正すよう考え尽くした成果だった。けれども、その喜びも何もかも、皆奈落の底に落ちてしまったような気分だ。トランプ政権下でどうやって生き延びることができるだろうか。守らなくてはいけない人々をどうやって守ることができようか。私のただ一人の子供はどうだ。私のかけがえのないシャイン。気が抜けてしまったまま、フューチャーと私は会合を抜け出し家に向かう。私たち個人として、また私たち共同体として、どうやって明日に直面したらよいかしばし思いを巡らせるために。オパルは自分が擁護者として日がな救助に尽力している非合法入国した家族たちとともに考える場を持ち、アリシアは目をそらすことなく屈することもなく、すでに次の企画を立ち上げるつもりでいる。

そこまで自分を持っていくのに、私は出遅れる。選挙後の日々、何週間にもわたって、涙が溢れ出、まるで苦い液が喉から上がってくるように恐怖がこみ上げてくる瞬間が続く。でもこの涙は私自身のためではない。私が家族と見なしている人々は未だ貧困の中で暮らしている。モンティやモンティのように医療支援があてにできない人々のことを考えると慄然としてしまう。そしていま生まれて初めて、オーガナイザーとして自分がいかに無力であるかを感じずにはいられなくて、涙にくれる。一一月九日になり、私はこの男が大統領になるのをやめさせることができない敗北感で立ち上がれない。

そして、次には怒りに打たれる。私たちは最善の努力を尽くした。九六%の黒人女性たちはヒラリー・クリントンに票を投じた。ところがどうだ。この国はクリントンを選ばなかっただけではない。性暴力を認める発言をした男を選んだ。自分の娘イバンカの母親に強姦の訴えをされた男。勝利がもっと確定的である候補者を選ばなかった民主党陣営に怒りを感じる。真の変化を目指すような、真に社会を民主化していくような、様々な地域共同体を包含するもっと影響力のある選挙運動を組まなかった民主党選挙本部に憤懣やるかたない。自分にも腹が立った。一般のアメリカ人がどれほど人種差別や女性蔑視に浸り切っているか、しっかり把握していなかった、血肉のレベルで認識していなかった自分に腹が立った。その考えの甘さに我慢ならない。いやこれは私たち皆の考えの甘さだ。この二人の候補者の間には紛れもない、本質的な違いが存在する。私たちはそのことを十分に考慮していなかった。大統領候補者の選択の段階で、まさかトランプがブッシュ元大統領の弟を蹴倒すなどと夢にも思わなかった。それがまず最初に蹴倒された。

しかし、起きたことはもう起きてしまった。いま、鏡の前に立って自分を見つめる。私たち仲間は皆そうする。トランプの選挙運動とその勝利は、私たちを更に危険に晒すことになる。二〇一六年、アメリカの二五の大都市でヘイト犯罪は六%増えている。そして私たち黒人はその暴力の一番大きな対象だ。FBIの記録によると、ヘイト犯罪の三〇%ほどが黒人を狙って行われている。★76

もちろん政治家としてクリントンには山ほど問題点がある。が、彼女の政権下であれば国境警備隊によって夫婦（また親子）が別々にされたりとか、貧しい女性たちにとって産婦人科関係の医療を受けられる唯一の機関、プランド・ペアレントフッド★77を含めた医療制度が危険に冒されたりしなかっただろう。二〇一五年に合意に達したパリ協定〔第二一回気候変動枠組条約締約国会議〕が破棄

★76　二〇一六年のFBIがまとめた犯罪状況レポートを見ると、ヘイト犯罪全体の約六〇%が人種に基づくもので、その中で黒人を対象とする犯罪は約五〇%を占める。つまりここで三〇%とあるのは人種差別以外（宗教やセクシュアリティなど）も含めたヘイト犯罪全体での率。https://ucr.fbi.gov/hate-crime/2016/topic-pages/victims

されることもなかっただろう。集団投獄、刑務所私営化、麻薬戦争の害毒が後戻りすることもなかっただろう。ジム・クロウ法の再生を経験することもなかっただろう。

クリントン政権が国民全員のための平和と正義を意味するものだったなどと言っている訳ではない。当然そう簡単には行きはしない。クリントンはアメリカ帝国をより拡張するような手段や政策を推し進めたに違いない。しかし、それまでになんとか妥協することで到達した合意、協定、法令などを［トランプ政権下で］失うことによって、アメリカはいま負の領域から始めなくてはいけなくなった。オバマが達成することに成功したACA［Affordable Care Act「患者保護並びに医療費負担適正化法」またはオバマケア］をもっとよいものにしようなどと言っていられなくなって、その最も基本的な権利を潰されてしまわないように戦わなくてはいけないことになったわけだ。

家では、フューチャーが私を、アメリカという国を、斜めに見据える。なぜアメリカ国民がこのことを許せるのかわからないと言う。奴隷制度があった頃に設定された「選挙人団」について何度も話し合う。これは大統領を選ぶに当たって少数の人々に特権を与えるシステムだ。二人でトロントに移住しようかと真剣に話し合う。カナダは二〇一五年に、トランプの対極をなすジャスティン・トルドーを選んだ。いや、トランプの対極をなすだけではない。民主党の選んだ候補者よりもはるかに進歩的な政治家だ。

そうでなくても、私たちの共同体は常に様々な危機に見舞われていると言うのに、私たち地域オーガナイザーはいま、新たな避けることのできない脅威に晒される。大統領に就任するやいなや、トランプはオバマが達成した人権保護のための法案の名残を次々に取り除くばかりでなく、警察や法の執行機関の責任性を要求する者たち（私たちもその中に入っている）に対しては全く許容の余地なしと断言する。曰く、トランプ政権は「法と秩序」の政権であって、国内の反警察の危険な動きを除去すると述べた。

今この書を記している時点で、ファーガソンの地元オーガナイザーの三人、デアンドレ・ジョシュア、ダレン・シールズ、エドワード・クローフォードは皆自分の車の中で射殺されている。そのニ人の若者、デアンドレとダレンの車はどちらも焼き尽くされてしまい、法医学的証拠は全て消されてしまった。エドワードの死は自殺とされた。彼は新しい職に就いたばかりで、新しいアパートの契約をしたところだった。自殺志願の者の行為などとは考えられない。

アリシア、オパルと私は、暴動を煽動したと主張する右翼に訴えられた。オバマ政権下では、心配することはなかった——この告訴はまだオバマが大統領だった時に受理された。が、四五代目の大統領と法務長官ジェフ・セッションズのもとではどういう展開を見せるか、見当がつかない。

まさに、恐ろしい時勢となった。オーガナイザーとして、若い母親として、クィアの夫婦でしかも外国移民の妻として、この国に住んでいることは危険なのだ。そう思っていることを、私はフューチャーに告げる。そして、それにもかかわらず、仕事を離れるわけにはいかない、ということも。

フューチャーも同じ気持ちだ。

★77　一九一六年に創立された非営利団体で、アメリカおよび海外でも低所得者を対象に産科婦人科域の健康医療を提供する。産児制限を巡って公の機関からの助成金を止められ閉鎖を強いられる傾向があり、また中絶反対運動の標的にもされ、大きな社会問題となっている。

アリシア、オパルと私三人は、果敢なるオーガナイザーたちを集ってこの力強い全国組織を築き上げる手伝いをした。今、それを放置するわけにはいかない。私は置き去りにすることはできない。私たちはそれぞれ自分の地域で働いている。今、ここロサンジェルスで目標となっていることの第一番目は建設費が三五億ドルにものぼる刑務所の設置を阻止することだ。私の家族、私のこの赤ん坊のことを考えて最も恐れおののくこの時点で、ここにとどまることを説得させるのは、結局この家族だ。

私たちは忘れられた世代である。いや、そういうとまだ聞こえがいい。ほんとのところは諦め去られた世代なのだ。麻薬戦争によって、どうしようもない奴らと投げ捨てられた。ギャング戦争によって、勝手に死ねと見切られた。大量集団投獄や犯罪者扱いされることで、その存在を帳消しにされた。崩壊した公教育のシステムの中で放っておかれた。私たち自身が築き上げた町がジェントリフィケーションを経ることで追い出されてしまった。雄弁で見てくれの素晴らしい候補者たちなど、全くどうでもいい。私たちにとって大事なことは正義だ。私たちが必要としている政治家は、大胆で行動力を持つ指導者だ。人権の保護と常識的な礼儀正しさを取り戻さなければならない。その要求を実現化に持っていくよう努力を続けることができるのは、ここしかない。

黒人を奴隷財産制度やジム・クロウ法から救い出したのは奴隷制反対の活動家たちだった。今私たち黒人を二一世紀の後継者たち、人種差別主義者や過激な警察行為から救いだすのも、活動家たちの仕事だ。私たちがやらなきゃいけないことをやり、企画を立て、会話を持ち、実際の対抗活動へと持って行くことで、私たち黒人がどう生きることになるか、生きるべきかという決断へと導かれ、そしてついには私たち黒人や有色人種に社会での平等・公平な存在という勝利が訪れるだろう。

二〇一三年にＢＬＭが誕生して以来、その業績には称賛されるべきものがある。活動組織を地域に分散し、その指導者たちが各々の地域をより公正なものとなすために問題点を突き止めその解決策を練り必要な事業を要求するように、奨励し支援するよう務めた。社会活動を人気取り行為と見なすような現代において、これは並大抵の努力ではない。が、ＢＬＭはアメリカ国内だけでも二〇の支部があり、加えてカナダとイギリスにも設立されていて、それぞれが独立していると同時に、その支部の全ては連携しており互いに協力し合う。ＢＬＭは、毎日二四時間、社会のあらゆるところで身を粉にして働いているにもかかわらず、社会の一番弱い立場に置かれその声が最も無視されている人々、つまりあらゆる黒人女性たちの苦難の状況を主眼に置き、その要求を高らかに訴える。

私たちは、自分のアイデンティティに対して引け目だとか罪悪感だとかを感じずに済む場、また部分的に自由なのではなくすべてにわたって自由でありうる場を作り上げた。言い訳や虚飾をする必要なく、ありのままでいられる場を作った。任期が切れる前にオバマ大統領がその恩赦を与える権利を行使するよう要請するその拡声器の役を果たしたのは、街頭に広がるこの組織の運動だった。彼の政権下では連邦刑務所の服役人口が過去数代の政権の中で最少となった。それはもともと彼が意図した政策ではなかったのだが、警察組織の責任を明確にせよという私たちの要求が、少なくとも権力側の注意を引いたことは事実であろう。もちろんこの要求は私たちに始まったことではない。私たち以前から、多くの人々がこの要求を掲げてきた。私たちは彼らの肩に乗り、その声を更に増幅させた。もはや無視することができないほどに。普通の一般人が、自分も黒人の待遇を向上させる動きに関与していると感じ始めた。例えば、サンドラ・ブランドのように。それまで社会活動など興味のなかった人々にも参加できるように、このドアはいっぱいに開け放たれた。そして、活動の中に癒しの要素をも加えた。それは健全な共同体を育成していくには、その共同体内の一人一人の健全さにも注意を払うことが大事だという信念に発する。

BLMが有力な組織へと成長したことは間違いないが、それでも現政権が繰り出すジム・クロウ時代の攻撃的政策を止めるためには、甚大なる努力が必要だ。私たちは暴力的な抑圧とICE〔移民・関税執行局〕の急襲に対応するために、維持可能で即時に反応できるようなネットワークを立ち上げるべくいろいろな組織と歩調を合わせている。また黒人の政治力を築いていくことにも深く関心を持っている。そのためにミシシッピ州ジャクソンのチョークウェ・アンター・ルムンバや★78ジョージア州のステイシー・エイブラムなどを★79積極的に支援する。ワシントンDCにあるスリーポイント・ストラテジーのジェシカ・バードとも手を組んで緊密に仕事を進める。この組織は選挙活動と社会正義の交差する部分で支援を行うコンサルティングの会社だ。私たちは公平な人権擁護の政策を推し進める黒人女性を、政治の場へと送り出すことに加担する。リーダーシップとは与えられるものではなく、指名されるものでもなく、盗み取るものでもなく、実績に基づいて勝ち取るものだと理解し、尊重するようなリーダーを探して。

BLMのネットワークを通して、保釈システムの改正の実現化に向かって全力を尽くす。これはおそらく私個人が最も重要視している課題で、即ち〔法律制度に巻き込まれる〕人々の〝人間性〟を尊重する新しい運動文化を創立し、それを実行に移そうと励む。そしてその活動は、差別を受ける人々のために、そして差別を受けている人々と一緒になって行われるのだ。

BLMが一緒になって活動する人々、そして私たち自身も含めて、その多数はアメリカ社会でも際立ってトラウマに悩む人々である事実を踏まえ、この連帯組織の中には自分たち自身の中にある有毒な部分を排除することを職務とする健康とウェルネス管理のディレクターたちが配置されている。私たちの仕事は毒を取り除く仕事だ。全く消耗しきった者たちにうちに帰って休んで体力を養って来いと言って、その体力精神力をこそぎ取ってしまうような有毒な職場環境に戻らせるのは、人材の使い捨てに終わってしまう。私たちは組織として、その中で働く者たちのために更に健全な環境を与える義務がある。私たち黒人は他の人種グループよりも若くして、また避けることのできる病気に罹って死ぬケースがずっと多い。社会がこぞって黒人の免疫システムを攻撃することに専念しているこの環境で、BLMは自身の健康管理により注意を払う。会合の場で、どんな食べ物を提供しているか。一日の勤務時間内には、人々が立ち上がって動き回るような時間的余裕が与えられているか。組織の中で働く者たちは最低賃金でこれ以上働けないくらいに働かされているのではないか——彼らはこの組織の使命に深く共感しているため低い給料でも文句も言わず、自分たちの献身的な仕事に値するだけの賃上げを要求したりもせず、ただ黙々と働いている。万が一仲間の間で問題が生じたりしたならば、中傷や非難、または真っ赤な虚偽の申し立てなどに走らぬよう、組織内で状況の改善や争いごとの修復などの手段を備えているか。一〇年、二〇年と檻に入れられて

★78 Chokwe Antar Lumumba（一九八三—）：弁護士、政治活動家、ミシシッピ州ジャクソン市長。リベラル派で今後の活躍が期待される。

★79 Stacey Abrams（一九七三—）：弁護士、政治家、投票権活動家、ジョージア州議会議員。二〇一九年、黒人女性として初めてトランプ大統領の一般教書演説に対する反駁の責を果たす。また、二〇二〇年の大統領選で南部州のジョージアが民主党支援になったのは、彼女の長年にわたる住民投票権登録の努力に負うところが甚大。

過ごすことを余儀なくされた人々のために、彼らが発揮できる技能に合った職種を考え出しているか。自分たちが住みたいと思うような世界を想像して、会話を進めているだろうか。それとも妥協の始点から会話を持っているのではないか。刑務所の廃止を呼びかけるに当たって、それが真に意味すること、つまり精神障害をも含めた総合的な健康管理についての会話も同じように推し進めているか。そして、食料の確保、居住環境の安定化——汚染されていない水はもちろんのこと——などが、社会の修復を目指す正義のための活動とともに、考慮の中に含まれているか。

実のところ、私自身、自分の健康や身の回りの世話などずっとほったらかしにしてきた。恋愛関係での睦まじい行為に自分を馴染ませることのできない部分があったとしたら、それは相手のせいではなかった。自分一人でいても同じことだった。トランプが大統領に就任した時、自分の中でのその不調和な部分を改善する決意を固める。週四日はワークアウトをする。前よりも頻繁に自炊し始める。旅する時間を減らし、祈りの時間を増やす。毎日の生活の中に楽しみを確保する。この敵意に満ちた世界に対して気持ちの均衡を保つために、日常になんらかの喜びを付け加える。友達と街に出る。ローラースケートに興ずる。「公園に出かける日」というのを決める。これはガブリエル要因。私の中のブリグナックの血だ。

そして、一番大事なのは家族との関わり合い度。その時その時ではなく意図的な家族関係を図る。毎週必ずフューチャーと過ごす時間を確保して、愛を表現し、愛の中で共に成長する。小さくて神々しいまでに美しい嬰児（みどりご）を、私たちの家族生活の中心に据える。随分昔から夢見ていたこの子供。今その成長を日に日に目の当たりにし、その成長に手を貸す喜びを味わう。この奇跡の命は連日無限の可能性を教えてくれる。そしてその無限の可能性なるものは、私の想像できる範囲をはるかに超える。なぜなら、シャインに出会う前からこの子を心から愛していたけれども、その愛が実際どれほど深いものであるか、どれほど限りなく広がるものであるかは、全く予想も見当も及ばないものだから。

もしも誰かが私の子供をテロリストだと呼ぶようなことがあったならば、私の人生の中の子供たちのどの子であれテロリストだと呼んだとしたら、私はその子を、その子供たちのみんなを身近に引き寄せ、声をあげる。テロリズムとは、ただ単に生きているがゆえに後をつけられ、監視されることだ。テロリズムとは、独房に閉じ込められ食事を止められ殴り倒されることだ。テロリズムとは、仕事を三つもこなしながらも子供に十分食べさせることができないことだ。テロリズムとは、子供たちのためのまともな学校もなく遊ぶところもないことがまかり通るということだ。そして、続けて高らかに言い放つ。自由とはどんなものであるか、民主主義とはどんなものであるかについて。正義と尊厳と平安を実現化させることが、どんなものであるかについて。

私は、大声で謳いあげる。私の大切なシャイン、そしてマリク、ニサ、ニナ、私たちが慈しみ、平等で平和な世界へとその存在をより高めようとしている全ての子供たち、若者たちに向かって。あなたたちは眩しいくらい光っている。自分自身だけでなくこの世界の全てを変えるだけの力を持っている。あなたたちの一人一人が、自分ではまだ想像もしていないような生まれ持った才能に恵まれている。そして、あなたたちの一人一人が、私たちの生が本当に価値を持つ世界にあって、愛と可能性とが一体どんなものであるかを見せてくれる証(あかし)そのものなのだ、と。

謝辞

　謝辞を書くことは、本を書き上げる作業の中で最も困難な部分であるように思えてならない。この書の内容が、言いたいことの全てを網羅し最も率直に語られて完成するよう、励まし支え続けてくれた人々があまりに多くいて、その中の誰かを忘れてしまうのではないか、その支援を十分に認めていないのではないかという懸念に襲われる。とは思うものの、ここでその拙い努力を尽くさないではいられない。

　まずはエージェントのターニャ・マッキノンとビクトリア・サンダース、それにVSAの卓越したドリームチームの皆。彼らはこの書の企画もその題名も考えつかれるずっと以前から、惜しみない愛情と丹念な心遣いを持って私たちをしっかりと導いてくれた。一旦その企画と題名が具体化すると、セント・マーティンズ出版のモニーク・パターソンは、私たちのために最も仕事を進めやすい環境を提供してくれた。そこはいつ訪ねても、出版界で第一と言える仕事熱心で才長けた人々が勤めているところだ。

　ドリーム・ハンプトン、デニン・ミルナー、イマニ・ウィルソン、アイザック・スケルトンとレッタ・ニーリーはそれぞれ、この著の土台となったプロポーザルの原型版を読んで、意見を述べてくれた。その貴重なフィードバックに感謝している。同じく誤字、脱字などを一掃すべく校正の鋭い目を提供してくれたロビン・テンプルトンにも深く謝意を表したい。もう一人、校正に関してはニサ・ヤスミンに負うところが多い。一七歳の若年とは思えない細心の注意を払って、この原稿の全てに目を通してくれた。私たちにとって、そしてこの世界にとって、彼女は素晴らしい贈り物である。

私たちの政治的ファミリー〔目標を分け合う政治的団体〕のメンバーたちも、ありがたい存在だった。苦境のさなかにあっても、彼らは常に私たちを支援し私たちと共に立ち並んでくれた。「立ち上がる母たち」(MomsRising)の同志たち、特にモニファ・バンデル。次に「全国ケアーズ指導運動」(the National CARES Mentoring Movement)の仲間たちと寛容で愛情深いスーザン・L・テイラー。「服役・既決経験者支援運動」(Formerly Incarcerated and Convicted People's Movement)の仲間たち。「麻薬政策連合」(Drug Policy Alliance)の同朋たち、特に感謝の意を捧げたいのはカサンドラ・フレデリーク、トニー・ニューマン、リン・ライマン、ジャド・グランション、レイニ・マドゥブティ、クロイ・コーバーン、ドクター・カール・ハートとデボラ・スモール。そしてミシェル・アレクサンダー。彼女は私たちとその信念を共にし、また彼女の研究成果は私たちを日がな啓蒙し続ける。

エッセンス誌にも深く御礼を申し上げたい。特にパトリック＝ヘンリー・バスとバネッサ・デルーカの二人のおかげで、ブラック・ライヴズ・マター運動の誕生を初めてこの世で公に取り扱っていただいた。

次の団体や個人の皆へ、その存在と貢献には深謝の念に耐えない。「尊厳と力を今」(Dignity and

Power Now)、「マルコムX草分け運動」(the Malcolm X Grassroots Movement)、「ストラテジー・センター」、「ブラックバード」のチーム、「BYP100」、「ドリームディフェンダーズ」のダーネル・モア、カースティン・ウエスト＝サヴァリ、ブリトニー・クーパー、マルキア・シリル、ロサ・クレメンティ、マーク・ラモント＝ヒル、ラシャド・ロビンソン、セントエルモズビレッジの面々、スタースキー・ウィルソン牧師、劇「パワー——占領された者たちの口から」(Power: from the Mouths of the Occupied)の出演者たち、「黒人の命のための法」(Law for Black Lives)弁護士たち、「黒人の命のため運動」(the Movement for Black Lives)のメンバーたち。

言葉では表現できない様々な貢献やその限りない寛容な精神がゆえに、ここでその名前を連ねなければならない人たちがいる。カーラ・ゴンザレス、マーク＝アンソニー・ジョンソン、クゥアイ・クゥアイ、ターニャ・バナード、シェラーズ・ゴーモン、ブリットニー・フェレル、アレクシス・テンプルトン、デイモン・デイヴィス、エル・ハーンズ、エアリン・ラング、ルアデス・アシュリー・ハンター、ダナ・ヒル、ヴィタリー、アリアン・ホワイト、ショーン・スパークス、リチャード・エドモンド、メリナ・アブドラー、ノラ・アレクシス、エバートン・ブラウン、ラボン・リーク・ウィルクス、モニカ・デニス、メルセデス・チャンブリス、パイパー・カーマン、ラティーファ・サイモン、フランシスカ・ポーチャス、エスペランザ・マーティネズ、ケリー・アーチボルド、ノニ・リマー。

この著作が可能となったのは、先人の様々な努力が敷いた路を辿ることができたからである。アサタ・シャクール、アンジェラ・デイヴィス、ミス・メージャー、ブラックパンサー党、「ブラックアーツ運動」のメンバーたち、SNCC、RNA、マルコムX、マーティン・ルーサー・キング、エラ・ベイカー、そして更に数多くの先駆者たち。この本は、あなた方皆の尽力に深く負う。

そして最初から最後までその間を通して、私たちの無限の愛と感謝の気持ちは次の人々に注がれる。アリシア・ガーザ、オパル・トメティ、そして世界中に四〇以上の支部を持つまでに広がったBLMのリーダーとメンバーのみんな。BLMグローバルネットワークのスタッフ、シャネル・マシューズ、ニキタ・ミッチェル、キャンダス・モントゴメリー、ミスキ・ノール、プレンティス・ヘンプヒル、ウィットニー・ワシントン、ロドニー・ディヴァーラス、リアナ・アンソニー。

私たちが自由になることを信じて。

訳者あとがき

訳了するまでに与えられた時間は二ヶ月ちょっとだった。この短い時間内にどれだけのことができるか不安だった。ところが一旦翻訳を始めると、すっかりのめり込んでしまう。次から次に事件が起こり、感情のうねりにはまり、その後どうなるのか心配になったり一緒に憤慨したり、深く傷ついたりする。その内容の豊かさ、真剣さ、切迫感に圧倒される。

まずはこの運動の名称から始めよう。Black Lives Matter. 〝ブラック〟は簡単に「黒人の」となるが、〝ライヴズ〟は深淵である。「命」でもあり「生活」でもあり「人生」や「生涯」「一生」など「生」に関係する概念を網羅し、その中のこれとは決めがたい。〝マター〟は動詞で、「意味をなす」「価値がある」「無視できない」から「左右する」や「問題提起する」などまで幾重にもわたる深さを内蔵している。一般には「黒人の命も大事だ」と訳されているが、実はもっと深く広い意味合いがある。少なくともそう解釈することができる。「黒人の生命を守れ」「黒人の生活を向上させるべきだ」「黒人の人生の価値を認めよ」など、いろいろなニュアンスが重なっていると考えていいと思う。どう訳すにしても共通して言い含められていることは、「白人と同等に」「白人が当然だと思っているように」という意味合いだと思う。アメリカの独立宣言の中で謳われる「全ての人間は平等に創造され［…］不可侵、不可譲の自然権として生命、自由、幸福の追求の権利がある」という考え方を、アメリカ全市民に公平にあてがうべきである、という要求なのである。が故に、"Blue Lives Matter" や "All Lives Matter" などの反論が起きても、それはそれで間違いではないにしろ、同じ尺度ではピッタリとは合わない。法学博士ガイ＝ユリエル・チャールズは「ブラック・ライヴズ・マターというフレーズには何か深く注意を喚起せずにはいられないものがある。これは〝抵抗〟の意を表するとともに〝自己肯定〟を表す表現である」と述べている（〝 〟は訳者が付加）。著者自身の言葉では、「〔我々黒人は差別に基づいた〕憎悪の対象には値しない」という意味だ（二四五頁）、と述べている。

訳者はアメリカに移住して随分と月日が経ってしまったが、恥ずかしながら黒人文化や歴史については ほとんど表面的な知識、認識しかなかった。これは著者パトリース・カーン＝カラーズとアーシャ・バンデリが指摘している白人社会の一般的認識と同じだ。しかし、その一般的認識が今年になって変貌を遂げつつある。トレーヴォン・マーティン、マイケル・ブラウン、エリック・ガーナーに続き、二〇二〇年五月二五日のジョージ・フロイド殺害の事件が起こりその映像が即座に拡散されたことで、黒人に課される扱いの酷さ、その不公平さが、ついに一般社会が無関心、無行動でいられる範囲を超えてしまったと言えるのではないだろうか。

もちろん黒人そしてその支援者たちは、ただ耐え忍んで来ただけではない。公民権運動はその大きな前進的活動だった。その後も法廷を通して、社会援助企画を通して、教育内容や教育機関内での組織的な試みを通して、黒人の地位を向上させるべき努力は綿々と続いている。しかしながら、問題の根本はその向上を妨げる障壁が圧倒的で、まさに絶望的としか思えないことにある。組織的差別という表現があるが、実はそれ以上に一般のアメリカ人の無意識の中に黒人（および他の有色人種）は社会の最下層に留まるものという観念が浸透しきっている。特にオバマ政権後の白人至上主義の巻き返しと、共存ではなく市場獲得、利益追求のみを目標とする競争的資本主義のなれの果ての現代では、弱者は搾取され、使い捨てられるためだけに存在している様相を呈している。そしてそれに刃向こうとするものは踏み潰される。本書を読んで読者は不思議に思われただろうか、なぜ住所が登録されていないマーク゠アンソニーが真夜中に自分のベッドから引き摺り出されたのか、なぜパトリースとJTが機動隊の標的になったのか、なぜフューチャーがアメリカ入国を妨げられたのか。それは明らかにBLMの指導者であるパトリースを威嚇し、BLMの活動に揺さぶりをかける体制側のもくろみだと考えてもおかしくはないだろう。だからこそ、パトリース・カーン゠カラーズの怒りが重要なのだ。この著作の中で、彼女は何度驚愕し、押しつぶされ、泣き崩れ、我を失う場面に遭遇したか。そしてその時、彼女はどう反応したか。彼女は怒りに満ちた（そのたびに『インディー・ジョーンズ』のテーマ音楽が背面に流れる気がする）。彼女の怒りが同朋とともにBLMを立ち上げ、コミュニティ運動を進め、法の執行組織に挑戦し、反対勢力からの彼女自身の生命に関わる脅迫にも負けずに、行動を起こし前進を続ける力を生み出している。障壁がいかに高く、圧倒的であっても、何もしないでいるわけにはいかない。泣き寝いりしていては殺されてしまうのだ。

ピューリッツァー賞受賞者であるジャーナリストのイザベル・ウィルカーソンは、その最新著書『カースト――我々の悲憤の根源』（*Caste: The Origins of Our Discontents*, Random House, 2020）の中でこう論じている。――我々アメリカ人は外側は立派に見えても中はガタのきているアンティークの家に住んでいるようなものだ。家が建っている土地は何世紀にもわたる凍結と解凍の繰り返しで裂け目が深まって不安定だし、豪雨や浸水で入り込んできた湿気は壁や天井に染み付き歪ませ、構造の耐朽性を脅かしている。手を打つのは面倒だと放っているうちにその破損は進み、ついには致命的なものとなろう。その時に「これは私のせいじゃない。この家は私が建てたのではない。過去の過ちは私が犯したものではない。私の家系の先祖は先住民を殺したり奴隷を所有したりしていない」と思うかもしれない。が、この崩れそうな家にいま住んでいるのはあなたであり私であるのだ。過去の正義なり不正義なりを譲り受けることに、私たちの選択の余地はない。それを是正することは、私たちの仕事なのだ、と。

この（是正するための）気運は高まる。おそらく途絶えることにはならない。たとえそれを押さえつけるような反動が起きたとしても、一時的なものに終わるだろう。半世紀をかけて黒人人権運動に関わってきたアンジェラ・デイヴィス自身二〇二〇年六月一五日の『ガーディアン』紙のインタビューで、ジョージ・フロイドの事件以降白人の一般市民の反人種差別運動への参加が増え、社会正義に関心を持つ若者たちが数多く率先して政治活動に身を投じているこの現状は新たな展開であり、短絡的にこれで問題が解決したとは言えないまでも希望を見出す、と述べている。これは彼女一人に限らない。二〇一三年以来BLM運動を撮り続けてきた写真家のデミトリウス・フリーマンは、この運動には以前にはなかった緊迫度があると感じる。「通りを行進している人々の多くは白人だ。二〇一三年の段階では考えられなかったことだが、彼らは皆大声をあげてブラック・ライヴズ・マターと叫んでいる」と。この民主主義を前提とする社会で、黒人や他の弱い立場にいる者たちが不当な扱いを受けるのは間違いだ。当然、黒人は人間であり、人間として有意義な人生を送る権利を持ち、その存在はかけがえのない貴重な生命を全うするべきものだ、と社会の誰もがそう思うべきだ。白人、黒人、ラテン系、ユダヤ人、アジア系、北米先住民、女性、男性、ゲイ、レズビアン、トランス、ジェンダー・ノンコンフォーミング、障害者、貧困者、移民、大人、子供、高齢者、教育を受けた者、教育を受けなかった者、そして受刑者であっても、誰もがかけがえのない貴重な生命を全うすべき存在なのだ。もっと議論を敷衍すれば、生きとし生けるものの全て、動物も植物も海も山も自然の全て、この地球そのものが貴重なもの、かけがえのないものとして尊ばれなければいけない。こういうことを言うと、全く無意味な理想主義とかきれいごととかと思われるかもしれない。が、これは事実である。私たちには前進するしか選択の余地はない。人権運動を進めて行くためには、人々をより健康で安全で幸せなところへと導いて行くためには、この地球を資源の枯渇から守り、自然破壊を抑え、例年起こる荒れ放題の山火事や極端な台風の被害を少しでも鎮めようと思うならば、私たちは共存を目指すしかない。選挙や市民運動やボイコット運動などを通して私たちの存在にとって何が一番大事なのかをはっきり示さなければならない。地球が滅びようとしている今、私たち皆が共同体とならなくてはいけないのだ。

パトリース・カーン＝カラーズは言う。

雄弁で見てくれの素晴らしい候補者たちなど、全くどうでもいい。私たちにとって大事なことは正義だ。私たちが必要としている政治家は、大胆で行動力を持つ指導者だ。（三〇〇頁）私たちは公平な人権擁護の政策を推し進める黒人女性を、政治の場へと送り出すことに加担する。リーダーシップとは与えられるものではなく、指名されるものでもなく、盗み取るものでもなく、実績に基づいて勝ち取るものだと理解し、尊重するようなリーダーを探して。（三〇二頁）

これらの節が言っていることは、何なのだろう。訳者は、それがパトリース・カーン＝カラーズの政治活動への公約を意味しているのではないかと期待する。ＢＬＭを立ち上げた三人の黒人女性たちは、タイム誌の「二〇二〇年世界で最も影響力のある一〇〇人」に選ばれている。もちろん二〇二〇年という年はカマラ・ハリスを持ち出すまでもなく、黒人（もしくは有色人種の）女性の政治活動家はアメリカの政界にあって最も注目を浴びているグループだ。彼女らをあなどろう、彼女らに汚名を着せよう、彼女らを犯罪者化しようとする勢力は、予想以上に強く広範にわたって存在する。それは中年以上の保守的白人のグループを中心としている。若い年代でもその傾向があることには暗澹とする思いだが、反面、フロリダパークランドでの高校銃乱射事件後の「命のための行進」を企画した高校生たちは、ひとえに心を揺さぶる雄弁で真摯な政治活動家たちだ。またＢＬＭのデモを企画運営する黒人のティーンエイジャー、特に女性の台頭は目覚ましいものがある。（『ニューヨークタイムズ』紙は二〇二〇年一〇月に彼女らの活動を称賛し広報するための特別企画を催したほどだ）。社会正義を推進していく力は、押し潰されることはもう不可能だ。二〇四二年（別の推定では二〇四五年）、白人マジョリティの社会は終わる。その時、アメリカ人の一人一人が歴史のどちら側に立つのか、私たちは目撃することになる。

しかし、これは対岸の火事ではない。ＢＬＭの運動の影響で、日本でも人種差別反対のデモが行われたり、知識人たちがその弊害について語ったりしている。他人の痛みを理解することは共存のための第一歩であり、素晴らしい展開であろう。だが、この現象を見て被害者側に寄り添うことは簡単でも、自分を加害者としてその自責の念を経験することはずっと難しい。アメリカに移住したヨーロッパ系白人は、アフリカから黒人を輸入し奴隷とした。平たく言えばヨーロッパの植民地政策の延長だ。日本もアジアの国々を侵略した。中国を侵攻し傀儡政権を打ち立て、台湾、朝鮮半島を併合した。マレー半島やビルマ、インドネシア、フィリピンを占領し、現地の資源を搾取し労働者を強制移民させ「従軍慰安婦」を駆り立てた。その害は賠償金を払うとか、国の元首が謝るとかですむことではない。抑圧された、搾取された人々の怒りはそう簡単に消えるものではない。政治だけで解決されるものではない。誰が心から謝罪をし、人々の怒りを鎮めて協調の精神を培うよう努力するべきなのか。それは加害国である〝大日本帝国〟の後継者たち一人一人が向き合ってしかるべき問題だ。アメリカが古い家屋を修理し補強していかなければいけないのと同じように、私たち日本人もその歴史の残した弊害を譲り受け、対処していく責任がある。地球が滅びつつある今、私たちはそれを傍観しているような余裕はない。もし、読者の皆さんがこの書を読んで、黒人の置かれている歴史的な搾取、虐待の状況に理不尽さを感じられるなら、自分の周りにあるそういう不当な待遇、悲劇的な環境、人間の尊厳を傷つけるような出来事に遭遇した時、自分がどういう行動をとるか、とるべきか、ぜひ御一考いただきたい。

二〇二〇年九月一八日、ルース・ベイダー・ギンズバーグ最高裁判事が亡くなった。彼女の成し遂げた数多くの業績（特に女性の社会的平等の権利を確立擁護する法令）は高く評価され、RBGのニックネームで知られる国民的シーローとしてその歴史的地位はゆるぎのないものであるが、彼女の遺言を無視してその空席を埋める次の判事を巡っての政治的画策（大統領が推薦し、上院で可決される）は無節操ともいえるようなスピードで進められた。彼女はコーネル、ハーバード、およびコロンビア大学法学部と、一流校をトップで卒業したエリート中のエリートだった。六〇年代から法学教授やACLUのボランティア弁護士などの経験を積み、優秀な女性がほぼ皆無であった法曹界で発言力を得、信頼と尊敬を確立していったその過程で、力の弱い者、権利や機会を阻害されている者、差別待遇を受けている者たちの側に立ち、社会の不平等性を取り除くことに生涯を捧げた。その彼女の残した名言は枚挙にいとまがないが、ここで一つ引用させていただく。

社会に貢献する者でありたいと思うならば、自分自身の枠組み〔個人の生活〕の外にあることを取り上げなさい。自分の地域社会の中にある何か修理を必要としているもの、繕うことを必要としている破れを見つけなさい。自分よりも恵まれない者たちの生活がほんのちょっとでもよくなるようなことに関わりなさい。自分のために生きるのではなく、自分のコミュニティのために生きる、それが本当に意味のある人生だ、と私は思います。

（『マーキュリーニュース』、二〇一七年二月六日）

ギンズバーグが唱導するような社会への貢献は、何も大仰なことでなくていい。政治家でも組織のリーダーでもない一般の大衆にできること、それがたとえ些細な貢献であっても、何百人、何千人、何万人もの個人個人が自分の利害の外で社会全体に有益となるような貢献をしていけば、その集積された効果は過大となり、社会の将来に大きく影響を及ぼすものとなり得るだろう。

本書は二〇一六年の大統領選挙時に始まる。あの時の胸の締め付けられる思いから四年が経った。その間にＢＬＭのみならず、様々な社会的活動が草の根レベルから立ち上げられた。〔南極をも含めて〕全世界に広がった二〇一七年の一月二一日のウィメンズマーチは推定三〇〇万から五〇〇万人が参加し、例年の行事となる。二〇一八年には高校生の活動家たちに組織された銃砲規制を求めるデモが全国で繰り広げられる。地球温暖化を巡って、科学者たちのグループもデモに、講演に、と活動を行う。移民法に反対する運動、中絶の自由を求める運動、LGBTQを支援する運動、核兵器禁止のための運動、などなど。実際、アメリカ史上動員数のもっとも多いデモの上位五番目までが二〇一七年以降に起こっている。その最大規模のものがBLMに支援される人種差別反対、警察暴力の阻止のための運動で、その活動は途切れることなく米国全土で現在進行中だ。この四年間により顕著となった白人至上主義や、独裁的政治や、搾取的経済機構の中で、BLMのような運動は脈々と根強く広範に存在しているだけではない。より賛同者（そこには多くの白人参加者を含む）を増やしながら、より危機感を募りながら、社会正義の実現を求め、地球上の共存を目指して、前進するのみ。

最後に、この書に巡り合う機会を授けてくださった立教大学の新田啓子教授、および各章ごと細かく丁寧に目を通し、多々の間違いや勘違いを巧みに指摘し、辛抱強く指導して励ましてくださった青土社の村上瑠梨子氏に心から感謝の意を捧げたい。この日本語版に誤訳などがあればそれは私一人の責任であるが、最終的にこの素晴らしい作品を生み出すに至ったのは、元々の著作自体の充実した内容とお二人の惜しみないご指導、ご支援の結果であると信じている。とても有意義な四ヶ月ほどを送りことができました。幸甚の至りです。

ワゴナー理恵子

二〇二〇年一一月二三日、コネチカット州ミドルタウンにて

解説——パトリースのブルース

新田啓子

本書はPatrisse Khan-Cullors and asha bandele, *When They Call You a Terrorist: A Black Lives Matter Memoir* (New York : St. Martin's, 2017) の全訳である。主著者のカーン＝カラーズ（以下カラーズと記す）は一九八三年生まれのいわゆるミレニアル世代、アメリカ合衆国で進行中のブラック・ライヴズ・マター（ＢＬＭ）運動を緒につけた三人の女性の一人として、いまや世界中に名の知られる人物である。アフリカ系市民の人権・尊厳の保護活動家としてのキャリアは長く、すでに高校在学中にはコミュニティ・リーダーとしての頭角をあらわしていたという。現在、ＢＬＭ以外にも多様な関連プロジェクトを主宰するほか、芸術家としてのキャリアもあり、制作に加えて本拠地であるカリフォルニア州の短大等で教育にも従事している。副著者のアーシャ・バンデリは、黒人むけの主要ライフスタイル誌『エッセンス』の編集主任を務めたこともある文筆家／アクティヴィストだ。二冊の自伝、『囚人の妻』（一九九九）と『美しさのようなもの』（二〇一〇）ではカラーズに先駆け、黒人を犯罪化してきた米国刑事司法制度の不当性と、不確かな罪状で愛する者を収監された家族の苦しみを綴っている（ともに未訳）。

ＢＬＭにいたるまで多様な政治的アクティヴィズムに身を投じてきたカラーズの自己形成、ならびにそれを動機づけた過酷な社会状況が、この回想録の読みどころである。これが極めて貴重なのは、著者の一族の経験が、この四〇年間のアメリカ社会がいかに人種的マイノリティ、特に黒人に無慈悲であったか、その詳細を証言する見事な現代史として叙述されているからだ。ドナルド・トランプが大統領に選出された二〇一六年以降、反移民と白人至上主義を掲げる極右勢力が活気づき、社会生活の表舞台で臆面もなくヘイトクライムに等しい所業を重ねるようになったのは、すでに衆目の認めるところだ。だがこのような状況の素地は、著者の生まれたロナルド・レーガン政権期から脈々と築き上げられてきたものであり、「変革」を謳って彗星のごとく現れたバラク・オバマ元大統領も、太刀打ちできるものではなかった。

いや、カラーズが描出する、黒人市民を凶悪視し、隙あらば「犯罪者」として逮捕・拘禁しようと図る警察当局のあり方は、それよりさらに遡り、奴隷制廃止（一八六五年）とともに始まった。人は犯罪容疑者とされた場合、拘束を伴う司法手続きに送致され、有罪となれば投獄されうる。したがって、黒人を犯罪者とすることができれば、奴隷状態から解放された彼らの自由を合法的に奪い続け、支配を永続させることが可能となる。こうした自由の真空地帯、あるいは権利が無効化された領域が、いかに無惨に特定の個人の人生を破壊しているか、著者はみずからの兄モンティの境遇をもって告発している。もっとも米国では、一九六四年に市民権（公民権）法が成立し、肌の色や人種に基づく差別が禁止されている。このことを知る読者には、彼女が伝える残酷な現実が、より不可解に感じられることだろう。

だがこの不可解な理不尽さこそが、米国型黒人差別の所産である。数多の人種的指導者や活動家が、この事実への一般的な無知・無関心の改善と、司法制度の改革を目指して闘争してきた。ちなみにいうまでもなく、そうした言論活動の自由は憲法で保障されている。けれども少なからぬ為政者は、彼らの政治活動を、社会秩序に混乱をまねく「テロリズム」として糾弾してきた。本書のサブタイトル「テロリストと呼ばれて」は、こうした経緯に由来している。二〇〇一年の九・一一事件を受け、ジョージ・W・ブッシュが始めた対テロ戦争を知る者にとり、「テロリスト」と謗られながら、糾弾や攻撃の矢面に立ってきた人々としてまず想起されるのは、イスラーム系に違いない。その一方で、政治当局へ異議を申し立てる黒人たちをことさらに「テロリスト」として弾圧する傾向は、米国ではすでに半世紀も前から存在していた。

本書に序文を提供している活動家、フェミニスト／ポストコロニアル思想家のアンジェラ・デイヴィスも、そう呼ばれた一人である。彼女の場合は一九六九年、共産党と関わりをもち、かつスピーチで扇動的な言葉を使ったという理由から、カリフォルニア大学ロサンジェルス校（UCLA）哲学部専任教員の職を追われた。反共政策と接合されたこの措置は、当時、同州知事であったレーガンの指示で取られたものだ。その翌年、デイヴィスが購入した銃が別人の起こした発砲事件に使用される災難が起きるが、時の大統領リチャード・ニクソンはこれを受け、彼女を「危険なテロリスト」と呼んだ。逮捕されたデイヴィスは一年あまりを獄中で過ごすが、七二年にみずからの弁護で無罪評決を獲得する。

勾留中は様々な文化人が、人種を超えてこの仕打ちに大規模な抗議活動を行ったが、なかでも黒人作家ジェイムズ・ボールドウィンは、彼女に宛てた檄文に「もし奴らが朝あなたを捕まえにくれば、夜には私たちを捕まえにくるだろう」と書き、政府を批判する人々を政治犯に仕立てようとする権力に、連帯して抵抗する必要性を訴えた。ちなみに本書の原タイトルは、「奴らがあなたをテロリストと呼ぶ時」と直訳できるが、これは明らかに、ボールドウィンのこの警告を念頭にしたものだろう。このようにカラーズは、みずからのアクティヴィストとしての形成の軌跡を、等閑視されてきたといってよい米国の人種政治を背景として物語る。同時に彼女の物語（ナラティヴ）は、ＢＬＭという運動が、これに先立つ黒人のアクティヴィズムとの歴史的な連続性と、闘争を通した結束の記憶を糧として進展してきたという事実を証言している。

「それなのに［…］私たち、パトリース・カーン＝カラーズ、アリシア・ガーザ、オパル・トメティ、ブラック・ライヴズ・マターを創設した三人の女たちは、テロリストと呼ばれた」。ＢＬＭ運動は、二〇二〇年五月二五日、ミネソタ州ミネアポリス市警の警官によるジョージ・フロイド殺害事件への怒りと悲嘆のうねりによって、一気に世界に広がった。公正さに基づいて市民サーヴィスを行うべき官憲による残虐行為と、それに対する正当なプロテストを封じ込めようとするテロリストという言いがかり、これらの論拠は同根であるが、動画の形で受け取られたフロイド氏の犠牲をもって、その偏見の構造はいま、かなり理解された感がある。けれどもこうしたいわば普遍的承認のない段階から、実にＢＬＭは七年以上、埋もれていた黒人ラディカリズムのレガシーを受け継ぎ持続してきた。

ＢＬＭ運動は、二〇一二年フロリダ州で起きた、ヒスパニック系の自称白警団員、ジョージ・ジマーマンによる、黒人少年トレイヴォン・マーティンの射殺事件に端を発する。小雨のそぼ降る二月のある夕刻、パーカーのフードをかぶり、買い物を済ませて滞在先へ戻ろうとしていた彼のあとを執拗につけ回して発砲し、正当防衛を主張したジマーマンは、一年半後、無罪となった。審理の経過はメディアにもカヴァされ全国的に注目されたが、第一一章は、この事件と評決の両方が、どれほど非情に黒人のコミュニティを打ちのめしたかを伝えている。判決の出た二〇一三年七月一三日、失望や怒りが広がるなか、カリフォルニア州オークランドを拠点とするガーザが、フェイスブックにメッセージを寄せた——「黒人の命がこんなにも軽んじられているのには、ただ驚き続けるばかりです。が、私は驚くことをやめません。黒人の命をあきらめるな。黒人の皆さん、愛してます。私たちを愛してます。私たちは大事。私たちの命は大事」。ロサンジェルスのカラーズは、この訴えからハッシュタグ #BlackLivesMatter を起案すると、それが拡散。さらにニューヨークのトメティは、この呼びかけから連帯を組織し、ブルックリン橋やタイムズ・スクエアで最初の大規模行動を起こした。BLMのオフィシャル・ストーリーはここから始まる。

三人の創始者たちは、いずれも自身を自由解放思想家やアクティヴィスト、コミュニティ・オーガナイザーと名乗っているが、運動の担い手がコミュニティ・オーガナイズの訓練を受けていることが、おそらく最も鮮明にBLMのキャラクターを作っていると思われる。この仕事ないし役割は、日本ではオバマが世に出る二〇〇四年頃までは、ほとんど知られていなかった。最近は、若手政治家にこの経歴をもつ者が多いことから随分認知が進んだが（連邦下院議員のアレグザンドリア・オカシオ゠コルテスもその一人）、キャリア形成の方法や具体的な実務など、その実態は掴みづらい。その点本書は、多感にして明敏な著者が、社会意識に目覚めながら、それを行動に移すすべを身につけていく詳細が、コミュニティ・オーガナイジングの恰好の資料となっている。

カラーズをその道にいざなったのは、ダナ・ヒルという高校時代の恩師であったと記されているが、とりわけ第七章に詳述されるトレーニング・プログラムやメンター体制の充実ぶり、またそれらを担う有徳の民間人の思いやりと創意にあふれたサポートは、感嘆に値するものだろう。オーガナイザーを目指す若者は、まず自身の心的経験と他者に対するバイアスの両方を言語化し、それを共有することによって、政府から虐げられ、忘れられた地域住民のニーズを汲み上げ、必要な政策を提言していく素地を養う。「人種差別、階級差別、性差別、ヘテロセクシズムなどなど、様々なトピックが論じられる。司会者の巧みな主導の元に、皆が無意識に持っている自分とは違う人種に対するステレオタイプのイメージについて、私たちは正直に話し合い始める」。

彼らが集中して学ぶのは、プロポーザルの書き方といった小手先のテクニックとは異なっている。地域で不利益を被る人、公的サーヴィスから除外されていることから、貧困やいさかい、それに発端する犯罪や非行など、安定を遠ざける諸要因に足を取られた人々が追い込まれた状況の、根源を探る理論的土台と洞察力が徹底的に授けられる。だからその一環の課題読書(リーディング・アサインメント)の水準も高い。「本を読み漁る。学習する。毛沢東、マルクス、レーニンなどが、ベル・フックス、オードリー・ロード、アリス・ウォーカーに加わる」。ストラテジー・センターという団体でアウトリーチの実践について手ほどきを受けながら、こうした人文学的プログラムでアクティヴに学ぶ経験がカラーズを作ったといえるだろう。これは各章冒頭に置かれたエピグラフからも明らかであり、我々読者はそれを拾って、ＢＬＭの思想的支柱を知るためのリーディング・リストを作ることもできるはずだ。

思えば市民権運動でも、ＳＮＣＣ(スニック)(学生非暴力調査委員会)という学生団体が運動の主要な一翼を担った。ＵＣＬＡで宗教学を修めたカラーズをはじめ、ＢＬＭ創始者の三人はみな大学教育を受けており、運動自体もいたるところで大学を拠点とする活動家の協力を得て進展している。これは例えばマーティン殺害事件のあと、いち早く抗議マーチを行なったフロリダのドリームディフェンダーズなどにもあてはまる今日的なアクティヴィズムの特徴だろう。レーガンが基礎を作り、父ブッシュを経てビル・クリントン政権期以降、なお一層補強され続けてきた新自由主義政治のもと、大学生は往々に、エリート予備軍である以上に、多額の学費ローンによって困窮化しかねない生活者ともなっている。不遇や貧困ゆえ、型通りの社会的秩序からくくり出された人々を、犯罪化の悪循環から抜け出せなくする現行制度。その解体を目指す「現場」とは、まさにそうした状況を看破した知性が集うアリーナでもある。

さらにカラーズの場合、みずからのオーガナイザーとしての修行の場が、実の父ガブリエルが社会復帰を目指した場でもあったことが重要だろう。自助の限界領域で、生命と生活を保障してくれる制度から巧妙に除外される黒人の苦難――それはカラーズと家族の実人生そのものであり、我々はその語りから、彼女の作ったハッシュタグの重さを知る。ガブリエルは冷戦下を長期間、海外に展開する軍で過ごすが、除隊後は、脱産業化した労働市場でまっとうな職にありつけない。いきおい従軍中に覚えたと思われる麻薬の売買に手を出すしかなく、「自分をよりよい人間にしようという努力」の甲斐もなく、なんども刑務所に逆戻りした。養父のアルトンも同様に、GMの工場を解雇されると、低賃金・無保障の非正規職を転々とする以外選択肢はなく、やがて家族を養う気力を失い家出した。さらに最愛の兄モンティは、一〇代にして正当な理由なしに逮捕されることが増え、のちに統合失調症が挙動に影響していることが判明する。が、一切の治療が拒否された代わりに送り込まれた刑務所で、虐待とずさんな投薬を受けると、ほとんど廃人のようになった。

優しく楽しく愛すべきこれら家族が必要としていたのは、官憲の折檻や放置ではなくケースワーカーのケアであったはずである。ガブリエルとモンティが、違法行為に手を染めた事実は結果的にあるのだろう。だが、彼らをその暴力誘発性（ヴァルネラビリティ）に満ちた人生に追い込んだ社会的理由は顧みられない。貧しさから肯定的な自我感がもてず、孤独と焦燥と恥辱に苛まれる苦しみをなんとか振り払おうと、例えば薬物に手を伸ばしたのなら……？　だが黒人が当事者の場合、このような忖度も一切されない。ところが最近、同じ状況がラストベルトの白人のあいだに見出された時、その痛ましさはまさに国家的な問題となり、トランプの台頭を正当化した。「いま最もケアを必要としているのは白人労働者のほうでこそある」という分析にも、真理の要素はあるのだろう。しかしそのイメージが、反黒人・反移民の極右勢力――彼らは総じてテロリストとは呼ばれない――を煽ってきたのは冒頭に記したとおりである。

　黒人を恣意的に犯罪者に仕立て上げるこの二重規範の問題性を、著者はなんども強調する。特に貧民街に暮らす少年たちには警官が常につきまとい、分別がつく年齢となる前に暴力による支配を始める。するとそんな人権無視も、彼らにとっては「当たり前のこと」となり、「夢や希望」もなくて当然、苦しいのは自己責任とする思考法ができあがる。みずからを愛し、おのれの尊厳を信じて主張し、権力の横暴に疑問を抱く自我の萌芽が摘み取られるのは残酷なことである。少年たちには、些細ないたずらを「お尻ペンペン」で戒められる通常の子供時代は存在しない。なにかがあれば――たとえなくても――乱暴に地べたに押し付けられ、手錠をかけられ連行されて、人生は早期に詰んでしまう。あるいはその場で殺される。黒人の生を軽んじるとは、このようなことである。

　ＢＬＭとともに記憶されている固有名――オスカー・グラント、マイケル・ブラウン、エリック・ガーナー、フレディ・グレイ、ブリオナ・テイラー、そしてマーティンとフロイド、さらには本書でカラーズが触れる数知れない警察暴力／司法における人種主義の犠牲者たちは、黒人の生という行動理念の最も明示的な象徴である。よってBLMは、各地の警察に軍隊並みの重装備を許容してきたいびつな予算を仕切り直し、虐げられてきた人々を再出発させるための医療や福祉の財源に切り替える「ディファンディング」を提唱してきた。警察官の過剰装備は、いうまでもなくその暴虐の主要因と見なされる。さらに著者が証すように、黒人の過度な犯罪化と投獄は、常軌を逸した収監格差を作ると同時に、囚人の労働搾取と選挙権の剥奪に加え、拷問などの多種多様な残虐行為を助長してきた。この状況への問題意識は、BLM運動のいまひとつの柱である「アボリション」、つまり監獄の廃止という争点に逢着した。

日本語でいえば「廃止」となる名詞アボリションは、アメリカでは単体で「奴隷制廃止」を意味しうる歴史的文脈を有する言葉だ。監獄廃止は、BLMを含む現代のラディカルな運動が精神的なよりどころとする前出のデイヴィスが、実に半世紀も前から掲げるイシューだ。カラーズもしばしば言及する警察の現制度と一九世紀の南部における奴隷の巡視(スレイヴ・パトロール)の重なりは、長く指摘されてきた。ただ、従来「過激派」の妄言程度に受け取られてきたこのアナロジーが、多数の共感を得るにいたったのが昨今の新たな状況であり、実証研究も出されれば、秀逸なドキュメンタリー『13th――憲法修正第13条』(エイヴァ・デュヴァーネイ監督、二〇一六年)も制作されて話題となった。そして現下の監獄システムを奴隷制の後継制度とする指摘を、単なる妄言と片付けることはもはやできまい。

本書もいくつか数字を示しているように、黒人に過酷な刑事司法の実態は統計に裏打ちされている。現在黒人人口は、米国総人口の一三パーセント足らずだが、一八年の刑事裁判統計によれば、刑務所内の人口比では三三パーセントを占める。先に見た少年たちへの仕打ちとも符号しているが、黒人の収監率は、白人の七倍近くに達しているのだ。この理由は端的に、「犯罪」自体が人種的な二重規範から決められていることによる。黒人はよく「軽微な違反」で捕まるというが、それはまさに常識的な社会生活の範囲においてごく自然な行動が、こと黒人に関してだけは犯罪とされる、恣意的かつ差別的な権利の制限があること自体の証である。そしてこうした措置の起源だとされるのが、奴隷制廃止(アボリション)直後の南部社会で、引き続き黒人を使役する方法として施行されたブラック・コード(黒人法)だ。

ブラック・コードは一八六五年、エイブラハム・リンカンの暗殺を受け、大統領に昇格したアンドルー・ジョンソン政権期に成立した白人本位の法制度である。ジョンソン自身も南部出身者であったが、解放された黒人を、法的・経済的に劣位な地位に封じ込めたこの法は、不可逆的に廃止されたはずであった奴隷制を文化的に存続させ、ジム・クロウ体制の土台となった。基本、黒人から労働契約の自由を奪い、プランテーション経済に縛ることを目論んだのがこの法である。これに基づき、ただどこかに佇んでいるだけの黒人にも、浮浪や怠慢、治安紊乱といった罪が着せられて、逃亡奴隷さながらの逮捕が行われた。事実、旧奴隷を罪人に貶める難癖はいくらでも創作できただろう。家内労働者には窃盗が頻繁に言い立てられ、「分をわきまえない」と認定されれば致命的に処罰された。果たして黒人が囚人となれば、合法的に拘束し、懲罰としての無賃労働を課せるのである。

いまBLMが警察と刑務所を奴隷制の残滓と指摘し、その解体を提言する根拠はここにある。運動家にとり、奴隷制は廃止されたどころではない。本来南部の州レヴェルの法であったブラック・コードのメカニズムは、いまや全米中に普遍化し、より大掛かりに黒人の権利を剥奪しているということになる。また本書でも言及のある『監獄ビジネス』（原著二〇〇三年、翻訳二〇〇八年）でデイヴィスが看破したように、もし刑務所が金になる、つまり雇用や消費を呼び込むという理由から積極的に各地に造設されているなら、それはまさしく黒人の犠牲に基づいて、経済効果を得るための機軸と理解できる。こう考える時、収監格差を現代の奴隷制の中枢と捉え改善を呼びかけるロジックには、相応の合理性が備わっていると見えてくる。

冒頭でも触れたように、黒人に不利な刑事司法の内実は、ここ数十年あまりの現代史のなかで固まってきた。市民権法と投票権法を通したリベラル大統領、リンドン・ジョンソンの「貧困との戦争」が、早々に「犯罪との戦争」へシフトしたこと、これは都市スラム地区に住む黒人を、支援を要する「貧者」から「公共の敵」へと読み替える風潮を、皮肉な形で予示していた。だが、黒人の大量収監の元凶となる犯罪解釈の不均衡が麻薬の取り締まりに集中してきたことから見れば、その嚆矢は、カラーズも書くとおり、七一年に「麻薬との戦争」（もしくは「麻薬戦争」）を宣言したニクソンと、それを一層黒人に不利な方向で強化したレーガンによって放たれた。「法と秩序」を合言葉に六八年の大統領選で勝利したニクソンは、反黒人的な記号をちりばめた政見で白人票を獲得する、いわゆる「南部戦略」で二期目を戦い、白人保守層を支持基盤とする現共和党の原型を作った。

対してレーガンは、八六年に制定した薬物乱用防止法で、初めて結晶状のクラック・コカインと粉末コカインを区別して細目化し、前者の悪質性を後者の一〇〇倍と規定した（クラック一グラムの所持と粉末一〇〇グラムの所持が同罪）。二者の間に有害性の差が証明されていたわけではない。にもかかわらずこの破格の措置が取られたのは、黒人に流通していたのが、もっぱら少量で取引されるクラックだったからというのが、アメリカ自由人権協会公認の定説である。つまりこの法こそは、黒人の文字通り軽微な薬物所持を狙い撃ち、黒人＝犯罪者なるステレオタイプを実態化した。本書を読むと、薬物犯罪検挙における人種差別を著者がいかにサヴァイヴしたかがよくわかる。特にマリファナは、アメリカにおいてはその流通がかねてより広く黙認され、二〇年の選挙でも、州単位での合法化や非犯罪化、医療用認可が一層進んだ。けれども第二章の著者自身の逮捕体験が示すように、こと黒人が当事者となるとすべてが取り締まりの対象となる。

ＢＬＭは、制度的人種主義（システミック・レイシズム）、つまり法や慣習を特定の人種に不利となるよう暗黙のうちに構成し、彼らを追い詰め、生きづらくさせるような社会の仕組みを批判してきた。カラーズにとり、マリファナはおそらく制度的人種主義の符牒なのだと思われる。最終章には、カリフォルニアのマリファナ合法化運動のプロセスが興味深く綴られているが、その主旨は、いわゆる麻薬容認論とは別物だろう。問題は、マリファナの取り締まりが規範的に行われず、若い黒人の前科を作り、その人生を選択的に潰す方便に堕していること。だとすれば、合法化のうえ、（酒や煙草や医薬品と同様に）その摂取のルールを制度化すれば、人種的に非対称な処罰のループがリセットできる。彼女が念頭に置く効果は、このようなものに違いない。

ただでさえ粗末にされてきた黒人の命だ。クラックに頼らなければ、人生の欠如や苦しみを埋められなかったガブリエルの痛ましさは、本書の端々にこだましている。「私たちは忘れられた世代［…］諦め去られた世代なのだ。麻薬戦争によって、どうしようもない奴らと投げ捨てられた。ギャング戦争によって、勝手に死ねと見切られた」。だからこそ著者は語る、「ＢＬＭは自身の健康管理により注意を払う」のであると。アメリカ疾病予防管理センターによれば、黒人の平均余命は白人のそれより四年短い。カラーズが望むのは、黒人が健やかに長生きできるアメリカなのだ。すると彼女においてマリファナの合法化とは、推進論ともまた違う未来を描いているはずである。果たして本書オリジナル刊行翌年の一八年、すでに医療用を解禁していたカリフォルニアで、マリファナは晴れて全面的に合法化された。

パトリース・カーン゠カラーズという人の生い立ちと知見に触れることで、我々読者は、ＢＬＭの争点である「黒人の生」が現実に営まれた場のリアルな重みを追体験するだろう。その半生は、端的にいって生易しいものではない。とりわけ著者が写実する警察暴力や監獄でまかりとおる拷問や虐待の数々は、普段例えば黒人文学や黒人映画、ラップ・ミュージックなどのジャンルにアクセスする習慣のない読者には、ヘヴィといえるかもしれない。だが裏を返せば、アフリカ系の表現文化に少しでも通じていれば、本書の世界は十分見覚えのあるものだろう。またこの自伝をきっかけにもっと知りたくなった人は、逆にフィクションに駒を進め、同様に生々しく描出された黒人の生に出会うことができるだろう。

主体的人生への意志がほとばしる語り口、自身や家族、そして社会を掘り下げる分析の鮮やかさ、さらには表現の豊かさに魅了されながら、そのように明晰な人の心を苛む苦しみを覗き込んで息を飲む。やるせないのはこのメモワールが、いかに彼女が闊達だろうと、個人では如何ともし難い白人社会のただなかで、失うまいと奮闘しつつも、失ってしまったかけがえのないものの記録でもあるからだ。それはつまり、いわれなき汚名など着せられず健康でいられたかもしれない兄であり、堂々と穏やかな伊達男でいられたはずの父たちであり、沈黙の鎧を脱げたかもしれない母であり、貧困の恥ずかしさと肉親へのうしろめたさに引き裂かれる必要などなかったはずの著者自身の人生である。つまりここには、本来的な権利としてあり得たはずの「よき生」が、あらかじめ断たれていたことへのメランコリーが横溢している。

そんな本書を、いわば「ブルースの衝動」（リロイ・ジョーンズ／アミリ・バラカ）を秘めた仕事と解してみたい。パトリースのブルース。それはおのれの苦境とその先の夢を世に問うこと、黒人の生に実質をもたせるべく社会に現れ出ることである。憂愁から共同性へ。これは本書のいまひとつの読みどころである著者の社会意識の成熟と不可分な、数々のロマンスに反映される要素であろう。著者の愛と友情そして別離のストーリーは、BLMが創出を目指すコミュニティのタブローだ。黒人運動史において初めてヘテロノーマティヴな家族主義と袂を分かったBLMは、実現すべき社会像と残虐行為の被害者の記憶の両方において、LGBTQの尊重を誓約する。みずからの性的指向や性自認の問題が惹き起こした実人生をつまびらかにすることで、著者はその重要性を説いている。本書から、政治的に正しい態度の要請などとは次元の違う、自由や権利を求める事由を感じ取りたい。

アメリカ黒人史には、一九五〇―六〇年代のような「盛期」がいくつかあるが、パンデミックのもと急激に人口に膾炙したBLMも、おそらく将来なんらかの画期をなす運動として解釈される日がこよう。差別や偏見、弱者への暴力では根深い問題を抱える日本でも、運動への関心は高まっている。そのような折、この豊かな自伝がもたらされたのは幸いだ。また翻訳が実に見事だ。議論も情念も、ただ前進あるのみといわんばかりのスピード感ある直線的な文章に込め、息長く語るカラーズの肉声が、クリスプな日本語となって、まるで聞こえてくるようだ。

果たして米国で始動する新政権は、この声にどう応答するのか。近年黒人を幻滅させてきたことについては、実は民主党政権も同様だった。中流以上の黒人の圧倒的支持を受け、トニ・モリスンには「アメリカ初の黒人大統領」の栄誉を受けたクリントンは、スーパープレデター理論で黒人を取り締まった張本人。また本物の黒人大統領オバマでさえも、人種主義を名指しで批判したことはなかった。バイデン＝ハリスは、ＢＬＭの主張に向き合う最初の政権となれるのか。その展望は、コミュニティをベースとした運動が仕掛ける陣地戦の連続のうちに、ほの見えてくるに違いない。だが、制度的人種主義がすでに一五〇年も持続してきたものならば、その解体が簡単なはずはないだろう。カラーズは、運動が「山火事のように広が」ることを願うという。我々はこの比喩の激烈さを、心に留めておかねばなるまい。

【著者】
パトリース・カーン＝カラーズ（Patrisse Khan-Cullors）
アーティスト、社会活動家。ブラック・ライヴズ・マター運動の共同創設者のひとり。

アーシャ・バンデリ（asha bandele）
ジャーナリスト、社会活動家。著書に *The Prisoner's Wife: A Memoir*（未翻訳）などがある。

【訳者】
ワゴナー理恵子（Rieko Wagoner）
翻訳家。編訳書に、Tatsuichi Horikiri, *The Stories Clothes Tell: Voices of Working-Class Japan*, Roman & Littlefield, 2016 がある。また、訳書として *In the Body of the World: A Memoir of Cancer and Connection*（Eve Ensler 著）が白水社より刊行予定。米国コネチカット州在住。

【解説者】
新田啓子（にった　けいこ）
立教大学文学部教授。専門はアメリカ文学、文化理論。著書に『アメリカ文学のカルトグラフィ』（研究社、2012 年）、訳書に『ブラック・ノイズ』（みすず書房、2009 年）など。

WHEN THEY CALL YOU A TERRORIST
Text Copyright © 2017 by Patrisse Khan-Cullors and asha bandele
Foreword Copyright ©2017 by Angela Davis
Published by arrangement with St. Martin's Publishing Group
through The English Agency (Japan) Ltd.
All rights reserved.

ブラック・ライヴズ・マター回想録
テロリストと呼ばれて

2021年2月22日　第1刷印刷
2021年3月3日　第1刷発行

著者　パトリース・カーン=カラーズ+アーシャ・バンデリ
序文　アンジェラ・デイヴィス
訳者　ワゴナー理恵子
解説者　新田啓子

発行者　清水一人
発行所　青土社
東京都千代田区神田神保町1-29　市瀬ビル　〒101-0051
電話　03-3291-9831（編集）　03-3294-7829（営業）
振替　00190-7-192955

印刷・製本所　双文社印刷

装幀　六月

Printed in Japan
ISBN 978-4-7917-7352-7　C0030